所有法(物権法)・担保物権法講義録

吉 田 邦 彦 著

信 山 社

はしがき

1．本講義録は、『家族法（親族法・相続法）講義録』『不法行為等講義録』に続く3冊目で、物権法・担保物権法に関する部分をカバーするものであり、週2回のペースで約4か月弱、回数としては、20数回をかけて講じたものの記録である。機能的に再編成する従来の北大民法カリキュラムでは、前半は、民法総則とともに、後半は、金融取引法として、債権総論とともに、財産法の最後の分野として、別科目として提供されていたが、近時の法典に沿って進めてほしいという学生の要望にこたえる形で、比較的最近に両者併せて、講義することになったものである。

そういう意味で、両者は、通常はセットに講述されることが多かろうが（そのような教科書類も多い）、やや異なる分野との意識で講義されるべきであろう。しかし、他方で、この法典別のカリキュラムにより、物権法ないし所有法の分野が、単独で扱われることになり、ここ10年あまり所有法を主としてターゲットにして研究してきた私としては、とりわけ思い入れが強い分野となった（アメリカのロースクールでは、民法に対応する基礎科目として、「契約法」「不法行為法」と並ぶ、一大分野になっており、本講義録は、ほぼこの分野に対応し、担保物権法は、契約法の発展科目である「担保取引」に対応している）。

2．何故、この「所有法」の分野に私が惹き付けられているか？、またその際の問題意識は何か？と言えば、数回のアメリカでの在外研究を重ね、日米の比較民法理論研究を試みている私としては、目下もっともこの分野において、①知的に刺激的な理論研究が多く、②さまざまな法政策的スタンスから、多様な議論がなされ、③素材としても、もっとも豊かであると思われることによっている。

そして、従来の民法解釈学方法論、特に私が最も影響を受けてきた利益考量論に対する方法論的問題意識として、ともすると顕微鏡的に、また個別の当事者志向的な利益分析に流れるのに対し、ヨリ視野を広くとり、社会全体の編成原理を問題にすべきだというモチーフがあるのであるが（そのような問題意識を最初に持たせてくれたきっかけは、「法と経済学」研究であったが、批判法学、フェミニズム法学、人種法学など、社会編成原理（社会ビジョン）を問題にするという点では，それらの潮流すべてにおいて共通しており、その意味で、やや方法論に流れ、没価値論的に行きやすかった20世紀前半のリアリズム法学とは一線を画している）（これについては、さしあたり、拙著『民法解釈と揺れ動く所有論』（有斐閣、2000）参照)、④こうした社会レジームの基盤問題に最も密接に関わる民法分野が、まさしく所有法であるということも、他分野以上にこの分野の議論を面白くしている。ともかく目下アメリカ法学では、《民法分野の中で最も議論が刺激的で、面白い分野》であり、それを及ばずながら伝えようとしたのが、本講義の一番の特色であろうか。

というのは、物権法における日米法学の相違及び深淵は未だに根深いものがあり（例えば、逸話的なことを言えば、最近北大を訪ねにこられたコーネル・ロースクールのアナリーズ・ライルズ教授（同大学極東法学研究センター長）は、半年余り東大社会科学研究所に滞在されたのであるが、「帰国間際になり初めて、アメリカの所有法の醍醐味に共鳴して、それで日本法をやろうとしている人にめぐり会えた。どうして日本の物権法は、こう古色蒼然としているのか？」と、率直な印象を語ってくださったことにも、端的に表れている。何故、アメリカでの所有法研究の面白さが、わが国に伝わらないのか？を考えてみると、アメリカ法研究の民法学者は、「不法行為」「契約」と、同地の理論研究を進めてきて、さらに次のステップとして、「所有法」に手が回らないうちに、帰国し、ないしは、その面白さを会得する前に、日本のドメスティックな研究に追われるようになってしまうのであろうか)、私が、所有法への知的関心に舵をとった転機となるのは、1990年代半ばのスタンフォード・ロー・スクールでの在外研究で、もう10年以上経つが、こうした日米の落差状況は、少しも変わらず非力を痛感する。しかし当面は、焦らずに、この分野の継続研究を、そしてアメリカでの知的刺激を取り入れた講義を続けていくよりほかはないと思われる。本講義録は、そのささやかな試作品である。

3．もちろん本講義録の内容としては、私自身学生時以来のわが国のこの分野の知的遺産は承継し、それにアメリカ的な刺激をドッキングするという折衷的な形を取っており、一見それほど目新しさは目立っていないのかもしれない。

しかし、従来の教科書・体系書類では、扱い方が薄いけれど、意識的に取り上げてみたこととしては、例えば、(i)所有権の正当化に関する原理的議論が総論的にはあり、さらに各論的に、(ii)身体所有の問題（人工生殖医療の是非の問題など）（これは通常、家族法や医事法の別分野のことを捉えられるが、所有法の原理問題であることを断片的ながら、示してみた）、(iii)情報所有の問題（これについても、大いに関心を寄せているが、この分野は、「知的所有法」ないし「知的財産権法」として、独立分野となっているので、深入りを避けた。ただ、日米の相違は、日本のような専門分化はなくて、民法（所有法）の研究者が、この分野になだれ込むようにして成果を出しており、そうした風通しの良さが、アメリカ知的所有法の議論の豊かさを生んでいるところであることを付言しておく）があろう。

また、所有法と不法行為法とは、表裏の関係で密接であることを押える必要があるが、この見地で、本講義では多くの頁を割いてはいないが、その理由は、(iv)環境問題（例えば、生態系の重要性に留意した「緑の所有権」や「コモンズの悲劇」の問題など）や(v)補償問題（例えば、隣国との戦後補償、植民地支配の問題、先住民族の征服問題）は重要な所有法問題だが、現象的には、「不法行為法」で問題の所在を語ることが通例であろうからである。しかしこれらを重要な所有法領域と考えていることには、違いがない。

さらに、所有法は、近時私が、総合的ないし学際的民法分野として着目している「居住福祉法学」（これについては、拙著『多文化時代と所有・居住福祉・補償問題』（有斐閣、2006）さらに、近著『都市問題・災害復興・戦争補償と「法の支配」』（有斐閣、近刊）参照）と最も深く関わり、支えていると言えて、その意味でも注目すべきものと考えている。従って、従来の物権法での言及は皆無の(vi)「ホームレス問題」や(vii)「都市不法占拠者問題（取得時効の現代的意義）」、(viii)「災害復興法学」（そこにおける住宅補償問題）、(ix)「中山間地の居住福祉」の問題にも論じたし、まだまだ扱いの手薄な(x)「マンション居住問題」にも、その現実的重要性から物権法テクストとしては、かなり立ち入ったつもりである（また、(xi)「低所得者の住宅問題」に深く繋がる「賃貸住宅法」の問題も、機能的には物権法と連続的で、これも併せて講ずるかは、最後まで迷ったが、民法典に沿ってという他面での要請に応えるために、債権各論に譲った。併せて検討せられたい）。――そして、このように論ずることにより、従来蛸壺的に異分野とされている「都市法」「地方自治法」などが、実は「所有法」ないし「居住法（住宅法）」

と連続的な隣接分野であることが知られよう。

＊ともかくこうして、問題群を列挙すると、初心者を当惑させるかもしれないので、もしこの部分がイメージできなければ、どうか講義録をまず読んだ上で、復習的に（ここに書いた）横断的な俯瞰をお薦めしたい。

4．本講義録刊行の趣旨は、既刊の講義録と同様であり、これまでに出した講義録と同様であるので、繰り返さない。スタイルとしては、伝統的であり、最近流行の教育スタイルには、迎合していない。しかし、ともすると、受験志向的にマニュアル化しがちなテクスト類に対するアンチ・テーゼとして、民法の中でとりわけ視野の広い理論研究が求められるこの分野ゆえに、及ばずながら「研究者ならではの視角」を盛り込もうとしたのは、事実である。これまで、物権法の講義をする際には、お世話になることが多かった故鈴木禄弥先生のテクスト最新版には、「近時の実務一辺倒的な法学界において、このように理論に重点を置いたものを刊行することは、時代錯誤の感じを与えることもあるかも知れないが、…どうかご寛容をお願いしたい」と、控えめに書いておられるが、ここには、我々はシニカルな現状批判を読み込むべきもので、その意味で、共鳴するところが多い。

所有法ないし担保物権法の講義をこれまで何度となく続けてきて、負うべき方は多い。また本講義のもととなる研究上の先学も、列挙する暇はないが、その中でも特に、記させていただくならば、まずは、「所有権法の理論」として戦後の学界を支えて来られ、批判理論を考える際には、念頭に置くことが多かった川島武宜先生、また、アメリカ滞在時に強く転機を意識させてくださったレイディン先生（当時スタンフォード大学〔現在ミシガン大学〕)、また担保物権法の分野では、民法の手ほどき以来お世話になる米倉明先生、そしていつも本講義で教科書として依拠させていただくことが多く、晩年親しく激励してくださった故鈴木禄弥先生には、お礼申し上げたい。

2010年1月　　厳寒の札幌にて

吉田邦彦

目　次

第3部　担保物権法 (*177*)

はじめに——所有法(物権法)の対象、射程、重要性

(1) 講義の対象

新カリキュラムでの本講義の対象として予定されているのは、第1に、所有権（property）の問題を中心とした物権法総論、第2に、物権法各論として、所有権の問題として相隣関係、マンションの問題、占有の問題、機能的に見ると、取得時効も所有権法の問題であることに留意されたい。また、賃貸借は日本民法では債権構成がとられているが、機能的には物権に準ずるものである（英米では、lease property といわれる）ことに注意しなければならない（それゆえに、債権は相対権という出発点ゆえに不都合な問題が出て、それを強化する必要性が出る〔賃借権の対抗力の問題〕)。

第3としては、用益物権であるが、機能的には、契約法各論と連続している。さらに、第4として、担保物権法であるが、機能的には、債権総論ないし契約法、さらには執行法と関連が深く、結構込み入ってくることに注意して欲しい。

(2) 所有法の重要性、問題群

・所有法は、契約法、不法行為法と並ぶ基礎科目である。取引社会、いや広く社会の基本枠組みをなす法制度であり、その重要性がわからないくらいに、自明のものとなっている。……因みに、所有の民法上の重要規定は、民法206条で、「所有者は、法令の範囲内で、自由にその所有物の使用・収益・処分ができる」と定めており、私的所有（private property）（これは、「資本主義的所有」ともいわれる。この点で、1990年代に、社会主義諸国にも資本主義の波が押し寄せ、体制変革の事態になっているが、その根本は、所有制度のありようである。中国で、物権法の制定を巡り、昨今多くの議論があるのは、それゆえである）の根拠条文である。

・どのようなときに、「所有」を意識するか、その問題群を考えてみよう。

① **（日常の卑近な例）** 日常の買い物。その意味で、契約各論で学ぶ「売買契約」と所有制度（所有権の移転のことを物権変動という）とは、表裏の関

係にある。金銭所有も経済的・社会的には、決定的に重要だが（「金持ち」か否か）、強く意識するのは、一生の買い物ともいわれる土地・家屋などの不動産の所有権の問題であろう（Cf. 生協で買う昼食の弁当）。……これは、本講義で詳しく論ずる。

② **（アパートの賃貸、マンションの問題）** 不動産といっても、学生諸君のような若い人、あるいは、低所得者は、むしろ不動産の利用の仕方としてなじみが深いのは、「賃貸借」であろう。民法は、これを債権的に構成して、契約各論で学ぶが、所有権の権限の一部を取得していると考えれば、機能的には、所有法の一環で捉えることができる（英米法は、この立場。大陸法的にも、ボアソナードは、物権として賃貸借を考えていた）。そして、借地借家法は、民法の重要領域である（かつて非常に多くの議論が蓄積された）（契約各論の講義に譲る）（なお同名の法律は、平成3（1991）年制定だが、その元の分割立法は、大正10（1921）年制定）。

なお、マンションは、不動産の個人所有という意味で、通常の所有権の問題と変わらないが、集団居住の特性ゆえに、団体法的な問題が出て（近時の喫緊な問題として、老朽化したマンションや団地の建替え問題。修繕で足りるとする住民としばしば厳しく対立する）、「建物区分所有法（建物の区分所有等に関する法律）」（昭和37（1962）年制定）という特別法があり、現代的には、重要問題である（ところが、従来周縁的にしか扱われておらず、有斐閣ポケット六法などで、いまだに収録されていないのは、その象徴的なことであろう）。……マンション問題は、本講義の対象である。

③ **（ホームレスの問題）** 昨今の社会の格差化の進行およびわが国の場合には、公共的賃貸制度（公営住宅）が比較法的に貧弱で、社宅制度なども劣化している（失業・派遣切りなどとも関係する）ので、ホームレス問題が、急浮上している（その深刻さを把握したければ、一度大阪の釜が崎の三角公園にでも昼食時に行ってみるとよい。札幌でもかつては、高架下のエルムの里公園があった。ビッグイッシューは、札幌駅でも売られている）（ホームレスの人々への支援活動・夜回りの活動は、なぜか北大の教育学部の学生を中心になされているようであるが、貧困問題のような公共的課題について、法学部学生

も関心を深めてほしい。アメリカのロースクールでは、こうした問題の研究・教育が、科目に組み込まれていることに注意せよ)。これは、「家屋の所有権ないし賃借権の欠如」ということに他ならない。……諸外国では、所有法のトピックとして、議論があるところだが、日本民法学でこの問題が扱われないのは、奇妙なことである。本講義では、組み込みたいが、こうした従来の欠を補う意味で、「居住福祉法学」の中で扱っている(1)。

④ **(所有権限再配分の問題)** 中国では、民工(農村部から都市部への出稼ぎ労働者)の問題が、大きな社会問題となっている。こうした都市部の居住権限なき者のことをurban squatterというが、法的には、「不法占拠」ということになる。ラテンアメリカなど「開発途上国」でもこの問題は深刻で、ペルーなどでは、同国の経済政策として、630万人もの都市不法占拠者に、所有権限を再配分して経済安定化策をとっている(すなわち、多くの者に、居住の所有権限を確保し、安心・安全な生活基盤を与えることが、経済活動の基礎となり、同国の経済成長の前提となるからという考え方であり、こうしたことは、「法と開発」(law and development)の大きなテーマなのである)。

わが国では、こうした問題は見えにくいが、同趣旨の制度として「取得時効」制度がある(無権限者が、所有権を原始取得するのであるから、所有権限の再配分という見方ができて、その見地から同制度に再度光を当てることができる)。そしてこの点で、注目されるのが、京都宇治平等院近くの在日集落であるウトロのケースである(ここでは、戦時中に京都飛行場建設のために、韓国・朝鮮からのいわゆる強制連行・労働がなされて、今でもその子孫などの在日朝鮮人の関係者が集落を形成している。彼ら(彼女ら)200人近くの居住権限は、戦後60年以上住み続けても、「不法占拠」であり、取得時効の成否が問題とされ、最高裁まで行ったが、すべて敗訴した。しかし、その後「日本居住福祉学会」の韓国でのこの問題のアピールが奏功して、韓国市民の関心の的となり、状況は改善されている)(伊丹市の中村地区の在日集落も類似して

(1) その概観は、吉田邦彦・居住福祉法学の構想(居住福祉ブックレット)(東信堂、2006)29頁以下、また、外山義ほか編・居住福祉学(有斐閣、2010)(近刊)の吉田邦彦執筆部分、さらに詳しくは、吉田邦彦・多文化時代と所有・居住福祉・補償問題(有斐閣、2006)第1章以下参照。

おり、ここでも公営住宅への転居という措置がとられた)。……補償問題とも通ずるこうした所有権の問題は、従来わが民法学ではほとんど議論されていないが、現代的には、重要で、諸外国の関心は高い[(2)]。関連することとして,後述の先住民族の所有権問題もあり、21世紀の重要課題であろう。

⑤ **(都市再開発による立退き問題)** 北京オリンピックの際の都市再開発のための従来の家屋の破壊が最近の有名な例(中国では、それに限らず、大都市の再開発で類似なことが進められている。同国の問題は、私的所有制度が、補償レベルにまで貫徹されず、十分な補償が住民に支払われていないところにある)。わが国では、土地収用(損失補償)の手続きに乗れば、「土地収用法」(昭和26(1951)年制定)によることとなる。この点で、アメリカなどは、「収用」(taking)問題は、私的所有権の核心問題で(連邦憲法修正第5条が規定する。わが憲法29条3項に当たる条文)、これに関する多くの判例があり、所有法の中心的問題になっているのとは、様相が異なる。……アジア諸国では、収用に対する私的所有権の側からの対抗が、もともと弱かったことの反映か。

さらに、民間業者(開発業者)による私的収用、そこにおける補償の不十分さという問題は、結構ある(いわゆる地上げ問題。マンション建替えによる修繕派住民の立退き(その際の売り渡し請求権価格の不十分さ)も類似する問題である。またアメリカの諸都市で起きている富裕層の郊外から都心部へのカムバックによる従来の貧困層の「押し出し」(displacement)も然りである)。

また、沖縄などでは、米軍基地に接収された反戦地主の問題がある(伊江島の反戦記念館などへの訪問を薦めたい。他方で、今は、多額の軍用地料による依存体質が問題になっている。最判平成18.3.17民集60巻3号773頁はそれを前提とし、軍用地料の配分会則における男女差別が問題とされたもの)。

---

(2) 吉田邦彦・前掲書(注1)第6章、とくに286頁以下、第8章、とくに482頁以下。また、早川和男=吉田邦彦=岡本祥浩編・ホームレス・強制立退きと居住福祉(居住福祉研究叢書第2巻)(信山社、2007)第5章「京都ウトロ居住者が抱える問題」(斎藤正樹執筆)参照。

⑥ **（自然災害による家屋の倒壊）** 最近も中部イタリア（ラクイラ近辺）やハイチでの強い地震（2009年4月。2010年1月）による多くの家屋の倒壊のニュースが伝えられているが、我が国は、地震列島である。これも由々しき所有権侵害の問題だが、わが国では、こうした問題は、従来「不可抗力」問題とされたためか、民法学上の議論は皆無に近い。なおかつ、わが国では、住居所有権に関わる市場レトリックの掌握ゆえに、これを公共的問題としてとらえる視角を欠いており、住宅補償は基本的に認められず、比較法的にも貧弱な状況である（他方で、阪神・淡路大震災（1995年1月）では、10兆円ものお金が流れたといわれるのに、神戸空港など作られる反面で、被災者が最も求める住宅再建のための補償金給付はなされなかった。義捐金も被災者数の多さゆえに、大した額にはならなかった。わが国における「公」概念の狭さの表れである）。

この反省をバックに作られた「被災者生活再建支援法」（平成10（1998）年制定）も、使途が限られ、同19(2007)年暮れにこうした制限は取り払われたが、今度は、損害の認定（「全壊」「大規模半壊」でないと補償されない）のレベルで、制限的運用がなされている。他方で、「災害救助法」（昭和22(1947)年制定）を根拠とする仮設住宅は、その建設・解体に、1戸当たり500万円程度使われているのに、建築基準法上2年で取り壊されることになっており、必要性はないとは言わないが、予算の割き方として、バランスを失し、被災者の声に沿うものかは、怪しい。……これらも、実際には、大きな所有権問題だが、物権法では扱われておらず、「居住福祉法学」は、その欠を補う（住宅への公共的支援という観点の欠落の指摘、およびその批判は、同法学の大きなモチーフである。注⑴所掲文献参照）。

⑦ **（環境・景観保護などのための所有権規制）** 環境規制などのために所有権が制限を受けることは、現代的課題である（例えば、アメリカでは、海浜地区の住居で、公衆が浜辺に行く通行権により制限されるとした事例（プライバシー権との間にも、緊張関係があろう（その他、サンディエゴのホテル・コロナードにおける多くの訪問客と客室との関係））、ショッピングセンターの広場でのビラまきなど政治活動の許容を認めた事例などある）。

我が国においても、著名な宇奈月温泉事件（大判昭和10.10.5民集14巻

1965頁）（引湯管の妨害排除を意図して土地の購入をしたという事例）で夙（つと）に所有権の権限を「権利濫用」法理で導いており、また、一橋大学のある大学通り（長年景観規制に努めてきたところ。ちなみに新学期には、北海道静内の二十間道路のような桜の名所である）における高さ規制を超えるマンション建設についての差止め訴訟でそれが認められると所有権制約になる（すでに建設されてからの訴訟だが、最判平成18.3.30民集60巻3号948頁では、景観利益を保護される利益として一般論で認めたに止まったが、下級審では、高さ規制に揃えるべきだとして、注目された）。なお景観規制の点では、京都市の条例が厳しいもので、注目される（2007年の新条例で、高さ45メートル規制を31メートル規制に厳格化した）。

さらに、公害事件など（例えば、熊本水俣病のチッソの有機水銀の廃液放出）は、不法行為になるという形で、損害賠償・差止めの対象となれば、その自由な所有権行使（自由な操業活動）は制約を受ける。このように各人が利己的な所有権行使に走れば、「共有領域」（例えば、海洋、大気など）が汚染されてしまう現象を「コモンズの悲劇」という（G・ハーディンの用語）(3)。

他方で、わが国でも——民事事件ではないが——宿舎やマンションの共用部分における反戦などのビラ配布の是非（住居侵入罪と政治的な表現の自由（憲法21条）との関係）が問われて注目されるが、判例（最判平成20.4.11刑集62巻5号1217頁、同平成21.11.30判例集未登載）は、「政治的行動・表現の自由」よりも「住居所有権の排他性」を重視していて、やや寛容さに欠けて問題ではなかろうか。

⑧ **（身体所有の問題）** 分野が変わって、人工生殖医療の領域に目を転ずると、近時は、日本でも、代理母や凍結精子の死後生殖により生まれた子の地位（その親子関係の成立の仕方）が問われている（最決平成19.3.23民集61巻2号619頁〔代理懐胎子〕、最判平成18.9.4民集60巻7号2563頁〔死後懐胎

（3） Garrett Hardin, *The Tragedy of the Commons*, 162 Science 1243 (1968) に由来する。近時の環境問題に関する「緑の所有権（green property）」論などについては、吉田邦彦・民法解釈と揺れ動く所有論（有斐閣、2000）433頁以下、515–516頁、530頁など参照。

子〕)。判例および有力学説（多数説）は、こうした医療実践そのままの親子関係を認めていないが、それはどうしてなのかを考えると、身体所有（人格と密接な身体の所有）ならではの特性として、それを市場に乗せられるか、そもそも譲渡できるのかという問題（譲渡可能性（alienability）問題）に行き着く。……これは、家族法ないし医事法の問題として、わが国では論じられるが、類例として、人工授精（とくにAID〔第三者の精子の譲渡〕)、臓器の授受、売春、子の売買なども関係する。諸外国で膨大な議論が蓄積する難題であるが、所有権の基本問題に繋がるといえる[(4)]。これは、身分関係形成の自由（子を持ちたい自由）を志向する方向性に対する対抗原理となる。政策分析としての人種的・階級的・経済的抑圧問題（さらには、そこにおけるディレンマ問題）の抑止政策などとも関連する（途上国における臓器売買、子の売買の問題など考えよ（『闇の子供たち』参照))。

＊比較材料として、宮崎和牛の凍結精子の143本盗難の記事(朝日新聞2009年4月8日25面）があるが、動物（特に、宮崎牛のようにブランド化されたもの）(上記は、約65万円相当とのこと）では、このような事件が生じている。人間の身体について、「商品化」(commodification）を図るということはどういうことなのか、を考えてみられたい。

⑨ **（所有権の根拠のあいまいさ――先住民族の所有問題、その征服・侵略の問題）** アメリカ所有法学においては、ロック的な労働理論（労働の投下による所有権の原始取得）という発想が強く(民法で類似の規定を探すと、民法239条の無主物先占の規定で、そこでは、動産について、規定されるが、これを一般化すれば、ロック的な発想となる)、未開拓のフロンティアというイメージは、アメリカと北海道は、類似する。しかし、両者ともに、先住民族がいて、その征服・侵略の上に、近代的所有権法制が敷かれたことが近似クローズアップされ（とくにアメリカ所有法学。私もその顰（ひそみ）に倣い、アイヌ民族さらには、韓国・朝鮮の問題をケーススタディしてみた)、こうなると、補償

(4) これについて、詳しくは、吉田邦彦・前掲書（注3）第7章（初出1996)、また、平成18年最判を中心とする死後生殖の問題については、判評604号(2009）参照。

問題は、所有問題の裏側であることが知られよう[5]。……慣行上の物権の覆滅の上に、近代的所有権法制ができていることが説かれることに、理論上類似するが、民族問題は、かつてはほとんど触れられなかった。しかし本講義では、随時盛り込みたい。

⑩ **（租税法の問題）** ④の延長線上で考えると、財の再配分という意味で、累進課税などの租税法も、広い意味での所有法の問題である。……通例わが国では、租税法という別部門として、扱われているが……。

しかし、租税法の問題が、民法と密接なことは、例えば、夫婦財産制や相続などの家族法でもわかることであるし、近時の生前贈与の税率の論議を見ていても、贈与への契約行動に大いに関係してくることは予測がつくことであろう。ここで述べていることは、租税法で行っていることが、財の分配状況を変える問題であり、公共的問題への市民のスタンス（例えば、北欧式に高負担、高福祉という法制をとるか否か）にもかかわるという意味で、広い意味での所有レジームの問題だということである。

⑪ **（中山間地の居住福祉ないし地方自治の問題）** また同様の方向性で、地方の中山間地の問題を考えると、日本だけを見ても、人口が偏在しそれに伴い、財産も偏在して、近時は、「地域間格差」の問題も、論点化してきている。これはグローバルに考えての財の再配分ということができ、所有レジームの問題といえなくもない。さらに、中山間地の所有は、（個人的所有に還元されない）いかなる公共的利益があるかを前提として考える必要があろう（例えば、森林管理の防災上、環境上の意義。保養上の意義。生活の基盤をなす第1次産業の母体となるという食糧確保上の意義など）（これは都市問題の裏側と言えて、地方あっての都市生活であろう）。

地方自治における、財政調整としての地方交付税は、所有法上も大きな意味があることがわかるが、近時は、閑却されている（小泉構造改革としての三位一体の地方分権改革〔補助金カット、交付税カット、税源移譲〕はその例）。しかし相対的に地方は高齢者などの所得が少ないものが多いので

（5） これについては、吉田邦彦・前掲書（注1）第6〜8章参照。

あるから、再分配を否定する「地方分権」では、地方切り捨てになるのは、明らかではないか。平成大合併により、地方のコストカットがはかられて、地方財政は、今や疲弊を極めて、その居住福祉は、崩壊の危機に瀕している。

その間隙を縫うように、いわゆる原発マネーで、風光明媚なところに原子力発電さらには、核燃料廃棄物の再処理施設（特に青森県六ケ所村）を作ろうとしているのは、皮肉なことである。これは、地方の疲弊した財政状況の足元を見て、放射能リスクを補助金で強いるもので、由々しき「環境不正義（environmental injustice）」の問題であろう。沖縄の基地問題とて、類似する課題である。……通常これらの問題は、地方自治の分野で語られるが、所有法学の延長線上の問題であることが分かろう(6)。

⑫ **（情報所有権の問題）** 情報の所有権として、近時注目を集めているのは、知的所有権（知的財産権）（intellectual property）の領域である。典型的には、特許（patent）、著作権（copyright）の保護の問題であるが、そのほかに商標（trademark）などの問題もそうであり、さらに、企業秘密や引き抜きなどの債権侵害（契約侵害）の問題(7)も、この部類のものと捉えることができる。……これも別建ての講義に譲るが、その特色として、多くは、かなり技術的な論点になりがちだが、他方で、多額の損害賠償など大きなインパクトをもたらし、しかもグローバルな紛争になることも多いので、国際政治などとも関わりあう（例えば、ハーバードで、セン教授が、グローバライゼーションとの関連で、知的所有権の問題を扱っていたことが強く記憶に残っている)。

（6） これについては、吉田邦彦・前掲ブックレット（注1）第6章（43頁以下)、また、早川和男＝野口定久＝吉田邦彦編・中山間地の居住福祉（居住福祉研究叢書第3巻）（信山社、2008）参照。また原発リスクなどの「環境的不正義」の問題については、さしあたり吉田邦彦「居住福祉法学から見た『弱者包有的災害復興』のあり方（下）――補償問題を中心に」法時81巻10号（2009）100頁以下参照。

（7） これは、私の研究の処女作の領域である（吉田邦彦・債権侵害論再考（有斐閣、1991）参照)。

(3) 所有法の特色

以上に、自己紹介の意味も兼ねて、またこれまで10年以上所有の諸問題を扱ってきたこともあり、注目すべき問題群を列挙してみた。そのうえで、所有法の特質を考えてみよう。

① **(対象の豊かさ、コンテクストの重要性)** すなわち、第1は、問題のコンテクストは、さまざまであり、契約法などが、技術的でともすると、普遍的に語ることができるのとは、対照的である。その意味で、一般的な比較法も難しい。

② **(研究手法としての現場主義的経験的研究の重要性)** そのコロラリーとして、第2に、研究手法としても、現場の把握が重要で、理論研究とともに、現場主義的な実証研究(経験的研究)も不可欠であろう(先に契約法との相違を説いたが、程度問題なのかもしれないが)。

③ **(射程の広さと従来の物権法の部分性・一面性)** 第3に、所有問題の射程は広く、従って広く社会のレジームの問題にもつながってくることに留意されたい。それとの関係で、従来の物権法の扱い方は、やや部分的、一面的であったことも知られよう。このような所有問題の重要な問題群を意識しながら、その「一部分」をなすにすぎないとして、従来の民法問題をとらえ、それにとどまらず、問題関心を広く開放しておくことが重要なゆえんである。私が「居住福祉法学」として、従来の欠を埋めようとしているのも、その努力にすぎない(換言すると、「居住にかかわる所有レジーム」において、公共的支援を重視するスタンスで、種々の問題群に批判的提言を行うものに他ならない)。

④ **(政策的対立の大きさ)** また第4に、社会の根本制度にかかわるだけに、政策問題につき、論者のスタンスの相違も出やすい。その相違とは、単純化すると、「私的所有権」(ないし「契約自由の原則」)を重視する市場主義的な立場に立つか、それとも市場介入的に公共的支援を重視する立場かという相違である。私の立場は、後者を志向している(したがって、時流に反する「大きな政府」志向である。もっとも、最近は「政権交代」により、財の再配分を行う「政治の役割」が強調されるに至っており、少しずつ事態は流動化している)が、法律学を学ぶ際には、意見の多元性を踏まえて、議論できるようになることが肝要だということも、合わせて強調しておきたい。また、このような大きな政策問題と絡めながら、物権法の解釈問題を理解できるのが、この分野の醍醐味でもあろう。

＊（参考までに）日本民法財産法（物権・債権）とアメリカでの事実適合的機能主義的な科目との対応関係

日本民法の編別は、ドイツ式のパンデクテンシステムを採っており、どのように学ぶにせよ初心者には分かりやすいものではない。この段階で、民法財産法に対応するアメリカ・ロースクールの基礎科目がどのようになっているかを見ることは参考になろう。すなわち、1年目前期で学ぶ基礎科目は、「契約法（contracts）」と「不法行為法（torts）」であり、1年後期から「所有法（property）」が登場し、その後それを前提とした発展科目を学ぶのが通例である。

それらと日本の民法財産法との大まかな対応関係を示すと、①われわれは、「契約法」を民法総則（法律行為、代理など）、債権総則（講学上は、債権総論）、債権各論の契約総論、各論で、何度も撫でなおす形で学ぶことになる（そして、債権各論（契約各論）では一応満遍なく各種契約を学ぶことになっているが、実際上は、売買とか賃貸借のように物権法と密接なものを学び、債権総論や民法総則では、消費貸借とか預金（消費寄託）のような金銭絡みの契約を念頭に語られることが多く、それとの関係で担保（債権総論の中で学ぶ保証などの人的担保、そして物的担保（抵当権を始めとする担保物権）が登場するのである）（だからこれらは、金融法（金融取引法）と言われたりする)。②他方で、「不法行為法」は、債権各論の一分野として学ぶ（規定は多くないが、判例は多い)。

③そして、「所有法」は、大体物権法に対応しているが（なお担保物権法は、「担保付取引（secured transaction)」などという発展科目で学ぶ)、賃貸借法などの（日本では）契約各論の重要分野も含まれているし（なお、賃貸借を債権的に構成するかどうかは立法政策の問題である。従って、制限物権である用益物権と賃貸借とは機能的に連続的である)、また、取得時効（adverse possession）のような民法総則の項目、さらには、夫婦財産法（marital property）などの（日本では）親族法で習うことも含まれている。

なお、初心者には、物権法と債権法は、別個の世界のように見えるかもしれないが、実際には、両者は不即不離の密接な関わりがあり（例えば、物の売買、アパートなど物の賃貸借を想起せよ)、単に事象を捉えるパースペクティブの違い、すなわち、前者は「人と物との関係」を問題にし、後者は「人と人との関係」（それを債権債務関係という）を問題にするのである。

【QO−1】21世紀社会における重要な所有問題を列挙して、その問題の所在、意見の分かれ目などを検討してみなさい。（この問題は、導入的質問であるとともに、まとめ的質問でもあるので、本講義を終えた段階で、復習的に考えることもなされてよい。）

【QO−2】所有法の特色・特徴を述べなさい。

（体系書・教科書一覧）（物権法関係）

末弘厳太郎・物権法上（一粒社、1960）（初版1921）……歴史的にも有名である。

我妻栄・物権法（民法講義Ⅱ）（岩波書店、1953）、新訂物権法（民法講義Ⅱ）（有泉亨補訂）（岩波書店、1983）……伝統的通説を知る際に欠かせない。

川島武宜・民法Ⅰ総則・物権（有斐閣、1960）……ややテクスト的な叙述だが、ユニークな指摘がある。

舟橋諄一・物権法（法律学全集）（有斐閣、1960）……伝統的体系書。私の学生時代には、かなりのものが買ったものである。対抗問題の捉え方など、やや概念法学的なところもある。

鈴木禄弥・物権法講義（創文社、初版1964）（〔4訂版〕1994、〔5訂版〕2007）……機能主義的なシャープなアプローチで、当時は皆魅了されたものである。講義シリーズの中でも、もっとも定評がある。

星野英一・民法概論Ⅱ（良書普及会、1976）……起草者の立場に留意した機能主義に特色がある。私の学生時代の教科書で、学生向きとしては密度が濃い。やや読みにくいかも。もう出版社が倒産して絶版であるのは残念だ。

広中俊雄・物権法（2版増補）（青林書院、1987）……同教授の最も詳しい体系書。『債権各論講義』よりも細密である。

淡路剛久＝鎌田薫＝原田純孝＝生熊長幸・民法Ⅱ——物権（有斐閣Sシリーズ）（初版1987）（第3版2005）……標準的教科書。執筆者は、代表的な民法学者陣である。概観を得るには、良書であろう。

川井健・民法概論Ⅱ物権法（有斐閣、1997）……概説書。

北川善太郎・民法講要Ⅱ物権（第2版）（有斐閣、1996）……著名な民法学者による通して書かれた教科書だが、引用がないのが残念である。

内田貴・民法Ⅰ総論・物権総論（東大出版会、初版1994、第2版補訂版2000）…

…入門書かつ自習書として諸君のおなじみのもの。ⅡⅢに比べると、やや簡略か。物権の部分は、鈴木著をベースにできていると推測される。

山野目章夫・物権法（日本評論社、初版 2002、第 3 版 2005）（同・初歩からはじめる物権法（日本評論社、1999）もある）……平易さが狙いなのか。

加藤雅信・新民法体系Ⅱ物権法（有斐閣、初版 2003、第 2 版 2005）……独自の体系叙述に特色がある。

野村豊弘・民法Ⅱ物権（有斐閣、2004、第 2 版 2009）……文献の引用など丁寧だが、判例・学説の諸見解の列挙的叙述が多く、もう少し私見の展開がほしい。

佐久間毅・民法の基礎 2 物権（有斐閣、2006）……物権変動の叙述などに特色がある。

安永正昭・講義物権・担保物権法（有斐閣、2009）……ベテラン民法研究者の手になるものだが、やや注など少ないか。

コンメンタールとしては、注釈民法(6)(7)（有斐閣、1967,1968）が今なお光っている。

さらに、教科書に準ずるものとして、星野英一＝平井宜雄＝能見善久編・民法判例百選Ⅰ総則・物権（有斐閣、初版 1974、第 5 版補正版 2005)。〔なお、その後編者を全面的に変更して、第 6 版（2009）が刊行された（もっとも執筆内容には、継続面も強い)。これについては、適宜個別に引用する。〕

個別の研究論文は、その都度紹介する。

第1部　物権法(所有法)総論

1．序　論

1－1　物権の意義・種類――物権法定主義（民法175条）

物権法とは、人と物との関係を規律する法分野で、人と人との関係を規律する債権法（契約法）と区別するのが、民法（財産法）の組み立てになっている（もっとも、両者は、しばしば密接に関連しているが）。――別の言い方をすれば、所有法を中心とする物権法とは、不動産をはじめとする財貨の帰属に関わる法分野で、財貨保護のための不法行為法とも表裏をなしている。これに対して契約法などの債権法は、財貨の運動・移転に関するものといえる。

＊「知的所有権（intellectual property）」は、財産法なのか？

近年注目を集めている「知的所有権」（原語は、intellectual property）は、対象たる財貨が、情報に関わる財産ということで、その帰属を巡る法分野という意味で、広い意味での所有法・物権法のジャンルに位置している。民法における「所有」は、対象を有体物に限っている（民法85条）ために、便宜上狭義の所有とは区別されるだけのことである。したがって、アメリカでは、民法（所有法）の研究者が、知的所有についても研究・教育するというのが通例で風通しがよく、細分化が進んでいるわが国よりも健全である（だから将来、その分野を勉強する際には、民法の一分野というつもりで取り組んでいってほしい）。

因みに、日本では、その分野の研究者は、「知的財産権法」ないし「知的財産法」というタームを使いたがるが、民法で財産法といえば、債権法（契約法）も含むものであり、その分野はあくまでも所有法系列であることをかき消してしまうという意味で、ややミスリーディングであることに留意してほしい（私から言わせれば、憲法29条の財産権も、原語は、propertyなのであり、むしろ「所有権その他の財産権〔財貨〕」という具合に理解したほうが、原語のニュアンスに忠実なのである）。ついでに記しておくと、contractであってもそれが財貨として捉えられ、その不法行為による帰属保護（いわゆる債権侵害の問題）のレベルになると、それはpropertyであって、広義の所有法ということになる（この点の私の初めての指摘は、吉田邦彦・民法解釈と揺れ動く所有論（有斐閣、2000）517頁〔「不正な競争に関する一管見」の付記〕においてである）。

なお、このことの傍証として、準占有という概念（民法205条）が、①債権や②特許権・著作権との関係で使われることについては、当然視されていることにも窺える（①は、債権侵害の一類型としての債権の準占有者に対する弁済（民法478条）の問題として従来議論されたものであり、また②が同条の主たる場面であると指摘するものもある（鈴木110頁参照)。これは、取引上・経済的利益の帰属を問題にする議論平面を示唆するものであり、それとパラレルに所有問題は存在することになる（民法の言葉にはなっていないが、準所有と仮に言えるだろう)。確かに狭義の用語上の問題は民法に即して使うべきものであろう（かつて我妻博士は、「債権の所有権」という言葉は使うべきではないとされた。我妻栄「権利の上の所有権という観念について」法協54巻3～5号(1936)（同・民法研究Ⅲ（有斐閣、1966）所収))。しかしそのことは、理論的・講学的に、ここでの知的所有権（知的財産権）の問題が、広義の所有法（財貨帰属法）系列であることを否定することにはならないということである。詰めた議論もないままに、あまりにスウィーピングに「知的財産法」なる用語が、わが国では風靡しようとしている（例えば、田村教授）ゆえに、やや詳論した次第である。

［種類］

・占有権（民法180条以下）……物の直接支配という事実状態の保護。所有権の立証の煩雑さからの保護というところに歴史的意義がある。法的秩序の安定ないし自力救済の抑制ということが今ではクローズアップされている（占有訴権制度の意義のところで後述する)。

　また、時効制度（とくに取得時効制度）と密接な関係にある（その意味で、取得時効（adverse possession）は、所有法の一環で捉えられなければならず、財の再分配に資する制度として注目を集めているのである（とくに開発途上国で))。

＊歴史的には、所有と占有とが密接な状態から分化してきた（近代法における所有権の観念性という現象であり、歴史的には（それ以前には)、所有権は、占有的な事実上の支配と未分離のものとして、捉えられていた)(8)。

・本権

⑴　所有権（民法 206 条以下）……最も、中心的である。

⑵　制限物権（他物権）……用益物権（民法 265 条以下。かなりの部分は契約各論との関係で触れられる）と担保物権（民法 295 条以下。担保物権法として講じられる）とに、大別できる。

・その他、各種特別法による物権がある（慣行を受け継いでいる）。……例えば、根抵当権（昭和 46(1971)年の民法改正で追加。民法 398 条の 2 以下）、仮登記担保権（昭和 53(1978)年の仮登記担保法によるが、同法はそれまでの判例法を集大成したものでもある）。

取引安定の趣旨で、民法は「この法律その他の法律に定めるもの」以外には、物権は創設できないものとされている（物権法定主義）（民法 175 条）。……公示技術との関係もある。さらに歴史的には、封建的な物権的制約を排して所有権者の自由の保護を図るという意味合いがあった。

(問題点)

1．「アンチ・コモンズの悲劇」（tragedy of the anticommons）（ないしアンチ・コモンズ所有（anticommons property））といわれる問題

これは、M・ヘラー教授が――前述の「コモンズの悲劇」をもじって――使い出した用語であり(9)、彼は、ロシアの住宅事情を素材に、どうしてそこでは、空き店舗の多さなど、利用率が悪いのか、と問いかけ、その理由として、恰も中世の分割所有権のように、同じ物件対象について、――市場化のシフトの過程で、社会主義法制の遺産として――複数主体の利用権限が入り組んでいる（例えば、①所有者として、地方自治体委員会、②使用者（利用者）として労働者団体、③貸借対照表所持者として、共同賃貸人、④種々の規制者に分有する如

（8）　この問題については、さしあたり、川島武宜・所有権法の理論（岩波書店、1949）（改訂版 1987）、村上淳一・近代法の形成（岩波書店、1979）参照。

（9）　Michael Heller, *The Tragedy of the Anticommons : Property in the Transition from Marx to Market,* 111 Harv. L. Rev. 622（1998）. これについては、吉田邦彦「ロシアの住宅事情とその所有理論的考察」アメリカ法[2001-1]154 頁以下参照。

し）ことに由来するとする（恰度、例えば、米子の商店街である元気ロードの再開発が進まず、シャッター通りとなっている一因として、その利用関係の複雑さ（広大な借地関係がある）があることとも類似する）として、完全な所有権を持っていることの意義を強調するのである。

このような問題は、その他に、特許権が多数存在していて、新薬の開発を妨げる場合など、知的所有権の領域でもしばしば言及されるし、同教授は、さらに「空間的アンチ・コモンズ」として、あまりに規模の小さな所有権も利用を妨げるとして、例えば、アメリカ先住民の付与地（これはアイヌ民族のそれも、同様であろう）、神戸震災後の再開発の停滞、さらには、東京の再開発の例も同教授は挙げている（付け加えれば、青森駅前の市場の小規模店舗の再開発なども同様だろう〔再開発ビルのアウガの地下には、市場が再現しているが、権利処理には、苦労したようであるし、古川の市場エリアには、手が付けられていない〕(10)）。……分析視角としては、興味深いが、この議論には、規制緩和的な方向性があることには、留意しておいてよいだろう。後述する「一物一権主義」などとも関係するであろう。

2．慣習上の物権の位置づけ

物権法定主義との関係で、慣習上の物権は認められるのか（民法施行法35条では、慣習上物権と認められた権利で民法施行以前に発生していたものでも、施行後は「民法その他の法律」に定められなければ、物権たる効力を有しないとされる）。

・永小作権を巡り紛争があったことは後述する。
・入会権の処遇（民法263条、294条）についても、各地で問題とされている（全般的には、衰退傾向がある）。
・アイヌ民族との関係では、この主義は土地収奪的作用したことも見逃せない（北海道旧土人保護法（明治32年法律27号）では、アメリカのインディアン法をモデルに1万5千坪の土地が開墾の条件付で下付されるにとどまった。さらに、旭川アイヌに関する、旭川市旧土人保護地処分法（昭和9年）の処遇は、もっと劣悪だった。また、例えば、釧路の春採地方、厚岸の糸魚沢などでは、傾斜地・

(10)　これについては、吉田邦彦「中心市街地再生と居住福祉法学の課題——青森・アトランタ調査の事例から」協同の発見200号(2009)16-17頁参照。

不毛地のために開墾ができずに、「合格」せずに下付されないところも多かった)。……狩猟・漁労を主たる生活様式としていた先住民族に農耕を前提とする所有権システムを押し付けることの問題である(11)。

・しかし他方で、物権法定主義の趣旨から、認めて差し支えないものはあるとされ、(判例) でも一定のものにつき「慣習上の物権」を認めている。

(1) 取引上の必要からの商慣行の発展
前述の根抵当権、仮登記担保権のほかに、譲渡担保権

(2) (民法典以前からの) 特定の地域における慣行上の物権

・水利権 (流水利用権) (大判大正 6.2.6 民録 23 輯 202 頁)
・湯口権 (温泉専用権) (大判昭 15.9.18 民集 19 巻 1611 頁【49】(3 版)) (鷹の湯温泉〔長野県松本・浅間地方〕事件。その処分につき、民法 177 条を類推して、その地方に特殊な公示方法を備えたか否かを審理すべきであるとして破毀差し戻し)

＊わが国では、温泉権の研究が進んでいる(12)。
温泉権：①源泉権 (＝湯口権) (包括的支配権)、②源泉土地所有権、③引湯権 (一定量の湯についての利用権)。
川島博士は、①は温泉所有権、③については、物権的なものから債権的なものまであるとする。

・団体的な制約 (温泉施設の維持・管理、費用負担、限られた資源の有効利用) があり、「集中管理」方式が注目されている。
・取引についての対抗要件。
(判例) は、少なくとも「明認方法」を要求する。……現場確認主義の見地

(11) 吉田邦彦「アイヌ民族と所有権・環境保護・多文化主義(上)(下)」ジュリスト 1163 号、1165 号(1999)、同「アイヌ民族の民法問題――所有権の問題を中心に」ジュリスト 1302 号、1303 号(2005)、同「いわゆる『補償』問題へのアプローチに関する一考察(下)」法律時報 76 巻 2 号(2004)など参照 (同・多文化時代と所有・居住福祉・補償問題 (有斐閣、2006) 第 6 章、第 7 章に所収)。

(12) 川島武宜・温泉権 (岩波書店、1994)、さらに、川島武宜編・温泉権の研究(正)(続)(勁草書房、1964、1980)。また、川井健「温泉権の取引と明認方法――鷹の湯事件を中心として」現代契約法大系 3 巻 (有斐閣、1983) などをさしあたり参照。

から、温泉に対する継続的な事実的支配を示す施設設置が求められている（山形地判昭和43.11.25下民集19巻11＝12合併号731頁、東京地判昭和45.12.19下民集21巻11＝12合併号1547頁）。

Cf. 立札で足りるとするもの（東京高判昭和51.8.16判時837号47頁）。

なお、温泉台帳への登録（県衛生部業務課）だけでは不充分とされる（必ずしも正確ではない）。

Cf. アメリカでは、水利権、石油採取権（water law, oil law）は、切実な課題となっており、物権法ないし環境法から、分化独立した一領域になっている。

3．地中の所有権——とくに、地中の鉱物採掘権、地下開発権の権利関係

参考までに、地中の所有権は、どこまでも所有者のものとして使用・収益できるのか。この点は、「物権法定主義的」に法律により、他者が利用できる仕組みになっている。例えば、

(1) 炭鉱などの採掘権……地中の未採取鉱物は、鉱業法（現行法は、昭和25(1950）年法律290号だが、旧法は、明治38(1905)年法律45号）により規律され、国が掘採取得権、および賦与する権能があるとされ（2条)、その設定を受けた鉱業権者が、掘採・取得できることになる（5条)。例えば、夕張などでは、北炭〔北海道炭鉱汽船〕が準国営的に広大な鉱業権を有し、所有権的感覚もないままに、炭鉱事故が起きると、そこを閉鎖して、次々乱開発したという歴史がある。

(2) 地下鉄や地下道路の利用関係……ここにも所有権の効果が及ぶと思いきやそうではなくて、大深度地下の公共的使用に関する特別措置法（平成12(2000）年法律87号）が規律する。「大深度地下」においては、公共的使用がなされても、通常は補償されるべき損失は生ぜず、行政庁は、土地収用の手続なく使用認可すれば、事業者は、使用権を取得するとされる（25条)。例外的に補償されるに止まる（32条)。東京では、近年大々的に地下再開発が進んでいるようであるが（地下鉄の増大とともに、品川から池袋までの地下高速道路の開発など。(NHK)『沸騰都市・東京モンスター』(2009年2月16日放映）参照)、土建国家的開発の地下への拡張というよりも、そう

した公的財源は、環境保護と親和的な地方再生にも振り向けられるべきではないか（吉田)。

【QⅠ－1】物権法定主義や「一物一権主義」(次述する)、さらには、近時の「アンチ・コモンズの悲劇」の議論には、どのような背景的理由があり、また課題があるのだろうか、具体例を交えて論じなさい。
【QⅠ－2】法定されない慣習上の物権としてどのようなものがあるかを論じなさい。

1－2　物権の性質――債権との比較

(i)　絶対性――相対性
(ii)　排他性あり――排他性なし
(iii)　優先的効力……追及権〔転々流通するものへの行使しうる効力〕、優先弁済、「売買は賃貸借を破る」
……物に対する直接的支配――債務者の意思を媒介とする間接的支配

＊（検討）物権と債権との峻別の是非

・従来は、物権と債権との区別が――ドイツ法の影響の下に――強調されすぎていた（戦後の法学界に大きな影響力を与えた川島博士の近代法理論においても、両者の対置・峻別が基礎となっている。最近のものとしては、加藤雅信教授の立場(13)は、なお峻別にこだわるが、例外的である)。
・しかし、そもそも、日本の民法起草者は、あまりこの区別を強く意識していなかったようである（むしろ、イギリスの権利分類論の影響がある)(14)。また、

(13)　加藤(雅)23頁以下（さらに、加藤雅信ほか「(特集）財産法理論の展開」ジュリ1229号（2002）の加藤（雅）論文「物権・債権峻別論の基本構造」、私法65号(2003)も参照)。なお、property law を漫然と「財産法」と訳すこと（本ジュリ特集もその例）の問題は、前述した。
(14)　それによると、債権(契約)は、「対人権（right in personam)」であると同時に、「対世権（right in rem)」であるとして、債権の対外的効力について積極的であった。かくして、当時すでに債権侵害による不法行為は肯定されて、(判例）には実はこの影響が窺える。吉田邦彦・債権侵害論再考（有斐閣、1991）12頁以下参照。

賃借権の物権化、それに基づく妨害排除請求権も認められている。

・「排他性」の有無で、物権・債権が区別されるといっても（債権には、複数の債権債務関係が成立するという意味で、「排他性」はないであろう）、だからと言って、債権に「不可侵性」がないわけではない。しかしこの点がどうも軽視されていた（吉田)。……一般論としては、この点は認められていたが、それが実質的に貫かれていたかというとそうではなく、物権との相違の強調のもとに、「自由競争」とか「債権者平等の原則」などとして、かなり広範囲に債権侵害は放置されていた（侵害されても、原則的に違法とはならないとされた)。しかし、このような債権侵害（契約侵害）を認めない、換言すれば、契約を第三者との関係で保護するという規範的な立場を欠落するのは、日本特殊の立場で、比較法的にも異例であるとして、批判を提示して（1980年代半ば)、ある程度のインパクトはあったようである（賛同してくださる方は、増えており、他方で、正面からの反論は、受けていない)(15)。

＊なお、鈴木458頁、460頁は、私の批判前の状況を反映しているといえるだろう（二重譲渡でも、単に譲渡人のみならず、第二買主への損害賠償のルートを設けるべきだとするのが、私の主張の眼目であり、その考慮が不十分であるし、「債権者平等の原則」にしても、一般化のしすぎであり、それは金銭債権の競合のときには、妥当しても、それを非金銭債権の競合の場合に推及することには、慎重でなければならないというのが、私の見方である）（なお、物権・債権を峻別させるべきではないとの大筋には、鈴木博士と同意見である)。

Cf.　フランスでも、古典的分類論には、批判的な変遷が見られる(16)。

（吉田）従って、両者の区別は、あまり強調できない。一応の区別、整理にとどまると理解すべきである。

---

(15)　ここでも自己紹介の意味で、吉田邦彦・前掲書（注14）（比較法分析のまとめとしては、548頁以下参照）を挙げておく。さらにこの点〔債権に排他性がないことから、債権侵害の不法行為法上の対第三者保護を否定することの陥穽〕について、簡単には、吉田邦彦「債権侵害と不法行為」民法の争点（新版）（有斐閣、2007）参照。

(16)　この点については、ロングレー＝福井勇二郎「対物権と対人権」仏蘭西法学の諸相（日本評論社、1943）232頁以下（とくに、265頁以下）（時代思潮との関係で考察する)、佐賀徹哉「物権と債権の区別に関する一考察（2・完)」論叢99巻2号（1977）など参照。

【QⅠ－3】今なお、物権・債権峻別論があるようであるが、その意義および限界を批判的に論じなさい。(なお、両者の相違については、目を瞑っていても、説明できることを前提としての問いが、本問題である。)

1－3　物権の対象（「物」）――一物一権主義

民法85条

原則として有体物。――法律関係を錯雑・複雑化させるのを防ぎ、例えば、「債権の所有権」というものは、認めないようにするというのが、立法者の趣旨であった(17)（無体物を所有の対象とするのは、実は、旧民法財産編6条、財産取得編24条、68条の立場であり、本条はその変更であった)。しかし、刑法（刑235条の「財物」につき、明治36年判決〔電気窃盗事件〕を機に改正された〔刑245条〕）ほど、厳格ではない。……しかし、これでは、今日クローズアップされている知的所有権に対応できなくなり、広義の所有と狭義の〔民法典上の〕所有と区別する必要がある（前述)。

民法86条

不動産と動産との区別。

（相違点）①公示方法（対抗要件）――登記か占有か（場合によっては、登録)。
②即時取得の適用の有無。

＊所有権をはじめとする物権成立の要件としては、(i)排他的支配可能性、(ii)特定性、(iii)独立性・単一性（一物一権主義）がとかれる。

＊＊一物一権主義(18)：一つのものに一つの所有権という立場（例えば、牛の頭、胴、尾の部分がそれぞれ所有者が別ということは認めないということ）（前述した「アンチ・コモンズの悲劇」とも関係する)。そのコロラリーとして、物の一部、集合物には、所有権が成立しないことになってしまう。……しかし、所有権の性質から論理必然的に出てくるものではない。その目的（根拠）

(17)　梅180-81頁、民法修正案理由書66頁。
(18)　これについては、川島・前掲書　(所有権法の理論) 161頁以下参照。

は、公示性――取引安全の保護にあり、それとの関連で問題になれば、例外を認めて構わない。

以下分説していこう。

第1：不動産＝土地及びその定着物（建物、銅像、植物の苗、土地の機械など）（86条1項）。

(1) 建　物

建物は、土地と別個独立の不動産とされる（民法370条参照）のは、日本特殊の法制である（それゆえに、借地上の建物保護、法定地上権の問題が生ずる）。

＊旧不動産登記法では、建物登記簿（旧不登14条参照）が別立てで、作成されていた（なお、不動産登記法の改正（平成16（2004）年法律123号）では、この登記簿上の区別はなくされた如くだが、表題部（表示の登記）については、土地と建物について、別規定がおかれ（建物につき、不登44条以下）、権利部（権利の登記）は一緒の規定になっているが（同59条以下）、やはり土地と建物ごとに電磁記録は作成されるとある（同2条5号））。

＊この法制は、韓国・朝鮮にも輸出された。ある程度は、パラレルの問題は生じているようだが（例えば、法定地上権は、韓国民法366条でも規定されている）、基本的に形骸化していることに注意されなければいけない。

（原因）[19]①既に、借地が存在していたから。②地券、家券（建物公証）の制度からか。

さらに、③旧幕以来のもので、わが国の建物が木造のものが大部分で、火災などで滅失しやすく、簡単に取り壊し、別の土地に移築もしやすかったことにもよるとされる（鈴木447頁参照）。（Cf. しかし韓国でも木造が伝統的に多いが、この点の法意識が違うのはどうしてだろうか？）

(19)　これについては、瀬川信久・不動産附合法の研究（有斐閣、1981）10–13頁参照。

(2) 立　木

立木は、場合によって扱いが分れる（すなわち、(i) 立木法〔「立木ニ関スル法律」(明治42年（1909年）法律22号)〕1条による登記がされると、不動産とみなされる（2条)。(ii) 立木法が適用されない場合には、例外的に「明認方法」による。(iii) それ以外は、土地の一部となる)。

＊立木取引に関する明認方法の慣行に対する批判的見解（来栖論文）[20]について

① 立木法は、吉野地方や天竜地方の林業家の要請により成立したものであるが、その背景として吉野地方では、民法制定前にローカルな立木登記制度があったが、それが民法により否定されたことへのリアクションによる。だから、立木登記は多くない。されても立木の抵当のためであり、実際立木取引（売買）に関しては、実際には立木法の枠外で処理されることになり、その際、第三者に対する対抗要件は、「明認方法」によるのが、わが慣行だとされるのが一般的である（例えば、我妻（旧版）[183] 119頁、川島175頁。最近でも内田452頁)。しかし、実際に吉野地方に行かれた来栖三郎博士は、対抗要件的な明認方法の慣行はなく（大体伐採目的の立木に明認方法を施すような面倒なことはしないとする)、せいぜい境界確定のため、または、判例を意識したそれに止まり、慣行ではないという鋭い批判がある（私も2005年、2006年に奈良吉野地方の山林を歩いたが、そのとおりであった)。

② 確かに、(判例) は、立木だけの取引、またその取得時効を認めており（後者につき最判昭和38.12.13民集17巻12号1696頁）（吉野地方は従来借地林が多く、山守制度によって管理されてきた)、取引の対抗要件としての明認方法として、木の皮への墨書も認めている（大判大正10.4.14民録732頁、最判昭和34.8.7民集13巻10号1223頁）（また、墨書が消滅するような場合に、第三者登場時に明認方法が存在している必要があるというのも判例である（最

---

(20) 来栖三郎「立木取引における『明認方法』について」川島還暦・民法学の現代的課題（岩波書店、1972）とくに156–157頁。(来栖三郎著作集Ⅰ法律家・法の解釈・財産法（信山社、2004）に所収〔三藤邦彦解説が付いている〕。)

判昭和36.5.4民集15巻5号1253頁))。立木留保のために（土地所有権が譲渡される場合)、第三者対抗要件として明認方法が必要だとするのも判例とされる（最判昭和35.3.1民集14巻3号307頁）

しかし実際には、地上権の設定登記なども多く、墨書、山小屋設置、枕木の集積を明認方法とするかについての判例の立場ははっきりしておらず、第三者への対抗要件を否定した裁判例が多いというのが来栖論文の指摘である（なお、伐採期間内に伐採されなかった残木所有権は復帰するという特約が多いようだが、復帰の第三者への対抗には明認方法が必要であるとする（判例）が、実際にはそのような明認方法はなく、判例の含意は特約否定にあるともされる)。

……マニュアル的に立木取引の「明認方法」を不動産取引の「登記」とパラレルに暗記するのが通例で、それで判例の理解としても誤りでないだろうが、それは現場の取引の現実ではない――実際の取引と遊離した民法教育がなされている――とする鋭い法社会学的指摘を味わって欲しい（最近の教科書類が、来栖論文を引用しないのもおかしなことである)。

もっとも、昨今は、グローバライゼーションの影響で（外材の安価な輸入)、日本林業は空洞化し、吉野の杉や木曽の檜などの林業従事者は、生業として成り立たない状況となっており（国内林業の羽振りがよかった来栖論文執筆時とは状況が様変わりしている。明認方法の前提が失われているわけである)、京都議定書の温暖ガス吸収の上で重要な森林は荒廃し、林業コミュニティーが崩壊の危機にある（山守制度も存立の危機にある）ことの方が、今日的課題として喫緊かつ重要であろう(21)。別の意味で立木取引の議論が現実的アクチュアリティを失いつつあるのである。

＊大体、立木につき、取引紛争になることの前提として、それが取引上の価値が高いことが前提であり、今日では、（それが望ましいことなのかはともかく）その前提が失われているということである。

---

(21)　これについては、吉田邦彦・居住福祉法学の構想（居住福祉ブックレット）（東信堂、2006）66頁以下参照（吉野地方の現況に焦点を当てる)。また、木曽地方でも同様であることの情報としては、2007年3月21日放映のNHK（ETV特集）「長野県王滝村――追い詰められた村の記録」が有益である。

【QⅠ－4】不動産の日本独自の捉え方の中身、背景、その帰結としての日本独自の法的構成を説明しなさい。
【QⅠ－5】立木に関する明認方法の従来の理解の問題点、またその基盤をなす林業の事情の最近の変貌ぶりを説きなさい。

（問題点）

1．一筆の土地の一部に、所有権が成立するか。

（判例）（通説）は肯定する（大連判大正13.10.7民集3巻470頁【13】（2版）（分筆手続以前に譲渡できるとする））。

＊なお、呼称は、土地の場合には「筆」、建物の場合には「棟」である（区分所有の場合には、例外である）。

2．建築途中の工作物が何時から独立の不動産となるか。

（判例）は、「独立に風雨を凌げる――屋根瓦を葺き、荒壁を塗り終えた――のであれば、未だ床、天井を備えていなくとも、建物として登記できる」とする（大判昭和10.10.1民集14巻1671頁）。

3．海面下の土地所有権は、認められるか。

（判例）は、海でも、「国が一定範囲を区画し、他と区別して排他的支配を可能にした上で、公用廃止し、私人の所有に帰属させた場合には」、所有権の客体たる土地に当たるとする（最判昭和61.12.16民集40巻7号1236頁（田原湾訴訟）（本件では、否定する）（不動産判例百選【2】））。

・昭和40年代までは、（学説）（判例）とも消極的であったが（例えば、我妻203頁、四宮131頁、幾代157頁（民事研修250号19頁以下で改説された））、近時の学説は、積極的である（広中（第2版）10頁、米倉257頁）。（吉田）も、「排他的支配」があれば、もはや私人への帰属を問題にせずに、所有権の客体になりうるとしてよいと考える。

Cf. なお、公有水面埋立法に基づく埋立工事が完成後、竣工認可がなされていない埋立地について、それが公共用財産としての形態、機能を完全に喪失し、他人の平穏・公然の占有が継続しても公共用財産として維持すべき理由がなくなった場合には、私法上の所有権の客体となるとする（最判平成17.12.16民集59巻10号2931頁〔取得時効の成否が問われ、肯定した〕)。

＊公有水面の埋立の場合の法律関係

公有水面の埋立に関しては、公有水面埋立法が規律する（大正10年法律57号。昭和48年法律84号で全面改正)。そのスキームを概観するならば、①埋立の免許を得ているものの工事竣工に対する認可により、認可の告示日に埋立権者が所有権を取得することになっている（公水22条、24条1項。なお、旧法では、竣功認可の日にとされていた)。②そして認可を受けなかったときには、埋立免許は失効し（34条)、公有水面を原状に回復すべき義務を負う（35条1項）（もっとも、但書で、知事は、同義務を免除して、土砂などを無償で国の所有に属させることができる)。

この場合の所有関係につき、（判例）（最判昭和57.6.17民集36巻5号824頁）は、竣工認可で埋立権者が所有権を取得し、さらに民法242条で土砂の所有権を取得するとする（その際、公水35条の原状回復義務を考えていて、それまでの土砂は、独立した動産だとする)。――思うに、これは、種苗・稲立毛などと逆に、独立性が失われる附合ということになろうが、公有水面埋立法が作り出している特殊な法制と言うべきであり、民法242条とは区別すべきで、同条を持ち出すのはおかしいのではないか（性状的に言えば埋め立てた時から附合してしまい、それでは35条を導けなくなるというところがポイントである。むしろ、埋立権者の、竣工認可が得られない場合の原状回復義務は、公有水面法独自の法制であり、附合法と切り離して、この場合独特の法律関係を形成していると考えられるべきものではないか（吉田。米倉・法協106巻1号（1989）143頁も、公水法24条の効果だとする)。

上記平成17年最判では、公共用財産（公物）が如何に私的所有権の対象となるかというところに、主眼が置かれている。しかし、そこで問題とされている取得時効の可否との関連で、（判例）では、公物でない――公用を廃止したこと――ことが前提とされているが、そう考える必然性はないのではないか（吉田）（現に行政法学者の間では、古くから公物についての取得時効を肯定する見解が示されている〔田中二郎「公物の時効取得」民商2巻4号（1936）以降〕)。

＊海面下の所有論の制度論的意義――湿地帯保護との関係

湿地帯（wetlands）の保護は、アメリカ環境法の講義の大きなテーマであるが（地球温暖化ないし海水の上昇なども相俟って、アメリカに限らず地球規模的な課題であろう）、その問題は、2005年8月のアメリカ・ルイジアナ州を襲ったカトリーナ水害の最悪被災地である「第9下流域（Lower 9th Ward）」（壊滅的打撃を受けて、今なお住民の回帰率は低い）の北の「三角湿地帯（Wetland Triangle）（Bayou Bienvenue）」の問題が取り沙汰されている。同地域は、50年前には、糸杉（cypress trees）の湿地帯だったのであるが、1960年代に開通した「ミシシッピ川湾岸運河（Mississippi River Gulf Outlet〔MRGO〕）により海水が流入し、ニューオーリンズの東の何千エーカーもの湿地帯は破壊され（目下ルイジアナ州は、毎40分でフットボール広場大の湿地帯を失っているとのことである）、三角湿地帯もその代表的エリアで、今では枯れ木の頭が見える池のようになっていて、湿地帯の防災力の低下・喪失ゆえに、カトリーナ被害を増幅させたというわけである。

そして、そのエリアは，かつては公的所有権と私的所有権が入り混じる権利関係だったのであるが、今では水没地になっていて、国家所有になってしまうのかが議論されて、水没地であっても、「私的所有権制度」を使うことにより、海浜地区の保護のための調査、監視意識が高まり、湿地帯保護のためのコミュニティー意識涵養のためにも、有用ではないかということが議論されているのである（See, Mark Davis, *It's a Whole New Ballgame : Coastal Restoration, Storm Protection, and the Legal Landscape after Katrina,* 68 Louisiana Law Review 419 (2008)）。日本でも荒廃する中山間地、特に山林の活性化のために私的所有権を活用して、山林管理に役立てようとする議論があるが、それと類似する。ともかくそうなると、海面下の土地所有の可能性についても、あまり概念法学的に狭い理解をしていてはいけないということになろう。

第2：動産（86条2項，3項〔無記名債権について。有価証券法の議論から見ると、時代遅れで、あまり意味がない〕）。

・貨幣の場合には、特殊な取り扱いがなされる（「占有が即ち所有」）（通説）(22)。また、それが、（判例）である（最判昭和39.1.24判時365号26頁）である。――即時取得（民法192条、193条）、物権的請求権は問題にならない（不法行為、不当利得法による保護にとどまる)。

これに対して、「物権的価値返還請求権」として、優先的請求権（善意の一般債権者は保護する）――を認めるべきだとの有力説もある（四宮博士ら(23)）。

・主物・従物（87条)。　Cf. 民法242条、370条。

……独立した物であっても、経済的効用を増すために、付属する場合。Cf. 建物の構成部分

87条1項の類推で、他人の物であっても、従物的に扱うべきかどうかという問題もある（内田302〔2版346〕頁)。

・果実（88条〔天然果実〕、89条〔法定果実〕)。

1－4　所有権の根拠論とその現代的課題

従来わが国では、この点はほとんど論じられてこなかったが、アメリカなどでは相当量の議論の蓄積があり、不可欠の基礎理論とされているので、触れておこう。すなわち、「(私的) 所有権をどのように根拠付けるか」「支配的な所有論には、今日的課題との関連で再考すべきところはないのか」が、ここでの問題である(24)。

(22)　末川博「貨幣とその所有権」物権・親族・相続（末川博法律論文集Ⅳ)（岩波書店、1970）266頁以下（初出、経済学雑誌1巻2号（1937))、川島武宜・所有権法の理論（岩波書店、1949）197-200頁、我妻（有泉補訂）235-237頁をはじめとする見解。なお、これらの見解が、ドイツでは多数説にはならなかったM・カーザー論文（Max Kaser, Das Geld im Sachenrecht, AcP 23（1937), 1 ff.）の影響を受けることなどについては、能見善久「金銭の法律上の地位」民法講座別巻1（有斐閣、1990）111頁以下参照。

(23)　四宮和夫「物権的価値返還請求権について――金銭の物権法的一側面」（我妻追悼）私法学の新たな展開（有斐閣、1975）183頁以下、広中258頁以下、加藤(雅)(2版）262-270頁。

また、誤振込みの場合との関連で、(判例）が、振込依頼人の受取人に対する請求は、単なる不当利得請求で、第三者異議の訴えを認めない（最判平成8.4.26民集50巻5号1267頁）のに、反対するものとして、森田宏樹「振込取引の法的構造」中田裕康ほか編・金融取引と民法法理（有斐閣、2000）123頁以下参照。

(1)　ロック的な「労働理論」(25)

これは、アメリカで従来支配的であったディスコースで、フロンティアの未開拓の土地に労働力を投下したから、その見返りとして、私的所有権を（原始）取得するという根拠付けである（ロック（『統治二論』）自身は、それ以前を共有としており、またいわゆる「ロック的但し書き」（第2編27節。他者に「十分に余りある分が確保されることを条件とする」）の解釈如何では、大方のかつての理解（排他的な個人主義的所有で埋め尽くすようなロック理解）とは違って、平等主義的に再解釈できるとされる（タリー論文））。

しかし、ネオ・ロッキアンと呼ばれるいわゆる自由尊重主義者（libertarian）は、保守主義・市場主義をとっており（たとえば、ノーズィック、エプスティーン）、そうした論者の所有論がこれであり、わが国では、森村教授がこの立場を支持している（民法学者は、所有論というと彼のものを引きたがる（知的所有権学者（例えば、田村教授）も）が、こうした政治的立場の保守性を理解しているのかやや疑問がある（吉田））。ともかく、アメリカにおいては、今なお根強い。

・このような所有論だと、空間は排他的な私的空間で、埋め尽くされることになり、ホームレスの居場所は無くなることになりかねない。公園の利用の仕方（ホームレスがそこで青テント生活ができるかどうか）を巡り大阪など大都市では緊張関係が高まっている（最近〔2006年1月〕でも、大阪市西区靫（うつぼ）公園、中央区大阪城公園で、青テント撤去の行政代執行がなされた。2002年のホームレス自立支援特別措置法11条〔適正化条項〕(26)でも、公園その他の公共施設の

(24)　詳細は、吉田邦彦・民法解釈と揺れ動く所有論（民法理論研究第1巻）（有斐閣、2000）第7章以下参照（さらに、同・多文化時代と所有・居住福祉・補償問題（民法理論研究第3巻）（有斐閣、2006）も関連している）。

(25)　森村進・財産権の理論（弘文堂、1995）（これに対する、私の批判的書評は、吉田邦彦・前掲書534頁以下参照）、同・ロック所有論の再生（有斐閣、1997）。さらに、James Tully, A Discourse on Property : John Locke and His Adversaries（Cambridge U.P., 1980）；Joseph Singer, *Starting Property,* 46 Saint Louis U. L. J. 565（2002）も参照。

(26)　同法11条は、「都市公園その他の公共の用に供する施設を管理する者は、当該施設をホームレスが起居の場所とすることによりその適正な利用が妨げられているときは、ホームレスの自立の支援等に関する施策との連携を図りつつ、法令の規定に基づき、当該施設の適正な利用を確保するために必要な措置をとるものとする。」と定めている。

管理とホームレスの起居の場所としての利用とは、排斥的に捉えられている)。その結果として、公園生活をするホームレス人口は、2003年の１万310人から2007年１月には、5702人に減った（45％減）（道路生活者も29％減の3110人になった）とされる(27)。しかし最近の大不況で、また悪化している。……ホームレス問題は、空間所有の問題である。

・しかし例えば、所有権の起源については、フロンティア（無主地）といえるのか、アメリカン・インディアンの土地の侵略・征服という側面が従来看過されていたとして、労働理論に批判を投ずる動きも有力である（シンガー論文)。前述したアイヌ民族などの先住民族の所有論の問題ないしその延長での補償問題にも繋がってくる。

(2)　功利主義的（ベンサム的）所有論(28)

これは、私的所有を認めるのが、社会全体の富の最大化に資するという立論であり、近時有力な経済学的所有論もこの系譜である（例えば、デムゼッツ〔毛皮取引などを例にして、個人所有権制度はあった方が、取引利益の増大に資するとする〕)。

わが国では、例えば加藤(雅)教授の所有論は、人類学的な様相を示すが、その理論的帰結は、土地への投資（資本投下）ないし生産性と所有権の発生を連動させ（加藤354頁、356頁)、その目的は社会全体の食糧生産量の拡大・最大化をはかるとされるのであるから（同上358頁)、この系譜の所有論（ある種農耕資本主義的所有論）である（因みにその帰結として、遊牧・狩猟民族（例えば、

---

(27)　朝日新聞2007年４月７日33面参照（厚生労働省の調査結果)。同所には、減少の原因は、各自治体が公園や道路から退去させるのに力を入れた結果だとする。地域別には、大阪府に4911人（37％減)、東京都4690人（26％減)、神奈川県2020人（5％増）となっていて、景気回復、就職支援、住宅提供などの原因も推測されている。ここには、2004年からの東京都のホームレス支援事業も関係しているだろうが、その成果は必ずしも楽観を許さず、やはり、ホームレスの空間所有論については、緊張度を増していると見るべきではないか（換言すれば、ホームレスの存在が目に付きにくくなっていると思われる)。

(28)　Harold Demsetz, Ownership, Control, and the Firm（Blackwell, 1988）104～. また、加藤雅信・「所有権」の誕生（三省堂、2001）168頁以下（なお、文中のページ数は、新民法大系Ⅱ（有斐閣、2003）のそれである）参照。

アイヌ民族）には、所有権は認められないという結果がもたらされている。（吉田）は、所有をもっと多元的、文化的にも考えるのでこのような立場をとらない）。

(3)　マルクスの商品フェティシズム論（川島所有論）とヘーゲル的人格権的所有論による批判[29]

マルクスは、(1)の系譜の影響を受けつつ、商品交換という形で資本主義経済を定式化し、そこにおける疎外問題などを克服の対象とした。川島博士の『所有権法の理論』は、マルクスの批判対象たる資本主義的な商品フェティシズムを承継して、博士の近代法理論の骨格として、所有権の観念性・絶対性、そして「商品交換」システムを強調した。

・しかし、これに対して、そうした市場拡大の論理（ないし、法と経済学的レトリック）（market rhetoric）に対する有力な批判として、ヘーゲルの人格権論の応用として、人格の投影としての所有論として、――従来所有権の属性として当然視されていた――取引や処分性の自由の制限を図ろうとする見解（レイディン教授）が支持を集めつつある。市場取引ないし「商品化（commodification）」がどこまで許されるか、どこで絞り込むべきかという問題意識である。……これは、代理母、精子取引[30]、臓器提供、輸血、売春、赤ちゃんの闇取引などの身体取引を素材に主として議論されたものである。そのエッセンスだけでも述べるならば、①そもそもそうした身体（ヒト由来物質などと言われたりもする）は、取引になじまない（譲渡させるべきではない）という直感的・義務論的な議論とともに、②もし譲渡性を認めるとその帰結として、貧富の格差、人種的格差が反映して（さらに、近時のグローバル社会では、第三世界との格差的構造も反映する）、「そうしたくないけれど、生計の資を得るために、やむを得ず売春や臓器売買をせざるを得ない」というディレンマをもたらし[31]、またそうしたヒエラルキーを身体取引に反映させることは、人格的所有に関する平等要請に鑑みて、望ましくないとする政策論

(29)　Margaret Jane Radin, Reinterpreting Property（U. Chicago P., 1993）；do., Contested Commodities（Harvard U.P., 1996）（これらについての詳細な紹介・検討が、吉田・前掲書７章である）；Gerald Frug, City Making: Building Communities Without Building Walls（Princeton U.P.,1999）169～.

的な議論もなされうる。――従って、身体の商品化は、法政策的にあるべきではないということになるが（吉田の立場）、さらに進んで、無償取引ならばいいのではないかという立場によるべきかどうかは（代理母の場合）、③人工生殖による子どもを有する自由という不妊カップル側の要請との考量でかなり微妙な判断となる(32)。

しかし、それ以外にも、住宅問題や都市サービスについて、どこまで市場論理に任せておいていいのか、公的なサポートが必要ではないか（例えば、フルッグ論文）という具合に広がりがある問題である。

＊わが国の住宅における市場論理の強固さとその震災場面での現れ

因みに、わが国ではいかに住宅問題について、市場レトリックで覆われてい

(30)　因みに、わが国における代理母や凍結精子の譲渡性については、従来日本産科婦人科学会の会告によっており、前者（代理出産）については、1988年の胚・卵の凍結保存・移植に関する会告が認めないことを前提としているとされ（これについては、吉田邦彦「アメリカ法における『所有権法の理論』と代理母問題」同・民法解釈と揺れ動く所有論（有斐閣、2000）340–341注2参照）、ヨリ明示的には、2003年の会告で禁止し、後者については、最近（2007年4月）の会告で凍結精子の「死後生殖」を禁止するために死後の廃棄を盛り込んだ（同時に同会理事会は、代理出産を実施した諏訪マタニティクリニックの根津八紘院長〔50歳後半の女性が子宮を失った娘とその夫との受精卵を自己の子宮に入れて妊娠・出産した事例などを明らかにした〕を厳重注意処分とし、死後生殖も今後しないように求めることとした）（日本経済新聞2007年4月15日35面）。

また、代理出産については、厚生労働省の専門部会（厚生科学審議会）が2003年の報告書で禁じており、日本学術会議も検討を進めているが、未だ法制化されていない（向井亜紀さん事例（夫婦の受精卵をアメリカの代理母に代理出産させた）最高裁決定〔最決平成19.3.23民集61巻2号619頁〕（代理出産子を実子とすることを否定する)〕では、立法を要請する）。

(31)　例えば、フィリピンにおいては、臓器売買は法律で禁止されておらず、かなりの臓器（腎臓）売買があり、現状では、1件につき、相場として、代金は、医師に200万円、ブローカーに5万円、提供者に30万円が渡されるとのことで、この制度改革として、提供者保護のために提供者に75万円が支払われるようにする由である（2007年3月14日放映NHKクローズアップ現代「フィリピン臓器売買の実態」）。

(32)　詳細は、吉田邦彦・前掲代理母論文参照。

るか（換言すれば、「住宅は、私的所有権の対象であり、個人の甲斐性の問題である」という見方である）は、1995年1月の阪神・淡路大震災で、10兆円もの震災絡みの公金のやりとりがなされても、基本的に住宅再建には補助がなされなかった（他方で、道路整備・港湾整備に巨額が投じられ、さらに、神戸空港やルミナリエなどの光沢建築物に投下されるのは、被災者の意識にずれるものとの声を私は耳にしている）ことに如実に示されているだろう（その理由は、住宅は私的財産だからというところ〔妙な形での公私の峻別〕にあり、震災復興の基本的な政策決定にも住居所有論の議論が反映していることに注目して欲しい）。

なお、仮設住宅には税金が投下されるが、1戸あたり300万〜400万円もかかり（解体費用を含めれば、500万円以上）、他方で、建築基準法上、2年でこれは壊さねばならず、このような金の使い方が市民の意識から乖離することもしばしば説かれる（また仮設住宅からの転居により、多くの被災者の健康も害された）。さらに言えば、その後は、被災者は、兵庫県の辺境に作られた高層の復興住宅（これにも巨額が投ぜられる）に転居させられ、従来のコミュニティーも破壊され、多くの孤独死が生じている〔今でも！〕のである。かくして本来の被災住宅への補助はなされないままに放置されるというわけである。

言うまでもなく（吉田）の居住福祉法学は、こうした議論には反対であり、住宅所有の中には、基本的な最低限の市民生活には、公共的側面があり、公的支援がなされるべきものと考える（義捐金〔いわば租税によらない所有再配分の回路のひとつである〕が集まるのは、それが日常市民の自然な法意識であることを示していると思われる）(33)。

(4)　現代の再分配問題と平等主義的所有論(34)

さらに、(3)の批判的論議とも繋がるが、近時有力になりつつあるのは、昨今の貧富の格差の増大（例えば、前述の深刻化するホームレス問題を考えよ）に

(33)　こうした住宅所有論の震災復興の場面における帰結、その批判的分析については、吉田邦彦・前掲書（居住福祉ブックレット）35頁以下、また、同「新潟中越地震の居住福祉法学的（民法学的）諸問題——山古志で災害復興を考える」同・前掲書（民法理論研究第3巻）212頁以下、同「居住福祉法学から見た『弱者包有的災害復興』のあり方(上)(下)——補償問題を中心に」法律時報81巻9号、10号（2009）参照。

鑑みて、財の再分配問題を考慮する所有論――すなわち、「持てる者」（haves）の富の蓄積を制限し、ないしは、コミュニティーに還元し、他方で「持たざる者」（have-nots）の所有へのアクセスにも配慮しようとするもの――である（すでに、H・ジョージが述べていたが、近年では、シンガー、アンダーカフラー（彼女は、租税法の問題も所有法の一環で論ずる）など）。

・これは、社会主義とか共産主義とか一昔前の左翼が説いていた大上段のものではなく、租税や補助金の意義の再確認とか、アメリカ諸都市の貧困地区のコミュニティー再生運動で注目されている組合所有論（例えば、サイモンのもの）とか、レント・コントロールや建築規制、借地借家規制（正当事由論）や長期雇用システム（解雇権濫用法理など）とか、現に行われている規制の所有再分配的機能を意識化して規制緩和の波に抵抗しようとする基礎理論である。なお、開発途上国で大きな問題である不法占拠（urban squatter）の問題について、取得時効さらには、その拡充が注目されていることもこれに関連する。

・いずれにしても、私的所有権の絶対性を一面的に強調する近代所有論（川島。加藤(雅)の場合も、投下資本の私的回収だけを指針とする限りで一面的である）への対抗理論であり、知的所有権の領域でも、例えば、①インターネットにおける digital divide に留意し、情報の所有による囲い込みよりも、情報利用のほうを重視する（ただし、アジアなどでは、無断利用（piracy）の問題も指摘されるところである。即ち、債権侵害の問題でもつとに指摘しているが、無体の財貨についてはそのロック的な帰属保護の法理は、そもそも脆弱だという意味でコンテクストがアメリカとは異なることにも注意しなければいけないだろう）。②また知的所有権（とくに特許権）を通じた先進

（34） Joseph Singer, Entitlement : The Paradoxes of Property（Yale U.P., 2000）；do., The Edges of the Field（Beacon Press, 2002）；Laura Underkuffler, The Idea of Property : Its Meaning and Power（OxfordU.P., 2003）；William Simon, The Community Economic Development Movement（Duke U.P., 2001）43–67, 143～. See also, Gregory Alexander, *The Social-Obligation Norm in American Property Law,* 94 Cornell L. Rev. 745（2009）（多元的人間的充実及びコミュニティとの関係での――所有法における――社会的義務の側面を強調する）.

国による搾取問題は深刻である（例えば、エイズの災禍に苦しむアフリカ諸国における薬剤入手の難しさを考えてみよ）。

概して、(1)(2)は、保守派の所有論、(3)(4)は、進歩派の批判的所有論であり、(吉田)は、後者を支持している。

＊所有権に関する「権利濫用論」の位置づけ——所有権概念（ないし所有権補償）に関する若干の日米比較

1．権利濫用規定（民法1条3項）との関係で民法総則の最初で学ぶ権利濫用の事例の多くは、所有権の濫用事例でもあり、私的な絶対権的所有権概念の制限・反省を迫るものであった（例えば、大判昭和10.10.5民集14巻1965頁【1】〔宇奈月温泉事件。引湯管の妨害排除に関する〕、最判昭和47.6.27民集26巻5号1067頁〔北側居宅の日照・通風を妨げる違法建築事例〕)。（なお、後述する近時の相隣関係論の議論の興隆は、やはり周辺土地所有者の所有権の制限の問題であり、この系譜で捉えうるであろう。）

しかし、他方で、基地闘争（沖縄では、米軍基地による居住者の所有利益の蹂躙という問題は深刻である〔しかし今では、軍用地料という巨額補償による基地反対の抑圧という捩れ現象も指摘されている〕[35]）などとの関係で所有権を主張することは権利濫用とする事例（最判昭和40.3.9民集19巻2号233頁〔板

(35)　沖縄における米軍基地と住民所有権との拮抗関係については、阿波根昌鴻・米軍と農民（岩波新書）（岩波書店、1973)、同・命こそ宝——沖縄反戦の心（岩波新書）（岩波書店、1992）（伊江島住民の家屋がブルドーザーで潰され、農地が焼かれ、テント生活を強いられ、乞食行進を行ったこと（1950年代）及びその後の反戦地主としての軍用地契約拒否の活動を描く)、さらに、新崎盛暉・沖縄・反戦地主（新版）（高文研、1995）参照。

なお北海道でも、矢臼別演習場における反戦地主川瀬氾二氏の例がある（1952年に入植し、国が実施した自衛隊矢臼別演習場の用地買収を拒否し、約45年間演習場内の所有地に住み続けた。離農跡地も時効取得。この間、囲い込みなど放牧妨害、通行妨害などがなされたことにつき、例えば、川瀬氾二「矢臼別演習場における権力側の攻撃三題」札幌郷土を掘る会編・憲法・平和主義を掘る（同会、2001)。また、布施祐仁・北の反戦地主——川瀬氾二の生涯（高文研、2009）も参照。私も、2006年暮れに同氏をお訪ねしたことがあるが、2009年4月に死去された)。

付飛行場事件。占領終了後も米軍基地（ガソリンの地下貯蔵設備用地）として用いられている土地の明渡請求。明渡しによる所有者の利益とそれによる国の損害との比較衡量を行った〕）では、「権利濫用の濫用」も懸念されているところである。

2．考えると、アメリカ所有法学上の大きな論点となっている収用に関する所有権主張を巡る紛争事例は、わが国には存在せず（収用（taking）補償に関しては、連邦憲法修正5条に当たる日本憲法29条3項による所有権保障の規定は同様なのだが、それに関する裁判例が欠落しているのである）、アジアでは概して収用に対する所有権者側からの抵抗（補償請求）は弱いようである（かつての韓国、さらに、中国では今でも再開発の裏で強引な住民の立退き請求が問題とされている(36)。わが国でも、マンションの建替えを巡る立ち退き（売り渡し請求）訴訟で、最近、憲法29条との関係が問題とされたが、その価格の低廉さを検討するなどの吟味は不十分な状況である（最判平成21.4.23判時2045号116頁（千里桃山台訴訟上告審）参照））。つまり、古典的な絶対的私的所有概念の根付き方は、遥かに日本よりアメリカの方が強固であるように思われる。アメリカでは、例えば、環境保護のための所有権規制についても、「規制的収用」（regulatory takings）だとして、古典的私的所有権（private property）観念からの反対論ないし補償請求の主張が出ることが通常で、しかも最高裁レベルでも保守的裁判官の支持を集めているのである(37)。この日米の違いを感じ取って欲しい。

【QⅠ－6】所有の根拠付けに関する諸理論を理解して、それが現代社会の諸問題の政策決定にどのような指針を与えるかを検討してみなさい。

【QⅠ－7】伝統的所有権概念（古典的・排他的な私的所有論）の濫用事例ないしその制限事例を踏まえて、日米の相違を論じなさい。

---

(36)　さしあたり、上海の再開発における住民居住権軽視の状況につき、吉田邦彦「上海の都市居住福祉と市場的所有法学摂取の課題」法律時報79巻2号（2007）参照。

2．物権（とくに所有権）の効力――物権的請求権

・規定はないが、当然のこととされる。Cf. 占有訴権（民法197条以下）。

なお、留置権（民法302条）、一般先取特権（民法333条，336条）、動産先取特権（民法333条）、動産質権（民法353条――占有回収の訴によれとする）では、否定される。従って、抵当権、とくに所有権について議論される。

2－1　請求権の内容――費用の問題(38)

・種類は、3通り。――①返還請求権（rei vindicatio）、②妨害排除請求権（actio negatoria）、③妨害予防請求権（それぞれの占有訴権との対応関係は、①が占有回収の訴え（民法200条）、②が占有保持の訴え（民法198条）、③が占有保全の訴え（民法199条）に対応している）。（不動産については、②③。鈴木17頁参照）

……・物権の内容の円満な実現の妨害・支障の正常化。

(37)　E.g., Nollan v. California Coastal Commission, 483 U.S. 825（1987）（家屋の増築に際して、海岸にアクセスするための公衆通行権が求められた事例）；Lucas v. South Carolina Coastal Council, 505 U.S. 1003（1992）（海岸地における障壁建築規制）；Dolan v. City of Tigard, 114 S. Ct. 2309（1994）（店舗拡張、駐車場の舗装に際して、公共用緑地及び歩道・自転車道のための土地提供が求められたという事例）. 日米の環境保護の法的紛争の構図の日米の相違については、吉田邦彦「環境権と所有理論の新展開」同・民法解釈と揺れ動く所有論（有斐閣、2000）433頁以下（初出1998）参照。

なお、近時のKelo v. City of New London, 125 S. Ct. 2655（2005）も、保守的裁判官が、古典的所有権論の主張を支持しているところは、前記諸判例と同様だが、都市貧困地区の再開発のための収用という事案であり、ややコンテクストが異なっている。通常は規制を受ける富裕者が所有権を主張するのに対して、ここでは中低所得居住者の主張であり、他方で、所有権の規制は環境保護規制ではなく、都市再開発のためのものであり、場合によっては「高級化（gentrification）」による地価高騰で低所得者の駆逐ということにもなりかねないという問題がある。だから、所有権の主張が保守派か、（低所得者擁護の）進歩派かという図式は見えにくくなっている（本判決では、オコナ裁判官が保守裁判官に同調して反対意見を書いている）。これについては、吉田邦彦・多文化時代と所有・居住福祉・補償問題（有斐閣、2006）160–161頁参照。

(38)　川島・前掲所有権法の理論（岩波書店、1949）（新版1987）114頁以下。

・相手方の故意・過失は問わない。
・消滅時効にかからないとされる（民法167条2項参照）（判例）（通説）（大判大正5.6.23民録22輯1161頁）

＊「所有権は消滅時効にかからない」というのは、ドグマか？——その拡充の可能性

上述の所有権ないしそれによる物権的請求権は、——登記請求権も含めて（これに関するものとして、最判平成7.6.9判時1539号68頁〔遺留分減殺請求権により取得した不動産の所有権・共有持分権に基づく登記請求権の事例〕）——消滅時効にかからないというのは、強固な（判例）である（その他、譲渡担保の受戻権に関するものとして、最判昭和57.1.22民集36巻1号92頁）。もっとも、取得時効が成立する場合に、その反射として所有権がなくなる場合はある。

他方で、それ以外の債権については、押し並べて消滅時効（（判例）は、長期の期間制限について、除斥期間というが、近時の学説の多数は、これをも消滅時効とする）を観念しようとする。近時は、長期間経過後に提訴されるという事例が増えて（例えば、①戦後補償のように、提訴がしにくい政治状況にあった場合、②じん肺のように長期間かけて被害が発現してくる場合（潜伏的・蓄積的損害と言われる。今後大きな問題となるのは、アスベスト被害であろう））、そうした場合の期間制限は、大きな政策課題となっているが、（判例）は、基本的に例外なく時効規定を適用している。しかし、重大な人権侵害（人格権侵害）の不法行為のような場合に、それをあっさりと債権問題としていいのか、再考が必要ではないか。人格権侵害については、物権的請求権の類推から差止請求が認められていることも参考となり、この点で、立場が動けば、多くの戦後補償判例の前提が崩れることになる。国際法的に時効不適用条約があることも参考になり、「人間の条件」（H・アレント）として、基本的人権蹂躙からの回復が問われるような場合には、謝罪など「金銭賠償」による商品化以前のものが問われており、時効不適用とする余地があるように思われる（吉田）(39)。

さらに考えると、「抗弁権の永久性」という議論も有力であり（川島博士な

(39)　この点は、さしあたり、吉田邦彦・前掲書（注1）（民法理論研究第3巻）549–551頁参照。

ど)、所有権だけが、時効にかからないとするのは、強固のように見えるが、実は必ずしもそうでないことがわかる。このように、一見不動のように見える（判例）も疑ってかかるような柔軟な思考力を持って欲しい。

（問題点）

1．行為請求権か、受忍請求権か。——費用負担の問題であり、前者ならば、相手方負担、後者ならば、請求者本人の負担ということになる。とくに、第三者の行為により、または自然の不可抗力により、妨害ないしその恐れが生ずるときに問題となる。

（判例）は、行為請求権説（相手方負担）（大判昭和12.11.19民集16巻1881頁【46】（前主による境界部分の掘り下げのために崩落のおそれがあるという事案。侵害を除去し、または侵害の危険を防止すべき義務を［Yは］負担するとした（もっとも、不可抗力の場合、被害者自ら損害を負担すべき場合を除いた））。

①（伝統的通説）もこれを支持する（中島上300頁、川名63頁、石田（文）389頁など)。②これに対して、「相手方が自らの行為で占有取得したのでなければ、」あるいは「相手方の行為によらずして、目的物がその支配下にあるときには」（例えば、他者による機械の放置〔大判昭和5.10.31民集9巻1009頁の事案〕、泥棒運転の自転車の放置）取り戻し行為の忍容請求（請求者負担）にとどまるとする説が、今では、（通説）化している（我妻22頁、柚木＝高木453頁、鈴木21頁、星野22頁、好美・注民(6) 74–75頁、水辺・争点Ⅰ97頁。山田(晟)・法協百年論集（有斐閣、1983）3頁は、ドイツ民法1005条（867条を準用する）（Abholungsanspruch）（「引取請求権＝引受［取り戻し］忍容請求権」とされる）を参酌される)。

こうした中で、③妨害排除の費用負担は、責任法の問題であり、物権的請求権とは別に考えるべきだとする有力説があり、そうなると、不法行為法とのバランスが問題となる（川島・理論116頁、判民昭和12年度132事件判例評釈など。鈴木22頁も不法行為を問題としている)。

また、物権的請求権が競合する場合の処理としてもこう考えるべきだとする（行為請求権説では、先に請求したほうが、得をすることになってしまう)。

④さらに、衡平の観点から、費用折半にするとの見解もある（渡辺・演習Ⅱ101頁、金山54頁、広中269頁）。その旨の、下級審判決もある（東京高判昭和51.4.28判時820号67頁、同昭和58.3.17判タ497号117頁など）。

（検討）

1．地味な論点だが、2001年3月の芸予地震（広島県南部、愛媛県北部一帯の地震）でも、がけの崩落という問題はあった。

2．問題は、不法行為の要件を充たさない場合であり、③だとすべて請求者負担ということになるのかどうか（これが①②との相違である）。——その場合には、危険負担法理、相隣関係法理などを参酌しつつ、「支配・管理の可能性」「妨害状況の作出・関与」くらいがあれば、相手方に負担させてよい（（吉田）は、②説を採るが、これは公共的な問題として公的な負担を求めるべき場合も多いであろうから、次述の広中説も傾聴すべきであると考える）。

3．また、④の折半説も併用してよいし（不可抗力の場合。過失相殺の類推ということになろうか）、国・公共団体に負担させてもよい（同旨、広中266頁）。——わが国では、民々の問題では、公的負担を問題にしない発想が一般的だが、広中説は、その例外で、「居住福祉」的であり、興味深いのである。

……アメリカでは、property rule/liability ruleというターム（キャラブレイジ）(40)で議論されるが、ここでの議論もその両者の関係如何という枠組みで捉えうるだろう。

【QⅡ－1】物権的請求権の特徴を、他の救済方法と対比しつつ整理してみなさい。

【QⅡ－2】物権的請求権の費用負担の仕方を、他の類似制度との比較で考えてみなさい。

---

(40)　Guido Calabresi & Douglas Melamed, *Property Rule, Liability Rule, and Inalienability: One View of the Cathedral*, 85 Harv. L. Rev. 1089 (1972) で示された発想である。因みに本論文は、「法と経済学」に関する古典的論文の一つである。

2．物権的請求権の相手方

敷地利用権限のない建物所有者が、移転登記を経由していない場合でも、その者が相手方として収去義務を負うとするのが（判例）の立場であるが（最判昭和35.6.17民集14巻8号1396頁）、近時の判決例は、土地所有者は、登記名義人を相手方としてもよいとした（同平成6.2.8民集48巻2号373頁【47】）。相手方を決する負担を軽くしたものである。

＊この部分は、いずれ講義する民法177条の問題であり、その際に、併せて考察されたい。

（検討）

平成6年判決は、「対抗関係に似た関係」としているが、二重譲渡などとは状況が異なり、ここでは、物権的請求権の相手方確定に際し、意思主義がもたらす請求者の不都合を回避するために、単に同人に「登記の欠缺を主張する利益」を認めただけのことである（横山【47】解説参照（もっとも、請求者の方で、未登記の建物譲受人を相手方とすることはできるから、これで直ちに明確化するというわけではなかろう））（吉田）。

2－2　請求権競合論(41)

(ex.) 契約に基づく返還請求権……賃貸借終了
不当利得に基づく返還請求権……売買無効
それらと、物権的請求権との関係。

ここだけの問題ではない。――損害賠償請求権で、契約責任と不法行為責任との競合が代表的なものである（既に時々述べている）。

① （判例・伝統的通説）は、請求権競合説。

② これに対して、非競合説（法条競合説）――すなわち、先の例で、契約法上の請求権を優先させるというもの――の主張がなされる（川島論文。加藤（一）・不法行為52―53頁（契約法以外の場合には、競合説になるとする）、鈴木20

(41) 川島武宜「契約不履行と不法行為の関係について」民法解釈学の諸問題（弘文堂、1949）（初出1934）、四宮和夫・請求権競合論（一粒社、1978）。

頁）。

③　近時は、②をベースとして、規範統合の考え方が有力になっている（四宮以降。星野23頁など）。問題局面毎に、規範を考えていくというものである。

(ex.) 賃貸人からの返還請求につき、(a)賃借人破産時の取り戻しができるか（破産法87条〔現62条〕参照）、(b)悪意の第三者への引渡の場合に追及できるか（賃借権譲渡、転貸の法制の問題〔信頼関係破壊理論〕）、(c)権利行使の期間（民法167条の適用の可否）、(d)敷金返還請求との同時履行関係など。

2－3　占有者と返還請求者との利害調整

①　果実及びその代価の返還の要否

189条　善意占有者の場合不要——果実収取権

190条　悪意占有者の場合必要。

②　占有物の滅失・毀損の場合（帰責事由ある場合）の損害賠償

191条　善意なら、現に利益を受ける（現存利益の）限度で。

悪意なら、全損害。

③　占有者による費用償還請求

196条1項：必要費（但し、果実を取得したときには、請求できず、占有者の費用負担となる）。

2項：有益費（支出額または目的物価額増加額を占有者が選択して請求）——悪意の占有者の場合、返還請求者に猶予の付与（従って、占有者は留置権を行使できない）（但書）

・近年は、これらの規定は、侵害不当利得に関する規定と解する見解が有力である（例えば、好美教授。また鈴木24–25頁）。

(Cf. 給付不当利得については、契約法など各関連規定（「契約の巻き戻し」）によるとする。)

＊詳しくは、不当利得法に譲る。

3．物権変動――とくに契約による場合――

3－1　序――物権変動の種類、基本原理

・ここでは、契約と関連する物権変動を扱うが、それ以外にも、様々あり、その分布状況は次図の通りである。

・留意すべきは、目的物（不動産、動産）による区別である。――公示の仕方、すなわち、取引安全の確保の仕方が異なる。

・基本的に考量すべき原理としては、以下のものがある。

……動的安全の保護―――静的安全の保護
（取引安全の確保）　（所有者の権利保護）

……公示の要請（公示の原則）――物権変動をできるだけ外部にわかるように公示するというもので、換言すれば、取引する第三者は、公示がない変動は存在しないものと考える（消極的）信頼を保護することとなる。公示を効力要件とするか、対抗要件とするかは、法制が比較法的に分かれるところである（日本法は、後者（民法177条，178条））。

Cf. 公信の原則――真の権利状態と異なる公示（外観）がある場合に、これを信頼して取引したものに、これを（積極的に）信頼して取引した者に対し、公示通りの保護を与えるというもの（わが国では、動産の占有に公信力を認めるが（民法192条）、不動産の登記には公信力を認めていない（民法177条は、説によっては、公信力を認めるごとくだが、「取消と登記」の場合を考えてみよ。なお、民法94条2項類推適用）。Cf. ドイツ、スイス……どちらも登記を効力要件とするが（形式主義）、それについて公信の原則を認めるのは、ドイツ法である。また同法は、登記（物権移転行為）について無因主義を採り、有因主義のスイス法と異なることは後述する。

＊有因・無因とは、原因行為が覆滅したときに、その影響が及ぶかを示す言葉（例えば、手形法などでも使われる言葉）。本件の場合には、その前提として、物権変動を債権行為と物権行為とに分解するという発想があり、これがそもそも必要であったのかという問題がある（後述する）。

【QⅢ－1】「公示の原則」「公信の原則」の異同を述べなさい。

発生（取得）――――――（変更）――――――消滅

発生（取得）

・承継取得
　○売買などの契約。
　・相続

　○制限物権（抵当権、地上権など）の設定契約。

・原始取得（民239～）（→3－6）
　・先占、遺失物拾得など。
　・添付
　・取得時効（民162～）

（変更）

・地上権の存続期間の変更。
・抵当権の順位の変更。
・組合への出資（共有関係に）。

消滅

・目的物の滅失
　（cf. 物上代位（民304）……抵当権などの場合）
・放棄
　（地上権につき、民268Ⅰ。なお、民398参照）
・消滅時効
　（所有権・債権以外は、20年で（民167Ⅱ））
　（なお、取得時効の反射としての消滅はある）
・混同（民179）

Cf. ○復帰的物権変動――契約の取消、解除、無効

（注）丸印をつけた問題につき、本章の「物権変動」として扱う。

3－2　立法例の対立――意思主義と形式主義(42)

・フランス法主義――意思主義（民法176条）＋対抗要件主義（登記は、対抗要件（民法177条））

……日本法のシステムは、フランスで徐々に形成されたもの〔ナポレオン民法（「フランス民法原始規定」と言われる）では、意思主義の規定しかなかったが、半世紀を経て、1855年の特別法で、対抗要件としての登記が定められるにいたった（まず、抵当権の登記（inscription）、そ

（42）　川島・所有権法の理論194頁以下、滝沢聿代・物権変動の理論（有斐閣、1987）。また、星野英一「フランスにおける不動産物権公示制度の沿革の概観」同・民法論集2巻（有斐閣、1970）（初出、1957）も参照。

して、所有権の謄記（transcription）へと発展した)〕を一挙に継受したものである。

Cf. ドイツ法主義——形式主義で、物権行為の独立及びその無因性を認める（登記は、成立要件〔登記主義〕)。

なお、スイスでは、形式主義を採りつつ、原因行為（契約）との有因性を認める（有因主義)。

・わが国のこの問題に関する議論は、日本民法学史を象徴している。すなわち、——

(1) 「学説継受」以降、ドイツ法学的解釈がなされ、民法176条の「意思表示」を物権的合意として、物権行為の独自性を認める（但し、特則により有因となるとする「相対的無因説」。この点で、当時から、ドイツ法とは異なる)。……岡松・法協26巻1号（1908)、石坂、鳩山、川名・法協21巻2号（1903)、曄道など。

(2) しかし、末弘厳太郎（いずたろう）『物権法』(1921）により、フランス民法的——日本民法的（民法176条、555条参照）——解釈に修正されて、それが、現在の（判例）（通説）になっている。……もっとも、これは理論的問題であり、結論的には大差ないが（「物権変動に物権行為という別の行為が必要かという問題」であり、日本民法典を読む限りでは出てこないいわゆる仮象問題（Schein-problem）が、従来連綿と語られてきたわけである)、末弘博士のこの指摘は、日本におけるドイツの「学説継受」の構造問題（北川善太郎教授の言葉）の最初の剔出（てきしゅつ）であり、日本民法学史の性格を知る意味で重要問題である（なお、関連する現実的問題としては、所有権移転（物権変動）の時期の論点がある。3-3参照)。

なお、他物権設定については、独自の物権行為と見る説があるが、これは、(1)の残滓であり、やはり問題である。

＊ドイツ特殊の物権変動の日本・フランス法のそれとの相違及びその背景

ドイツ法は、売買による所有権の移転につき、債権行為（売買）と物権行為（所有権移転行為）（Auflassung）という二段構えの構成を徹底する（両者を無因として〔物権行為の効力は債権行為の効力に左右されない〕、また、登記を後者の成立要件・効力要件として〔いわゆる形式主義〕、登記に公信力まで認めている。これは相当に日本法とは異なっている。例えば、ドイツ法の下では、売買による不動産の譲渡の場合を考えてみて、売買が錯誤で取消された場合（ドイツ法では、日本〔民法95条〕とは違って、無効ではない)、債権契約はなくなるが、物権行為は依然として有効のままである。従って、所有権は、買主のところに留まるが、これでは、公平に反するので、不当利得を持ち出して、売主は所有権返還を主張することになる)。

これに対して、日本法では、物権変動などとしているが（また形式的編別は、物権・債権の二本立てのようだが)、実質は、売買と所有権移転とは不可分一体であり（従って、両者は当然に有因である)、先の例で売買無効になると、当然のこととして、所有権は売主に復帰する（復帰的物権変動という)。従って、フランス式のシステムの方が常識的でわかりやすいと言えるだろう。ところが、前述の如く、かつてはこれをドイツ的に説明しようとしたものだから（いわゆる「学説継受」)、わかりにくかったのである。最近の教科書では、このような従来の事情はわからないかもしれないが、日本民法学史特殊の構造問題を示す格好の事例である。

それはともかく、こうしたドイツ式のやり方〔ドイツでは、1872年のプロイセン法律以来無因主義である〕が、確かに簡明であり、取引安全に資する（債権関係・信用契約（Kreditvertrag）の発展の帰結とされるし（川島198頁)、また、登記手続を——審査対象を物権行為に限定することにより——簡明にする（同上206頁、268頁))。しかしながら、ドイツでも、債権の重要性ゆえに、有因性への要請が説かれる（Gierkeの批判）（同上205頁、207頁)。またフランス式でも、取引安全上問題ないと言える。

【QⅢ－2】 物権変動の比較法的法制の相違を整理し、その中で日本民法、また民法学史の議論を位置づけ、評価してみなさい。

3－3　所有権移転時期の問題

売主——————————————買主

売買契約——代金支払い——引渡し（明渡)・登記経由

⑴ （判例）は、原則として、「契約時」に移転するとする。特約ある場合には、後にずらす（最判昭和33.6.20民集12巻10号1585頁【48】〔不動産の売買〕、同昭和35.3.22民集14巻4号501頁法協78巻4号川島【49】〔ハンカチ200ダースの売買。転売が先になされている。一定日時までに代金支払いがなければ、売買は失効するという特約ある場合（そのポイントは、民法545条1項但書を排除するところにあった）〕。最高裁は、原審と違って、特約によりそもそも所有権移転はないとすると解した〔これに対して、原審はいったん買主に所有権移転して売主に戻るような構成をしており、これでは民法545条1項の適用の余地が出てしまう〕）。

・なお、不特定物の場合には、特定時に（最判昭和35.6.24民集14巻8号1528頁法協78巻4号川島）、他人物売買の場合には後に売主が所有権を取得した時に（最判昭和40.11.19民集19巻8号2003頁法協83巻6号川島）、所有権は移転するとされる。

⑵ 学説は、大きく三分される。

① （伝統的通説）は、（判例）を支持する（末弘62頁以下、我妻（旧版）53頁ほか。比較的新しいところでは、滝沢・民法講座2（有斐閣、1984）41頁、53頁以下）。

② 有力説（今日の多数説）は、登記・引渡し及び代金支払い時に移転するという（古くは、末川・民商2巻4号599頁以下（1921）が、慣行を重視して、物権行為の独自性を認めつつ主張する）。

・戦後、川島博士（理論222頁以下）が、問題提起する。有償行為の本質である対価的給付の同時履行関係から、代金支払いまで所有権は移転せず、また、生ける取引生活の慣行もそうであるとする。これが、その後、多くの論者に支持される（吉原、舟橋（1960）70頁、広中（1981）54-56頁、原島・双書49-50頁（有償性原理から、さらに信用授与形態を問題とされる）（初版1970）、石田ほか）。

③ さらに、近年有力であるのは、――方法論的に問題提起して――所有権移転を一点で画さずに、なし崩し的に移転するという説である（鈴木（禄）教授が主張し(43)、星野37頁、内田373頁などが採用している。これは、分析哲学の手法による太田知行教授の主張(44)ともオーバーラップしている）。

・所有権の見方にも関わる。――所有権をひとつのものの如く実在化させずに、それを「権能の束」（例えば、果実収取権（民法575条）、登記請求権、危険負担（民法534条）、対第三者との優劣（民法177条、178条）、第三者の侵害に対する損賠（民法709条）、妨害排除、工作物責任（民法717条）というように、バラして考えるわけである）として見るプラグマティックな立場である。
・これは、解釈方法論として、体系性 v. 機能性（あるいは、rule v. standard）という軸にも関係し、③は、概して後者を重視する論者により、説かれている。

（検討）
1．鈴木説のリアリスト的問題提起は鋭いが（アメリカでも、ホーフェルドに始まる概念の機能分析的な同様の考え方はある〔bundle of sticks として、property を見るわけである（グレイ論文(45)参照）〕）、全く「所有権」概念の意義を否定するわけにはいかないように思われる（所有権が徐々に――またケース・バイ・ケースに――移るからといって、「所有権」概念まで否定できないのではないか）。実益論重視のあまり、通常の法意識とずれることにはならないか。
2．一般的基準（rule）を示しておく意味もあろう（所有権確認訴訟ということもある）（これに対して、鈴木124–125頁は、具体的給付請求こそが重要で、所有権確認訴訟の確認の利益はあまりないとする）。そのレベルでは、取引慣行にも留意した川島説（②）でよいのではないか（近時でも、滝沢教授は、①の理論構成のほうが明確だとするが、なぜそうなのかはあまり説得的に説かれていないように思われる）。
＊これは、不動産取引のような重要な物件で、どこまで諾成主義が妥当するか（日本はこの点で、要件が緩く、比較法的には、書面要求などの形式主義が採られている）という立法論上の問題も関係する。
3．もっとも、だからといって、それ以前〔所有権移転以前〕の契約当事者（債権者）の地位・権限が、all or nothing 的に弱いわけではなく（その意味

(44)　太田知行・当事者間における所有権の移転（勁草書房、1963）。
(45)　Thomas Grey, *The Disintegration of Property*, in : NOMOS XXII（1980）.
(43)　鈴木禄弥「特定物売買における所有権移転の時期」契約法大系Ⅱ（有斐閣、1962）。また、鈴木122頁以下も参照。

で、鈴木博士のアプローチの債権侵害（契約侵害）問題に与える示唆は重要である。かつては、あまりに物権・債権の峻別が強調されたからである)、むしろ日本の物権変動システムがフランス式であることに鑑みて、債権侵害（フランス式を貫けば、所有権侵害と不可分になる）の扱いの再考が求められるのである（吉田)。

【QⅢ－3】所有権移転時期の問題に関する方法論的問題提起の意義と限界を考えなさい。

3 － 4　不動産物権変動（民法 177 条）

・二重譲渡の扱いとして、両方未登記ならば、「両すくみ」で請求した方が負ける（請求棄却)。
・民法 177 条は、対第三者関係（これを「対抗」と呼ぶ）では、登記が必要であるとした（対抗要件)。
・第三者の善意・悪意を問わない（起草者、その後の（判例）（通説))。
→第三者としては、「公示がなければ、当該取引がないと考えてよい」（消極的信頼の保護)。これが、「公示の原則」だとされたりした（鈴木 131–132 頁、また星野 42 頁参照)。

（吉田）しかし、このような考え方は、部分的に反省が必要とされ、状況は近年流動化している。つまり、公示の要請は、必ずしも悪意の第三者の保護には繋がらないのである（「第三者」制限の問題として後述する（3–4–3 参照))。……従来、譲受人を失権させる（換言すれば、その静的利益を動的安全に劣後させる）「根拠づけ」として、未登記の懈怠が必ず説かれたが、果たして、（先行する契約を知りつつ故意に侵害する）「悪意の第三者」との関係でも、懈怠ゆえに動的安全を重視してしまっても、良いのかという問題である。悪意の第三者との関係で、「公示の必要性」を説くのは、ナンセンスで、**保護の必要はない**（というよりも、侵害する取引は、**保護すべきではない**）からである。

（なお、こうした解釈論〔第三者に関する悪意者排除説〕の弱点は、文言では、そのような限定がなされていないということであろう。諸外国（特にフランス法）

では、それゆえに、物権変動制度（不動産登記（謄記））制度に、不法行為法上の評価――悪意の第三者の行為は、契約侵害の不法行為になるという評価――を、競合的に行い、その効果として、原状回復的に、第一買主に当該不動産の返却を行う。しかしわが不法行為法の効果は、金銭賠償主義なので（民法722条2項）、他国と同様の解決をズバリ行うためには、民法177条の第三者は、善意のものに限るという解釈論を採るほかはないのである（吉田）。）

＊双方未登記の場合の「両すくみ」の意味

事態がストップしてしまうのかという質問が、受講生からあったので、もう少し丁寧に説明しておこう。①すなわち、ここでの意味は、双方未登記という事実関係がある場合を前提として、それでは、二重譲渡の第一買主と第二買主は、いずれも第三者（他の買主）に主張することができない状態であるということを指している。②しかしそれでは、売主に対して各々の買主が所有権を主張して、登記請求権を行使できないかというと、そんなことはない。もっとも、事実上は、売主は買主双方から要求が来て、対応に困り手詰まり状態になるということはあるかもしれないが、あくまでこれは事実問題である。③しかし、第一買主または第二買主のいずれかが、登記を備えれば、そちらが優先することになるだけのことである。④なおつまらないことだが、「買主の優先劣後は、登記の先後による」といっても、なされる登記は、どちらか一方だけで、先の登記と後の登記があるわけではない（この点で、債権の二重譲渡の場合には、譲受人双方ともに確定日付ある証書による通知・承諾という対抗要件を具備できて、その日付の先後によるというのとは事情が異なる。さらに、抵当権の登記でも重畳的に経由されることは多く、まさしくその登記の先後により「一番抵当、二番抵当」などと順位がつけられるわけである。しかし不動産所有権の登記の場合に事情が異なるのは、一物一権主義の帰結であろう）。初学者は様々な予想外のことも考えるものだから（しかし、競合する登記もないのに、「登記の先後による」という言葉の使い方は確かに妙かもしれない）、敢えて念のために一言した次第である。

＊意思主義プラス対抗要件主義の財貨移転システムの比較

様々な財貨について、その二重譲渡処理のシステムがどうなっているかを一覧しておく（予習・復習的に行う）ことは有用であろう。基本的には、意思主義＋対抗要件主義というフランス式のシステムが採られている。すなわち、①不動産の場合には、ここでみるように民法177条で「登記」により決するが、②対象が動産の場合には、民法178条により、「引渡し」が対抗要件とされる（しかし、こうした制度はフランス法にはないことに注意せよ）。そして実際に二重譲渡の処理に当たっては、即時取得の規定（民法192条）が有用であることも、フランス法と同様である（後述）。③さらに、債権の二重譲渡となると、「確定日付ある証書による通知または承諾」が対抗要件とされ（民法467条2項）、日付の先後により優劣が定まる。（同一日付の場合には、到達時の先後により、到達時が同時の場合の第三債務者の支払い義務があり、その場合に譲受人相互は、債権額により分け合うなど細かい話は、債権譲渡の箇所参照。）なお、債権譲渡には、物権変動とパラレルの議論とともに、債権譲渡特殊の問題がある（債務者の抗弁の切断、債権の準占有者への支払いの問題など）。こうした、財産譲渡を通覧する分析を意識的にはじめて行ったのは、星野教授である（同・民法概論Ⅲ参照）（フランス法では、しばしば対抗制度の対象物件を横断する記述がなされるから、その影響か）。

3－4－1 「二重譲渡」の説明方法

どうして、無から有が、生ずるのかという疑問〔すなわち、二重譲渡では、第一譲渡（A→B）で、Aの権限は無であるにも拘わらず、第二譲渡（A→C）により、先にCが登記を経由してしまうと、Cは、完全な所有権を取得してしまう〕を出発点として、従来大議論がなされた。

①（通説）は、不完全物権変動説。――対抗要件制度が採用されている限り、譲渡人は完全な無権利者にはならないとする（我妻＝有泉［143］。同旨、末川95頁、原島・注民（6））（なお、「対世的な効力を有しない萌芽的な物権」と「対世的な効力を有する完全な物権」とに分ける、いわゆる「二段階物権変動論」なる主張（加藤（雅）76頁以下）も、大同小異であろう）。

Cf. その他として、(a)第三者主張説（第三者に否認権を認めたとする）（末弘154頁、石田（文）108頁、柚木＝高木201頁、舟橋146頁以下）、(b)債権的効果説（川名14頁）、(c)法定証拠説（石坂、安達）など。

② しばらく前に有力であったのは、公信力説（1960年代半ば以降）（半田(正)、石田(喜)、篠塚＝月岡、鎌田ほかの各教授[46]）。――無権利者であるAから、Cが所有権を取得するのは、Aの所有者らしい外観（登記保有）を真実のものとして誤信して取引したCの保護をはかったものだとするわけである。

(問題点)

(i) 民法177条の制度（その要件、効果）との間にずれがある（もっとも、Cの保護要件に絞りをかけるという実践的解釈論としては意味があるが。しかし、Cの無過失まで要求するのには無理がある（取引の安全・迅速性を害する））。

(ii) 日本民法が登記に公信力を認めない（cf. ドイツ民法）こととの関係を説明できない。

③ 今日では、「そもそもこのような問題設定自体に疑問を出す」（すなわち、仮象問題だとする）（1960年代半ばの鈴木教授の指摘が最初であり〔ここにも教授の機能主義的立場がよく出ている〕、80年代には、相当有力になっている[47]）。そもそも説明するまでもなく、民法176条，177条がそう定めている「法定の制度」だとする（これに対する批判論者は、これは「開き直り」だとする）。

---

(46) 半田正夫「不動産の二重譲渡への一つのアプローチ」北大法学論集16巻4号（1966）、同「いわゆる『二重譲渡』について」北海学園大学法学研究3巻、4巻1号（1967）〔同・不動産取引法の研究（勁草書房、1980）3頁以下、とくに25頁以下〕、篠塚昭次「物権の二重譲渡」法セミ113号（1965）、同＝月岡利男「不動産登記における公信力説の形成と展開（2）（3・完）」登記研究273号、274号（1970）、石田喜久夫「対抗問題から公信力へ」追手門学院大学経済論集7巻1号（1972）、同「現代の物権変動論」法セミ280号（1978）〔同・物権変動論（有斐閣、1979）188頁以下、209頁以下〕、鎌田薫「不動産二重売買における第二買主の悪意と取引の安全」比較法学9巻2号（1974）、同「二重譲渡の法的構成」民法の争点（旧版）（有斐閣、1978）など。なお、米倉明「債権譲渡禁止特約の効力に関する一疑問（3）」北大法学論集23巻3号（1973）582-583頁は、公信力説を採られていないが、実質的に近い（もっとも、私が受講した米倉教授の「民法総則・物権」の講義（1978年）では、その立場は「改説」したとのことであった）。

(検討)

1．制度自体は検討の余地はある。民法 177 条は、「第三者保護」の規定だが、そのために第一買主の失権まで認めている（その結果として、悪意の第二買主まで保護されてしまっている)。登記の懈怠に対するサンクションの意味もあろうが、だからといって、悪意の第二買主まで保護することは正当化できないのではないか。→「第三者」についての悪意者排除説へ（フランスでは、二重譲渡の場面で、契約侵害不法行為法理により、jus ad rem の復活現象が見られ、物権・債権の峻別を強調するドイツですら、ド民 826 条の判例法理で同様の動きが見られることは、吉田論文(48)参照)。

2．しかし、「二重譲渡の説明」に従来多大なエネルギーの注いだ（【57】瀬川解説でもその嫌いがある。近年の民法学の体系思考が、こんな議論の復活を意味するならば、問題ではないか）ことの無意味さは、③説が説くとおりだろうと考える。どうしても説明しないとすっきりしないのであれば、①説でよいであろう（そうでないと、登記に公信力を認めているようであるから。しかし、意思主義を突き詰めれば、滝沢説のように、民法 177 条で、「法定取得・失権」を認めているということになる。ゼロから所有権取得するという効果面では②的になるが、「二重譲渡」の場合にそうなっているだけのことである。「取消と登記」の場合を考えれば、登記に公信力がないことははっきりする）（吉田)。

【QⅢ―4】二重譲渡の説明・理論構成を考えることは、果たして意味があるのだろうか。

---

(47)　鈴木禄弥・民法基本問題 150 講（総則・物権）（一粒社、1966）が最初。その後、星野 39-40 頁、また、同・国民と司法書士 1980 臨時増刊号（1980)、加藤(一)・民法ノート（上)（有斐閣、1984）189-90 頁、198 頁、好美・書斎の窓 299 号、広中 110 頁など。

(48)　吉田邦彦・債権侵害論再考（有斐閣、1991）（初出 1985〜87）450 頁以下、513 頁以下。さらに、ドイツ法については、好美清光「Jus ad rem とその発展的消滅――特定物債権強化の一側面」一橋大学研究年報法学研究 3（1961)、磯村保「二重売買と債権侵害（1）〜（3・完)」神戸法学雑誌 35 巻 2 号，36 巻 1 号，2 号（1985~86）も参照。

3－4－2　「物権変動」の範囲

（判例）は、「物権変動」に関しては、無制限説（大連判明治41.12.25　民録14輯1301頁【51】〔隠居による相続が問題とされた〕）。しかし、（判例）でも部分的に制限されているし（(1)(2) 参照）、取得時効や（いわゆる）復帰的物権変動については、これを民法177条で規律することについては、学界からの有力な批判がある（(2)(3) 参照）。

Cf. フランスでは、意思表示による場合に限定している（1955年登記法参照）。

(1)　相続と登記など　＊詳しくは、家族法で(49)。

・(判例) 上、相続持分については、登記なくして、第三者〔単独名義人からの特定承継人〕に対抗できるとされる（最判昭和38.2.22民集17巻1号235頁【54】）（さらに、相続放棄についても、登記は不要だとされる（最判昭和42.1.20民集21巻1号16頁〔放棄した者の債権者が仮差押したのに対して、当該不動産を取得した相続人（未登記）が第三者異議の訴えをしたケース〕）。……遺産共有の状態でいちいち登記を要求できないという考慮が実質的理由であろう。

・しかし他方で、遺産分割後の第三者との関係では、登記が必要であるとされる（最判昭和46.1.26民集25巻1号90頁【55】）。（それ以外についても、いろいろ議論が出ているが、それらについては相続法に譲る。）

(2)　取得時効と登記　＊時効のところで、既習のはずである。

（判例）は、取得時効完成前に登場した第三者との関係では、占有だけで足り、登記不要とする（当事者関係だからとする）（大判大正7.3.2民録24輯423頁ほか。最判昭和41.11.22民集20巻9号1901頁、同昭和42.7.21民集21巻6号1643頁【44】、同昭和46.11.5民集25巻8号1087頁【53】）（①）。しかし他方で、完成後に第三者が登場する場合には、登記の先後で決するとされる（民法177条の「第三者」だからという）（大連判大正14.7.8民集4巻412頁ほか。最判昭和33.8.28民集12巻12号1936頁など）（②）。

---

(49)　さしあたり、吉田邦彦・家族法（親族法・相続法）講義録（信山社、2007）313頁以下を併せて、参照されたい。

① 時効完成 ②

・起算点をずらすことはできないとする（判例）（もし、認めるならば、すべて前者（①）となり、登記不要〔占有尊重説〕となる）（大判昭和14.7.9民集18巻856頁、最判昭和35.7.27民集14巻8号1528頁）。

・さらに、（①の場合で）登記を時効中断事由とすることも否定する（最判昭和41.11.22前掲、同昭和46.11.5民集25巻8号2118頁【53】）。なお、（②の場合で）登記後さらに取得時効期間占有すれば、時効取得を主張できるとする（最判昭和36.7.20民集15巻7号1903頁）。

・完成後の第三者（②）で、民法177条が適用になるとしても、その制限法理が問題となることはある（その結果実質的に占有者が優先することになる）（最判平成6.9.13判時1513号99頁（原審の支持）、最判平成18.1.17民集60巻1号27頁〔時効完成後の第三者が背信的悪意者か、多年の占有（10年程度とする（松並・ジュリスト1356号190頁））を認識して、登記欠缺を主張することが信義則に反することを要するとして、破棄差戻し。原審は、緩やかに背信的悪意を認定していた〕）。……占有尊重説的方向性があろう。

＊取得時効の悪意（背信的悪意）はいかなるものか。

これについて、初めて意識的に論じたのが、平成18年最判であるが、厳密に考え出すと、なかなか取得時効の成立の認識の認定は、難しそうである（同旨、辻・判評260号13頁）。しかし、不動産取引において、現地検分を求めて、その際の常識的認識として、時効取得を想定してしかるべき場合には、「背信的悪意」を緩やかに認定していいのではないか（吉田。広中（2版増補）157頁でも広く認定すべきだとする）。もっとも、通行地役権の認識による民法177条の第三者保護の否定（これに関しては、最判平成10.2.13民集52巻1号65頁参照）よりは、若干慎重となろう。

〈学説〉は、あまり〈判例〉を支持していないが、こちら側でも、大きく二分ないし三分している（いわば、「三つ巴」状況である）。すなわち、(i)第1に、登記を重視し、それによる時効中断を認める見解（我妻77頁、末川125頁、鈴木227頁など。また、安達・志林65巻3号（1968）は、第二買主の登記後の10年の占有を要件とする。後述星野説も、中断説と結果同旨であろう）（登記尊重説）（〈判例〉は、前記のとおり、これを否定する）と、(ii)第2に、占有継続を重視して、時効期間の逆算ないし起算点の任意選択を認める立場（末弘・民法雑記帳（上）（日本評論社、1953）185頁以下、川島572頁、同・理論267頁〔対抗問題は生じないとする。末弘博士とともに逆算説〕。なお、柚木・判例物権法総論（有斐閣、1955）127頁は、援用者の起算点自由選択説。さらに、加藤(一)・民法ノート（上）（有斐閣、1984）91頁以下〔民法94条2項の類推適用の併用で、第三者保護を図る〕）（〈判例〉では、長い占有ほど保護されなくなるのがおかしいとする）（占有尊重説）とが、従来対峙する状況だった。

・近年は、(iii)利益状況に応じた類型的考察が有力となっている（星野、山田（卓）の両教授(50)以降）。——ここでは、（イ）二重譲渡（有効未登記型）では(i)説に（星野論文では、登記に中断効を認め、山田論文では、一律20年の時効とする）、（ロ）境界紛争（画定）型では(ii)説によるべきだとする。

〈検討〉

1．ここでの問題は、時効取得者（第一買主）の占有保護の要請と登記を具備した取引第三者の利益保護の要請との利益調整の問題である。

2．〈判例〉の立場は、長期の占有者の方が、保護が薄いということになり、常識に反する。というよりも、長期の占有継続による安定の保護という取得時効制度の趣旨に反する。起算点を固定する立場には、問題がある。

3．この場合、占有者は有効譲渡を前提として「自己の物」として占有しており、必ずしも不道徳者とは言えない。占有尊重説には、理由がないわけでない。

---

(50)　星野英一「取得時効と登記」（鈴木古稀）現代商法学の課題（中）（有斐閣、1975）（民法論集4巻に所収）、山田卓生「取得時効と登記」（川島還暦）民法学の現代的課題（岩波書店、1972）。

4．他方で、民法177条の趣旨をどこまで尊重するかが、見解の分かれ目である。つまり、「民法177条では劣後する第一買主が、占有継続を理由に、登記欠缺の治癒を認めるかどうか」がここでの問題である。

……この点で、従来のほとんどの説は、第一買主の登記の懈怠の帰責性を問題とする（例えば、我妻説は、公示主義の確立の趣旨から中断効を認め、星野説でもこれに着目する。他方、山田論文、四宮305頁は、中断事由とはしないが、一律20年時効（民法162条1項）を要求する）。

しかし、登記が必ずしも実態を反映せず、不動産取引の実態として、現地検分・占有状況調査がなされていることが常であるし（加藤論文90-91頁が強調する）、また第一買主が占有しているようならば、多くの第二買主は悪意であり、先行契約の保護（（吉田）は、これを強調する）の見地からすれば、あまり民法177条のシステムを墨守する必要はない。

（吉田）は、類型的に考えつつも、第一買主の占有を重視したい（占有尊重説）。すなわち、――

① （イ）〔二重譲渡型〕で問題となる多くの第二買主は、悪意であろうし、その場合には、民法177条のシステムは強調すべきでないと考える。

② 他方、第二買主が善意の場合には、その登記に中断効を認め、さらに第一買主が保護されるためには、再度短期取得時効の要件を充たす必要があると考える。期間算定は逆算的に考える。……要するに、「二重譲渡で未登記の第一買主の占有をいかなる形で保護するか」の問題である。

③ 他面で、（ロ）〔境界確定型〕では、あまり登記システムとの関係の考慮は不要になり（時効主張者の帰責性は小さい）、現実占有の継続の要件具備如何だけを問題にすればよい。民法162条2項の短期時効成立も多かろう。

④ 転々譲渡型の場合には、悪意者であれば、それほど保護するに値しない（（判例）に反対する）（3-6(1)で後述する）。

＊なお、近年問題とされている在日韓国・朝鮮人の強制連行・労働の関係のものは、さらに、「補償」の問題が、潜んでいるし、戦後60年もの長期に及ぶという点で特殊であることに留意する必要があろう。ウトロの事件では、（判例）がそのまま適用され、長い占有ほど保護されないというそのおかし

さが、露呈している。

＊抵当権と取得時効との競合に関する近時の紛争

近時は、抵当権と取得時効との競合に関する問題が生じている。以上の「時効と登記」の原型の議論を抑えたうえで、その応用問題として検討されたい。すなわち、――

（判例）では、取得時効完成後の抵当権設定について、設定登記時を起算点とする取得時効の援用による抵当権の消滅（民法397条）は主張できないとされた（最判平成15.10.31判時1846号7頁）。……本件は、時効取得の援用・登記が既になされていたという事例の場合、かつての起算点の主張に拘束されるという意味合いを持つ（事案は、昭和37（1962）年を起算点とする取得時効の援用・登記が平成11（1999）年になされた。他方で、抵当権の設定登記は、昭和58（1983）年に取得時効される所有者との間でなされており、その後の抵当権譲渡の付記登記は平成8（1996）年になされたというものである）。

（検討）

1．昭和36年最判に整合的に考えるならば、20年後の昭和57（1982）年からの再時効を主張して、さらに10年後の平成4（1992）年に時効が完成する（もっとも、昭和36年最判では、第三者の登記時を再時効の起算点を考えているようで、平成15年最判でも同様な主張がなされている。しかし同判決では同時に登記を中断事由とすることは否定されているので、ここでは時効完成時からとしてみたわけである。＊このあたりは、（判例）の立場は、どうもすっきりせず、よくわからない（実質的に登記の中断効を認めたかの如くではないか）（吉田））。

しかし、抵当権の付記登記には対抗できないということになるのではないか（結果ほぼ同旨、草野元己・法学教室286号105頁）。本判決は、既に時効の援用・登記があったかどうかで区別するが、余り合理的とは思われない。

2．昭和36年最判では、二重譲渡的事例であるのに対して、平成15年最判事例では、抵当権者との競合が問題となっている。抵当権者としては、一応登記あるものと取引して、それ以上に自ら占有を得る必要もないという点で、二重譲受人とは違うのであって、同人に落ち度はなく、簡単に抵当権を失わせる必要はないということになろう。しかしこれとても、民法397条との調整の問題があり（本件時効取得者は、抵当権設定当事者ではない）、抵当権登記ないしその付記登記から再時効を考えるということになるのではないか。

3．もしかすると、平成15年最判には、昭和36年最判は、起算点を動かせないとする（判例）と相容れない面があるとして、（昭和36年最判を）疑問視するという側面があるのだろうか。そうなると、占有尊重説から遠ざかり、（判例）のおかしな面が浮き出てきて、疑問というべきではないか（吉田）。……「取得時効と登記」の従来の（判例）よりも、取得時効主張者に不利に硬直になっており（(判例）に即してみれば、抵当権者の登記、付記登記との関連で再度の取得時効が問題にできるはずだろう（上記））、「占有尊重説」を採るならば、なおのことそうだろう（抵当権設定のことなど与り知らないのだから）。――近時のこの類型の（判例）の動向は、登記した抵当権者の地位強化の方向性（担保物権法参照）の一環なのだろうか。

4．もとより、取得時効者が、抵当権者の存在を認識していた場合には、民法397条による抵当権の消滅を主張できないというのが、（判例）（大判大正9.7.16民録26輯下1108頁、東京高判昭和47.3.22判タ278号305頁）及び有力説（柚木＝小海・注民(9)659頁、勝本・担保物権法(下)533頁、石田文次郎・担保物権法論(上)329頁など）であり、この点を認めるにしても（従来その要件の議論は不十分である）（また、抵当不動産の第三取得者が、取得時効を主張して、民法397条による抵当権の消滅を主張するのを認めないのが、多数説である（我妻・新訂担保物権法423頁、川井・担保物権法140頁。これに対して、反対して肯定するのは、柚木＝高木・担保物権法(3版）421頁）ことも参考になる）、本判決は、別論理で民法397条の適用を絞り込んでいるとみられるのである。

【QⅢ－5】「取得時効と登記」に関する判例法を整理して、その問題点を列挙してみなさい。

【QⅢ－6】「取得時効と（登記）抵当権者」に関する近時の判例が、従来の一般類型とどのように扱いを変えているだろうか。またそれをどのように評価するかを説きなさい。（担保物権法の勉強が進んでから、振り返ってやってもよいだろう。）

(3)　取消・解除と登記——復帰的物権変動（？）

＊これも、民法総則（民法94条、96条のところ）でかなりは、既習のことと思う。

（判例）は、取消・解除後の第三者であるか否かで分け、そうであれば、民法177条を適用する（取消につき、大判昭和17. 9. 30民集21巻911頁【52】、解除につき、大判昭和14.7.7民集18巻748頁）。

・なお、解除前、取消前の第三者であっても、各々民法545条1項但書、民法96条3項（詐欺の場合、善意であれば）の要件の下で保護される（（判例）は、前者につき登記が必要だとし（大判大正10.5.17民録27輯929頁）、後者につき不要だとする（最判昭和49.9.26民集28巻6号1213頁。学説は、必要説が有力である））〔いわゆる「資格保護要件としての登記」である〕。

民96Ⅲ（善意）、545Ⅰ但書

前

——————（取り消すことができる時？）

取消・解除——————————

後　　　民177　　　　　　民94類適

（善意・無過失）

A——＊——B——————C

取消・解除

（検討）

1．理屈の上で、「取消」「解除」の効果を、一種の物権変動として考えてよいか。

……①「取消」の場合は、初めから無効であったもの〔「無かったもの」〕とされるから（民法121条）、所有権の流れとして、A→B→A（復帰的物権変動）として、考えてよいか。むしろ所有者Aに留まるだけではないかという問題があり、②「解除」の場合にも、（通説）（判例）のように、

——物権的効果（直接的効果）として——契約は遡及的に無効と考えると、やはり物権変動とは等置できないことになるが、解除の場合には、新たに原状回復に向けての効果が生ずるとする有力説（間接的効果説）もあるから、そうなると民法177条を持ち出す（判例）のアプローチになじむことになろう。

2．民法177条的アプローチをとるか、外観信頼保護の法理のアプローチ（民法94条2項類推適用、民法96条3項）（ここでは、Bは無権利者の前提をとる）をとるかで、保護の実質には大差はないが、Cの保護要件（主観的態様）が異なることになる。

……ここでの考量は、取消・解除者の保護の要請（とくに、取消の場合の被詐欺者、被強迫者、無能力者の保護の要請は、特殊性があり、他よりも保護の必要性は大きい。二重譲渡とも異なる）と第三者保護の要請との利益調整の問題である。

・ケース・バイ・ケースに処理することになる。——すなわち、解除の場合には、民法177条的アプローチでもよいが、取消の場合には、悪意の第三者を排除できるような民法94条2項類適のアプローチがよいかも（もっとも、私見では民法177条でも悪意者を排除する解釈論を採るが）（吉田）。

＊解釈方法論的には、利益考量の手法が、適用しやすい分野といえよう。

＊「対抗問題アプローチ」と「公信力アプローチ」という言葉について

本講義では、判例のアプローチを民法177条アプローチ、多数学説のアプローチを外観信頼保護アプローチと称して説明をしたが、これらについて、近時表記のような用語で整理する答案が頻出していて理由が分からなかったが、内田教授の用語法（(2版) 438-439頁、449頁）に淵源があるようである。しかし、両用語には、以下のような留保ないし疑問を付すことができる。

すなわち第1に、「対抗問題アプローチ」は本問題に関する限りはそのとおりだが、後述するとおり、そのアプローチは、一昔前のもので、判例全貌の理解の仕方としては批判のあるものであり、第2に、「公信力アプローチ」は、二重譲渡の説明に関するかつての盛んに説かれた「公信力説」への批判が示すように、登記に公信力があるとの誤解を暗示するようなミスリーディングなところがある。大事なことは、登記に公信力がないという日本法の前提をしっかり踏まえたうえで、民法94条2項の類推適用など、不実の外観を信頼した第三者を保護する取引安全保護の法理によって、登記に公信力が認められたかの如き（それに近い）状況が生まれているという認識の仕方である（しかし、例えば、民法94条2項類推適用が、登記に関する公信の原則とは等置できないことは、第三者に取引安全のために所有権の原始取得させる〔他方で、所有者を失権させる〕ためには、所有者の積極的な不実の外観への関与などの要件も重要である——そして近時は、一昔前と比べると、こうした静的安全の保護に慎重に配慮する傾向がある——ことを考えれば、分かるであろう）。

従って、前者の用語はともかく、後者の用語は安易に使わない方がいいと思う（吉田）。むしろ両者の違いには、取消・解除の場合に、契約を遡及的に無効とするから、復帰的物権変動と言えないのではないか、という理論的な問題提起が出発点としてあるように考えられる。

3．なお、「適用法条振り分け」の基準を取消以前にずらし、「取り消すことができる状態を放置した」ことに帰責根拠を求める見解も有力である（幾代論文(51)。広中127頁注15，鈴木145頁も）が、場合によっては無理がある（四宮論文(52)は、幾代説に否定的で、取消時を基準とする。詐欺ならまだしも、強迫の場合には、簡単に取り消せないこともある。未成年者の場合も同様である）ので、慎重に考える必要があろう（吉田）（米倉後掲論文も同旨）。

……利益考量をぎりぎりつめることも大事かもしれないが、それとともに、解除者よりも取消権者をヨリ保護するというような「視点」を出すことが重要であろう。

4．さらに、近時（前記1、2とも関係することとして）注目すべきであるのは、復帰的物権変動につき、現象・プロセスとして、「物権変動」としてとらえる見方である（佐久間教授。佐久間90–91頁参照。また、近時の米倉論文もこれを支持されて、それもあって、従来の判例・通説の対抗問題的アプローチを支持

(51)　幾代通「法律行為の取消と登記」於保還暦上（有斐閣、1971）。その他、加藤一郎「取消・解除と第三者」民法ノート（有斐閣、1984）46頁以下も参照。

(52)　四宮和夫「遡及効と対抗要件」法政理論（新潟大学）9巻3号（1977）。

される(53))。

……①現象的に物の流れに即して、物権変動をとらえるか、それとも、②取消の効果は、当初から何もなかったものとして、観念的に物権変動を無かったものと捉えるかの相違である。

(吉田)としては、しかしながら第1に、従来の有力説のように、②のように捉えるのが、混乱しないように思う(それは、錯誤無効が成立するときに、所有権の移転はないものとして考えるのと同様で〔なおこの場合の第三者保護として、民法94条2項の類推適用を否定し、96条3項の類推適用による保護を説く見解もある(内田85-86頁。米倉論文57頁は、反対し、保護の余地を否定する)〕、解除で間接効果説を採る場合が例外なのである)。第2に、(取消後の第三者の場合の)Aの帰責の仕方として、民法177条的構成になると、途端に、民法94条2項類推適用の場合(この場合に慎重にということには、賛同する)に比べて、登記抹消の懈怠を説いて容易に帰責する(米倉論文には、その嫌いがある(教授は、94条2項類推適用に関する帰責性判断に慎重なのと、ギャップがある))のは、ややアンバランスであり、他方で、Cの保護態様として、悪意まで保護してしまうのは、行き過ぎであろう(出発点として、所有権変動なしと考えるか、復帰的物権変動ありと考えるかは、頭の使い方の違いだけなのであり、現実の問題の利益状況に差異はないのに、どの構成かで違ってきて、保護態様に違いが出てしまうという問題である)。

【QⅢ―7】「取消と登記」の判例理論と近時の有力説との異同を整理しなさい。

【QⅢ－8】「解除と登記」「錯誤無効と登記」と、前記「取消と登記」との利益状況の違い、解決の相違を分析しなさい。

(53) 米倉明「『法律行為の取消しと登記』をどう法的構成すべきか」タートヌマン11号(2009)15頁(佐久間教授のプロセス的理解支持)、63頁、66頁(通説・判例の支持)。

3－4－3　民法177条の「第三者」の範囲

（判例）は、これにつき制限説を採り（大連判明治41.12.15民録14輯1276頁（前掲と別判決同一日付)、「登記欠缺ヲ主張スル正当ノ利益ヲ有スル者」がそれにあたるとする。

・なお、（学説）では、かつて有力なものとして、「第三者」のメルクマールとして、「対抗問題」〔食うか食われるかの関係〕か否かを問題にする見解（例えば、舟橋博士ら）があったが、（判例）は、そのような立場を採っていないことに注意を要する。

(1)「第三者」にあたらないとされる者

①　背信的悪意者（ないし悪意者）

不登法4，5条（現行〔平成16年全面改正後〕5条)〔詐欺・強迫で、登記申請を妨げた者、他人のため登記申請義務のある者〕が、典型例である。

（判例）は、それ以外でも、昭和40年代には、「背信的悪意者」として、第三者にはあたらないとする立場が確立した（最判昭和43.8.2民集22巻8号1571頁【59】（4版）ほか)。

……その基準としては、単なる悪意以上の悪質性が要求されている。――例えば、(i)第一売買への関与（エストッペル)、(ii)第一売買の登記の妨害、(iii)第一買主への害意、(iv)廉価売却、(v)譲渡人との特殊な関係など（北川論文(54))。下級審では、ヨリ容易に背信的悪意が認定されて、悪意者との区別は流動化しているとされる（松岡論文、石田論文(55))。

・なお、背信的悪意者からの転得者は、背信的悪意者でなければ保護されるとされる（最判平成8.10.29民集50巻9号2506頁【57】)。

---

(54)　北川弘治「民法177条の第三者から除外される背信的悪意者の具体的基準(1)～(4・完)」判評120～123号（1969)。

(55)　松岡久和「判例における背信的悪意者排除論の実相」（林還暦）現代私法学の課題と展望（中）（有斐閣、1982)。その後の動向も含めて、石田剛「背信的悪意者排除論の一断面(1)(2・完)」立教法学73号、74号（2007）参照。

＊転得者の保護に関する「絶対的構成」「相対的構成」

平成８年最判のように、転得者のその都度の主観的態様に即して保護の在り方を考える立場を「相対的構成」と言い、一旦背信的悪意なりで保護されないとなると、その後の転得者も保護しないような立場を「絶対的構成」という（【57】瀬川解説125頁参照）。

民法総則などで議論された「絶対的構成」は、一旦善意（ないし善意無過失）で保護されれば、その後の転得者もその主観的態様を問わずに保護されるような立場と習ったかもしれない。ともあれ、保護の仕方の態様を指す用語であり、なかなかこの用語だけでは、わかりにくいかも知れない。（判例）は、「相対的構成」なのであるが、参考までに、各々の場合に、どうして「絶対的構成」説が出てくるかを検討しておこう。すなわち、(1) 善意の場合の絶対的構成は、後に悪意者が出て保護しないとなると、売主の担保責任（民法561条）の追及がなされて、苦境に立たされるという利益考量がある（しかしこれに対して、相対的構成の論者からは、そのような担保責任の追及をさせることが信義則に反するとして、封ずるべきだとされている）ことは、既習であろう。これに対して、(2) 本件のように、背信的悪意者につき、どうして絶対的構成が出てくるかは、利益考量というよりも、制裁の強さ、ないし背信的悪意者からの転得者も、背信的悪意者と推認すべきというところにあるのではなかろうか。

（学説）は、（判例）を支持するものが（通説）であるが（舟橋183頁、川島・民法Ⅰ170頁、鈴木155頁ほか）、それより緩めて、悪意者が排除されるとの見解が有力になりつつある。

Cf. 戦前からも一部に有力であったし（舟橋（旧説）、有泉）、また戦後でも、第一買主が目的物を占有していれば、その利用権保護が説かれ（水本、広中）、さらに、公信力説からの影響もあった（ここでは、ややラジカルに、過失（ないし重過失）ある第三者も排除されることになる）（米倉、松岡、半田各前掲論文など）。

・近年はさらに、第一契約の保護、すなわち、債権侵害論ないし取引倫理からの「自由競争」論への反省が強くなっている（吉田、磯村、鎌田など(56)）。

---

(56)　さしあたり、吉田・前掲書（債権侵害論再考）576-579頁参照。

② 不法占拠者――不法占拠に関する物権的請求権、損害賠償請求権の行使の要件として登記することは不要とされる（判例。最判昭和25.12.19民集4巻12号660頁【59】）。

③ 囲繞地（承役地）所有者――袋地所有権取得者は、囲繞地所有者に対して、登記を経由しなくとも囲繞地通行権を主張できる（判例。最判昭和47.4.14民集26巻3号483頁【56】〔相隣関係上の受忍義務であり、不動産取引の安全保護とは関係がないとする〕。Cf. 同旨、最判平成10.2.13民集52巻1号65頁〔通行地役権の承役地の譲渡の場合。継続的に通路として利用されていることが客観的に明らかであり、譲受人がそれを認識しまたは認識する可能性があるときという要件を付しつつ〕）。

(2)「第三者」にあたるとされる者

④ 被占拠者〔不法占拠者に対する土地所有者〕――この点で（判例）変更があったことは、前述した（最判平成6.2.8民集48巻2号373頁【47】前掲参照〔土地所有者から、敷地権限のない建物登記名義人への建物収去土地明渡請求のケースであり、建物譲渡人は、移転登記を経由していない限り、所有権は譲渡したから、譲受人相手に請求せよと言うことはできない。逆に言えば、その主張について、土地所有者は、登記の欠缺を主張できて、登記名義人を相手方として請求できるとしたもの〕）。……平成6年判決では、本件では「対抗関係に類似した関係」という言い方をしているが、これはかつての学説（例えば、舟橋説）に影響された言辞であり、実質は全然二重譲渡などと似ていないと言うべきだろうし、判例命題からすれば、そのように説明する必要もないというべきだろう（吉田）。

Cf. かつては、逆の立場が採られていた（最判昭和35.6.17民集14巻8号1396頁〔ただし、土地所有者からの処分禁止仮処分の申請により、移転登記はできず、未登記のまま建物譲渡された後に、保存登記がなされたというもの。登記名義人に対する請求は退けられていた〕、同昭和47.12.7民集26巻10号1829頁〔建物所有者が妻名義で仮想の保存登記がなされた事案〕）。

……これは、従来から学説が有力に説いていた（例えば、鈴木158頁は、これを「義務免脱資格要件としての登記」の問題として、従来の判例に反対しており、(吉田) もこれを支持していた) ものに、歩み寄ったものである。もっとも、35年判決のケースは、土地所有者が移転登記をできなくしており、別途考えることができよう (これに対して、47年判決では、少数意見は、94条2項の類推適用による土地所有者保護を示唆していた)。

⑤ 賃借人

(判例) は、賃貸不動産の譲受人が、賃貸人の地位を主張するには、登記経由が必要だとする (賃料請求、解除の場合) (最判昭和25.11.30民集4巻11号607頁、同昭和49.3.19民集28巻2号325頁【58】)。

(学説) も、これを支持するのが (通説) である (我妻=有泉159頁、幾代・注民 (15) 163頁、広中90頁、星野60頁、鈴木134頁 (4版)〔改説である。かつては、民法467条1項の通知・承諾で足り、登記による代用も可としていた〕など)。

……「権利保護要件としての登記」の問題である。(吉田) も、賃借人の利益に鑑みて、(判例) (通説) の扱いでよいと思う。

⑥ 差押債権者、破産債権者

(判例) は、この場合を肯定し (大判昭和11.3.9民集15巻530頁、同昭和14.5.24民集18巻623頁、同昭和17.12.18民集21巻1199頁〔いずれも債権者が強制競売を申立て、競落人となった事例〕最判昭和39.3.6民集18巻3号437頁〔相続人の持分の差押債権者〕)、単なる一般債権者の場合はこれと区別する (大連判明治41.12.15前掲 (傍論)、大判大正4.7.12民録21輯1126頁)。

これに対し、有力説 (我妻 [150]〔昭和17年大判などを根拠とする〕、末川110頁以下など) は反対し、一般債権者でも「第三者」だとしている。

【QⅢ－9】 民法177条の「第三者」の確定基準として、かつて有力だった「対抗問題ないしそれに準ずる関係」かどうかで決めようとする思考様式はどうして問題なのか、また明治41年判決以来の判例法理は、その思考様式を必要としているのか、を論じなさい。

3－4－4　不動産登記制度

＊不動産登記法の全面改正 (平成16年法律123号)

平成16（2004）年に従来の不動産登記法は、全面改正された（2005年3月施行）。しかし、登記事項の範囲、登記所に申請人が提供すべき情報、登記手続など基本部分については、従来の登記制度が維持されているとされる[57]。基本的に登記制度の電子化を志向する改正であり、手続の改変の側面が強い。

すなわち、大きな改正点は、第1に、**申請手続き**に関して、①オンライン申請が認められ（18条）、それとの関連で、②書面申請の場合の出頭主義が廃止され（不出頭を却下事由とする旧法49条3号の立場を変える）、また、③従来の「登記済証」というやり方（旧法35条1項3号、60条）は廃止され、「登記識別情報制度」が採用された（21条、22条）。――それによると、申請（「申請情報」の提出による（18条））に対して、本人確認手段として「登記識別情報」が通知され、同情報を提供して登記申請しそれがないと却下される（22条、25条）。実際に多い司法書士などの代理人（資格者代理人）による登記申請の場合には、その者が本人確認情報を提供する（23条）。さらに、④権利の登記については、「登記原因証明情報」の提供義務があるとされ（61条）、それは申請人に還付されない（かつては、申請書副本による代替が認められ（旧40条）、登記済証が、登記原因証明書面から作成され（旧60条）、それが申請人に還付された）。

第2は、**登記簿・地図に関する改正**であり、磁気ディスクによる登記簿調製がなされ（2条9号）、登記事項証明書及び登記事項概要の記載書面の交付というやり方になり（119条。かつての登記簿謄本・抄本という方式（旧21条1項）は廃止された）、地図の電子化も可能とされた（14条6項）。

その他、目ぼしい改正として第3に、**登記官の権限**に関するものであり、職権による登記更正の合理化（旧法64条ではできないとされた、第三者登場後の更正まで、その者の承諾があればできるとされた（67条2項但書））ないし審査請求（登記官処分に対する不服の請求）に理由ある場合の登記官による相当処分の肯定（157条1項。かつては、登記完了後は、監督法務局に送付せよとされていた）である。なお、第4に、あまり実効性がなく従来から廃止論[58]もあった予告登

---

(57)　清水響（ひびく）「(特集・第159回国会主要成立法律) 不動産登記法」ジュリスト1274号（2004）57頁。

(58)　幾代通＝徳本伸一補訂・不動産登記法（4版）（有斐閣、1994）244頁以下。

記（旧3条）は、濫用されることもあったとして、廃止された。

＊本講義では、関連文献で、旧法に言及するものがほとんどなので、便宜上、旧法と現行法と両方の条文を引用することにする。

(1) 内容及び手続

・物的編成主義—— 一筆の土地、一棟の建物ごとに一用紙（不登旧15条）（今でも、その区別で、電磁的記録としての登記記録が作成されるが〔現2条5号、12条〕、一不動産についての用紙はないという意味で、年代別（時間順）編成主義に近いとされる（鈴木162頁））。

Cf. 人的編成主義、年代別編成主義。

……表題部（表示の登記）と甲区欄（所有権関係）、乙区欄（所有権以外で、抵当権など）の権利登記からなる（表題部、権利部の区分も維持されている〔現2条7号、8号、27条以下、34条以下（土地の表示）、44条以下（建物の表示）、59条以下（権利の登記）〕。なお、改正後は、甲区、乙区の区別は廃止されたが、こうした概念上の区別は残るであろう）。

・共同申請の原則（不登旧26条1項〔現60条〕）……登記権利者及び登記義務者。但し、保存登記（不登旧100条〔現74条〕）、相続による場合（不登旧27条〔現62条〕）、判決による場合（不登旧27条〔現63条〕）には、単独申請できる。

(2) 登記の有効要件——とくに中間省略登記の問題

① 形式的要件……適式の申請手続きに反すれば、却下（不登旧49条〔現25条〕）、抹消（同149条〔現71条〕）。——補正命令が多い（旧64条。及びその範囲拡張を行った（前述）現67条〔登記更正〕）

(ex.) 文書偽造、無権代理、単独申請、登記官の過誤による不記載（(判例）は、登記がないことになるとされる（大判大正7.4.15民録24輯690頁）。鈴木140頁は反対する）など。

・受理された場合の登記の効力——すなわち、受理要件は、効力要件でもあるか——について、(判例）はかなり緩やかに扱い、登記の効力を認めている（例えば、最判昭和34.7.14民集13巻7号1005頁〔売主の印鑑証明の日付の変造につき、軽微な瑕疵だとする〕、同昭和41.11.18民集20巻9号1827頁〔表見代理人による書類変造のケース。登記の記載が実体的法律関係に符合し、登記義務者にその登記を拒む特段の事情がなければ認めてよいとする〕)。

（通説）も、実体的権利関係に登記が合致していれば有効だとする（我妻[123]、柚木、杉之原ほか)。これに対して、有力説（鈴木167頁、星野45頁）は、申請の形式を不問にすることは、自力救済を認めることになるとして、登記義務者の意思によっていることは必要だとしている。

②　実質的要件

・登記の審査は、形式審査主義であり、登記と実体との不一致はままある。そして、(判例）でも、かなり便法が認められている。……（ex.）贈与の代わりに売買、抹消登記ではなく移転登記、中間省略登記など。

……登録料の高さ・アンバランス（売買の場合、移転登記につき不動産価額の5%、贈与の場合には、2.5%など)、手続きの煩雑さなどから、正確な登記の慣行は定着しなかった。Cf. 公示主義の理想。

従って、あまり厳格に考えるわけにはいかない（吉田)。

(問題点)

1．中間省略登記の許容範囲

A――→B――→C

(登)　――――――→　(登)

(a)　中間者からの登記抹消請求の可否

（判例）は、かつては、中間者の同意を要求し（なければ、抹消請求を肯定した)、近年は、むしろ「中間者の抹消についての法律上の利益」の有無を問題とする（客観的アプローチ）（最判昭和35.4.21民集14巻6号946頁　民商43巻5号幾代〔登記に関心がなく、放置したケースで、代金も支払われていると思われる〕)。

(b)　転得者からの中間省略登記請求の成否

これに対して、転得者からの中間省略登記請求については、(判例）は「三者の同意」が必要だとしている（最判昭和40.9.21民集19巻6号1560頁　法協83

巻4号平井、民商54巻4号幾代【50】)。

(学説) の分布状況は、以下のごとくである。すなわち、

① (伝統的通説) は、中間者及び登記名義人の同意を要求する (我妻85頁、89頁、柚木173頁、175頁、舟橋134頁、川島・民法I 162頁、鈴木174頁など)。

② これに対して、昭和35年判決のように、中間者 (ないし登記名義人) の利益〔登記経由が、代金不払いに対する対抗手段としての実際的機能を持つことに留意せよ〕が害されていなければ、同意なくとも、中間省略登記を認めてもよいとする説も有力になっている (利益考量による。幾代・前掲批評、同・登記請求権 (有斐閣、1979) 54頁以下、星野 (平井評釈で言及されている)、谷口・判評37号、椿・法時39巻3号ほか)。

さらに、もはや現時点で名義が実質的権利を表示していれば、それだけで有効だとする説も出ている (米倉。中間者も、登記せずに売却した以上は、致し方なく、代金未払いならば、自分で解除・登記抹消せよという)。

③ 近年は、さらに、(a)(b) を区別して、(b) に関しては、やや厳格に解する説も出る (平井評釈)。――ここでは、実体関係の登記への反映という不登法の政策的観点 (公示主義の要請) が反映するとする (その他、柳川・不動産法大系Ⅵ94頁)。*なお、鈴木169頁も、(a)(b) を、それぞれ「既成の中間省略登記の事後評価」、「中間省略登記の強制実現」の問題とされて、この区別を認める如くである。

(検討)

かなり、融通性が認められる現状で、どこまで不動産登記法の建前 (我妻[138] は、登記主義の理想を強調する) を貫けるかにかかわる。中間者の利益に関わらないのに、形式主義的扱いをするのは、やや硬直のようにも思われる。その意味で、ここでは、法政策と具体的衡平 (利益考量) との交錯領域であることに鑑みて、事前的場合 ((b)) と、事後的場合 ((a)) とを区別して、前者を厳格に考えるという③説のアイデアは、首肯できるであろう。

*中間省略登記論と新不動産登記法

以上の議論との関係で、新不動産登記法では、登記原因情報を登記申請の必

要的添付書類とされた（新法 61 条）ために（これに対して、旧法では、申請書副本による申請が認められていた（旧法 40 条））、変更がもたらされるのではないか、との議論もなされている（例えば、安永・法教 310 号（2006）24 頁〔安永 77 頁〕では、三者合意の中間省略登記請求の可能性につき、消極の方向での検討が必要だとする）。しかし、この点で、旧法下でも、登記官が、A→B→C の実態を知っていた場合には、A→C の移転登記申請しても却下されることには（新法の状態と）変わりなく、他方で、新法下でも、第三者のためにする契約とか、（買主の）地位の移転などの構成により、「中間省略登記」を可能にできるとの議論もあり（福井秀夫＝吉田修平編・中間省略登記の代替手段と不動産取引（住宅新報社、2007））、議論は、必ずしも統一しない。――ともあれ、ここに記した議論は、新法により、若干流動化するということは考えられよう（同旨、【49】（6版）小粥解説 101 頁）。

【QⅢ－9】民法 177 条の登記の機能の多様性について整理してみなさい。
【QⅢ－10】中間省略登記の紛争局面で、公示主義の政策要請と具体的法正義要請の交錯、両者の異質性を考えなさい。

２．実体関係が存在しない場合（＝「カラの登記」）は、無効。
・登記には、推定力はあるが、公信力はない。
・もっとも、後に実体が具備されれば、有効となる（判例）。

３．登記請求権の性質論
（学説）の多くは、一元的に説明しようとする。――例えば、我妻［128］は、物権的請求権説（同旨、中島、浅井、末弘 141 頁）から、登記制度の理想から生ずる権利説（同旨、舟橋 124-26 頁、末川）に改説する。
Cf.（判例）及び有力説（鈴木 172 頁以下）は、多元的に理解する（契約的請求権、物権的請求権、占有訴権を併せ持つとする）。
（吉田）時効、代金支払いとの同時履行など、問題の局面毎に考えていけばよい。

4．登記引取請求権――買主が、なかなか移転登記しないという例外的な場合（固定資産税の負担などと関係する）。

（判例）は、肯定している（最判昭和36.11.24民集15巻10号2573頁）。

＊この場合の実際上の「登記権利者」（不登現2条12号）は、売主側であり、登記法上の形式的な登記権利者（買主側）と一致していないことに注意を要する。

＊債権者の協力義務の一環で捉えることができ、詳しくは、債権者遅滞（民法413条）のところで。

(3) 仮登記など

・予告登記（不登旧3条）――登記原因の無効・取消で、登記抹消・回復の場合に、第三者に警告するためのもので、あまり使われてはおらず、平成16年改正で廃止された（前述）。＊なおドイツ法のように、登記の公信力を認める法制では、予告登記には、公信力の発生を阻止するという重要な役割があることに注意せよ。

・仮登記（不登旧2条〔現105条〕）――順位保全効〔中間処分を排除する〕（7条2項〔現106条〕）があり、かなり多用されている。

……物権保全（手続条件不備）（不登旧2条1号）と請求権保全（旧2条2号）の2つがあるが（現105条1号、2号）、多くは後者として利用される（停止条件付きの場合には、（判例）（大判昭和11.8.4民集15巻1616頁、同昭和11.8.7民集15巻1640頁など）は、1号によれといい、（学説）は、2号によれという）。ともあれ、わが民法は、債権・物権を峻別せず、あまり区別は重視されていない（どちらであるかによって、効果に差はない）。

（メリット）

1．登録免許税が安い（売買の場合、本登記なら不動産価額の5％であるのに対し、仮登記では0.6％である）。

2．効果が強い。

3．仮処分で単独に素早くできる（仮登記仮処分）（不登旧33条〔現107条、108条〕）。Cf. 通例は、共同申請（旧26条〔現60条〕）。――　一旦出されると、仮登記義務者は訴えによらねばならず、裁判所がこれを出すことには慎重になっており、むしろ処分禁止の仮処分（民事保全法53条1項——その後の処分は、対抗できない（58条1項））が、多用されている（なお、それによる登記は、「保全仮登記」と言われる（民事保全法53条2項）が、その性質は、同法3条柱書きの「処分の制限」の登記である）。

＊仮登記仮処分の場合と、処分禁止の仮処分（保全仮登記）の相違は、微妙だが、後者では、保全強化されたままの状態で第三者に譲渡することはできないところなどである。

4．なお、仮登記の重層化（例えば、BがAに対して仮登記をし、さらに、CがBに対して仮登記をするなど）は、否定する根拠はないとされる（幾代通・不動産登記法（法律学全集）（4版）（有斐閣、1994）217頁、鈴木190頁）。

（問題点）

1．順位保全効と不当利得の成否

（判例）は、順位についてだけ仮登記の時点を基準に考えるとして、本登記手続き以前に他者がその不動産を使用・収益したことによる不当利得はないとする（最判昭和36.6.29民集15巻6号1764頁、同54.9.11判時944号52頁）。

・（学説）も、①一般的にこれを支持する（我妻107頁、杉之原・不動産登記法（日本評論社、1938）111頁、石田（喜）・民事法学辞典上（有斐閣、1960）283頁。また、鈴木186頁、内田385頁）。

②これに対して、対抗力の遡及という一部の考え方（石田（文）204頁、柚木220頁。結果同旨、舟橋204頁以下）によれば、不当利得として返還せよということになる（なお、幾代394頁は、中間権利取得者の本登記引き延ばし（昭和35年改正で事情は変化している）をも考慮せよという）。

2．仮登記を本登記に移す手続き——同時に中間処分の移転登記の抹消（不登旧105条2項〔現109条2項〕）。

（登）C←——A——→B（仮登）

①　所有権に関する仮登記の場合には、利害関係人（C）の承諾、ないしそれに代わる判決謄本を付して、ABが共同申請する（昭和35年改正）（不登旧105条1項で、旧146条の準用〔現109条1項〕）。

② その他の権利の場合には、(判例) は、AC のいずれに本登記を求めてもよいとする (各々、最判昭和 37.5.25 民集 16 巻 5 号 1184 頁、大判昭和 11.11.11 新聞 4067 号 18 頁)。——C の登記抹消の問題は生じないが、C の利害関係者としての承諾が必要とする見解 (不登 105 条 1 項の類適) が有力である (幾代 217 頁、鈴木 184 頁、内田 385 頁)。

(検討)

上記の①と②の利益状況は、やや異なる (②は両立する)。不登 109 条 2 項もあるので、やはり、類推適用は厳しいということになるのではないか (鈴木・前掲箇所も立法論としている)。

【QⅢ－11】仮登記の存在意義、実際上のメリット、また、処分禁止の仮処分との異同を整理して述べなさい。

◇ (こぼれ話) アメリカにおける証書登録制度の杜撰さとカトリーナ被害地の復興の遅れ

わが国の登記制度は、形式審査主義という制約はあるが、戸籍とともに津々浦々まで行き渡り、やはり世界に誇るべきものであろう。アメリカでは、登記制度に当たるものとして証書登録制度 (recording system) があるが(59)、わが国ほど完備されたものではない。それと関連する最近の記事に、ニューオーリンズ地域に壊滅的ダメージを与えたカトリーナ・ハリケーン後の住宅復興の遅れという問題がある (Gordon Russell & Michelle Krupa, *Blighted Hope : A Grand Plan to Convert About 2400 Decrepit Properties into Affordable Housing Has Not Yet Yielded a Single Home*, The Times-Picayune, May 6th, 2007, A 1, A 10)。

すなわち、2005 年 8 月末以降大水害に襲われて、2 年近く経つ今なお被災地の復興は進んでいない状況で、2006 年 8 月にネギン市長は、住宅再建策として、2400 近くの荒廃不動産 (家屋) (税金滞納ないし倒産宣告を受けた家

(59) これについて詳しくは、成田博「米国における不動産物権変動と証書登録制度(1)(2・完)」法学 46 巻 2 号、3 号 (1982) 参照。

屋）について、非営利ないし営利団体による開発（これは、わが国よりも広く、低廉住宅の提供によるコミュニティーの再生・活性化という意味合いも含む）に委ねる計画を発表した。しかし、今なお（2007年5月現在）80くらいの物件しか開発は進んでいない。他方で対象不動産全体の4分の1の450件あまりで、かつての所有者からの受け戻し（回復）請求（the right of redemption）があって、所有権限の確定（title clearance）が容易ではなく、譲渡に手間がかかっていることが記されている。そうなると、開発する側も対象不動産が減少して当初の予定が狂い、減税措置（low-income housing tax credit）（それには一定の規模の開発が要求される）も受けられないという連鎖的事態も生じているとのことである。ここでは、カトリーナ災害復興には深入りできないが、アメリカの不動産の証書記録態勢の不充分さを窺うことができ、そしてそれが災害対策（特に喫緊の住宅提供）の遅れを齎していることに注意して欲しい。……これでは、M・ヘラー教授が指摘した「アンチ・コモンズ的状況」（私的所有権限が安定していないことによる取引閉塞状況）ではないかと思う。

3－5　動産物権変動

3－5－1　対抗要件（民法178条）

「引渡」の諸態様（民法182条～184条)。――場合によっては、観念化しており（とくに、占有改定（民法183条)。例えば、譲渡担保)、公示方法としては、十分ではない。むしろ、動産取引における取引安全保護は、即時取得（民法192条）によってはかられている（不動産の対抗問題的ケースの大部分は、民法192条で処理される)。

A――→B
代理人　本人
　　　　占有取得
……（直接占有）（間接占有）

Cf.　フランスでは、民法178条に相当する条文はなく、民法192条に対応する条文のみある（フ民2279条)。

(留意点・問題点)

① 場合によっては、登記・登録が、対抗要件とされる（抵当権もそれによる)。――船舶（商法687条)、自動車（道路運送車両法5条、自動車抵当法5条)、航空機（航空法3条の2，航空機抵当法5条)、農業用動産（農業用動産信用法13条)、建設機械（建設機械抵当法7条――抵当権の場合のみ)。

② また、土地と区別して、立木・稲立毛の取引がなされる場合には、――立木法上の登記がなされる場合を別として――「明認方法」〔立木を削っての墨書、立て札など〕が対抗要件とされる。→明認方法と移転登記との先後による。――明認方法は、二重譲渡まで存続する必要がある（判例）(最判昭和36.5.4民集15巻5号1253頁【60】)。民法242条但書の権原による分離を主張するためにも、対抗要件が必要だとするのも（判例）である（後述）(最判昭和35.3.1民集14巻3号307頁【61】)。

Cf. 借地権について建物滅失の場合に、明認方法による対抗がある（借地借家法10条2項）ことがある（神戸震災の場合など)。

＊「明認方法」を施さないと、立木の二重取引において、譲受人は、「両すくみ」の関係になることは、不動産における未登記の譲受人と同様である。――しかし、売主が立木を伐採して、二重取引した場合はどうかが問題になったことがある。(判例）は、「明認方法」がない限り、買主は所有権確認ができないとしたものがある（最判昭和37.6.22民集16巻7号1374頁〔第一買主が、伐採された栗伐木（枕木）に刻印して、第二買主に対して所有権確認したという事例。請求棄却となった〕)。こうした場合には、対抗要件としての「明認方法」は不要で、その占有で足りる（上記第一買主の請求は認容される）との有力説もある（柚木・民商24巻3号、舟橋261頁。また、川島＝渡辺・判例研究2巻3号131頁以下は、伐木占有が「対抗要件」となるとする)。

(検討)

有力説は、こうした場合には、もはや明認方法ができないことに配慮したと考えられるが、他方で、第二買主も対抗できないから、結局事実上占有することで優先することになろう（同旨、鈴木205頁〔上記議論には、意味がないとする〕)。もっとも、長利正己・最判解昭和37年度76事件254頁でも、「具体的妥当性として問題がある」とするように、どうもすっきりしない。すなわち、(i)訴訟にならない限りで、（判例）の事前的行為規範としては、それでもいいかも知れないが、(ii)本件のように訴訟となり、その事後的解決（評価規範）としては、やはり現実占有する側を勝たせる（有力説）の方で、いいのではないか（(吉田）はその意味で、有力説を支持したい）（通常の両すくみとは、事情が異なるのである)。

＊なお、この一連の「明認方法」の（判例）は、必ずしも、現場の実態とは一致していない（その実際上の意義は大きくない）（前記来栖論文参照）ことは、前述したとおりなので、あまり一般化して語ることはできないだろう。また昨今では、こうした紛争基盤も失われていることも前述したところを参照。

③　従来、民法178条で問題とされたのは、「賃貸・寄託動産の譲渡と対抗要件」の問題であった。

（判例）は、(i)賃借人は、第三者に当たるとし（対抗要件として、「指図による占有移転」（民法184条）が必要とされる）（大判大正4.2.2民録21輯61頁)、他方で、(ii)受寄者（および、転々譲渡の前々主）については第三者に当たらないとされる（大判明治36.3.5民録9輯234頁，最判昭和29.8.31民集8巻8号1567頁　法協100巻10号　吉田)。

（学説）は二分され、(a)（通説）は、いずれの場合も「返還先を知る利益」はあるとして対抗要件を要求し（我妻［179]、同「寄託動産の譲渡と対抗要件」法協57巻9号（1939)〔同・民法研究Ⅳ物権（有斐閣、1966）所収〕、末川164頁)、これに対して（b）有力説は、その利益は、民法478条で保護されるとする（舟橋・民商11巻1号4頁（1940)、同228頁、徳本・注民（6）397頁)。——(a)(b)いずれの説も、(i)(ii)同様に処理しようとする。

（検討）

1．(i)(ii)の相違として、受寄者の場合、何時にても返還しなければいけない地位にある（民法662条）ことが挙げられるが、「便法」（権利資格保護要件）として、「引渡」を要求しても差し支えないのではないか。

2．さらに、「指図による占有移転」に債権関係承継の効果（「売買は賃貸借を破らない」とする）を認める有力説（鳩山、我妻、鈴木195頁。今日の多数説とまでは言えない）を採れば、賃借人保護の必要性は高まり、少なくとも(i)については、（判例）（通説）を支持すべきこととなろう（こうなると、単なる「便法」ではなくなるからである）。

＊従来は、こうした論争の実際的意義がどれだけあったのか、怪しかったが、今後は、コンピューターなど価値の高い動産が増えてくると、この問題も再度クローズアップされてくるのではないか。

④　さらに、近時の注目すべき立法的動きとして、部分的に動産譲渡登記制度が認められるに至っている。これは、金融取引ないし資金調達の要請から、中小企業などの債権・動産を利用した金融の便宜を図るもので、既に債権については、平成10（1998）年の債権譲渡特例法（「債権譲渡の対抗要件に関する民法の特例等に関する法律」）があり、それに続くものである。すなわち、同16（2004）年に同法律を改正する形で（「動産及び債権の譲渡の対抗要件に関する民法の特例等に関する法律」〔動産・債権譲渡特例法〕）、動産譲渡登記制度を創設して、第1に、動産・集合動産の担保化による金融、第2に、動産の特定目的会社（special purpose company）（その目的は、譲渡人の倒産の影響が出ないようにするいわゆる「倒産隔離」にある。詳しくは、債権譲渡のところを参照）への譲渡、その証券化をはかっている。

……・法人が動産（貨物引換証、預り証券、質入証券、倉荷証券、船荷証券が作成されている場合を除く。集合動産でもよい）の譲渡につき動産譲渡ファイルに譲渡登記をする場合は、民法178条の引渡しがあったものとする（3条1項）。

・指定法務局は、磁気ディスクにより調製する動産譲渡登記ファイルを備えることとされる（7条1項）。登記の存続期間は、原則として10年を超えないともされる（7条3項）。

・同譲渡ファイル事項の書面（「登記事項証明書」）は、譲渡人・譲受人及び利害関係者のみが交付請求でき（11条2項）、その概要を記した書面（「登記事項概要証明書」）は何人も（法務局などの登記官に対して）交付請求できるとされるし（11条1項）、本店など所在地法務局には、概要ファイルが備えられ、そこには「概要記録証明書」の交付請求も何人もできるとされる（13条）。……大体動産の法的状況が分かる。公示のための制度だからもっともなことであり、むしろ交付請求するものに即したきめ細かな制度にしたということであろう。

【QⅢ－12】動産の対抗要件制度の問題点及びそれに対処する立法論を論述しなさい。

◇参考までに。……いずれ債権譲渡のところで学ぶが、近時の債権譲渡法の立法的改正の眼目は、債権の証券化というところにある。特定目的会社に、「格付け機関」を通じて、優良債権を証券化して、倒産隔離をしつつ、一般投資家に売り出すという直接金融（これに対して、従来日本型の経済システムとされたメインバンクシステムなどの銀行を中心とする金融を「間接金融」という）に乗り出したわけである。しかし振り返ると、格付け機関の評価は必ずしも、万全ではなく、信頼もおけず、不良債権を投資家にばらまくこととなり、サブプライム・ローンに端を発した近時の金融危機（経済危機）の大きな原因となっている。このように、民法（債権譲渡法）は、しっかりと、近時の経済問題の一翼を担っていることに留意されたい。

3－5－2　即時取得（民法192条）

動産の占有には、公信力がある。――不動産よりも、第三者の取引安全（動的安全）の保護。

……機能的には、不動産における民法177条と対応している（同種の紛争について、適用される条文である。民法178条は、公示としては不十分であり、むしろ本条で解決される。フランスでは、動産については、本条に対応するフ民2279条のみであることは、前述した）。

……不動産における民法162条2項（10年の取得時効）とも対応しており、かつては、「即時時効」ともいわれた（旧民法証拠編144条参照。同条以下は、「動産の取得時効」という章なのである。「即時取得」といわれるのは、その名残である)。

＊動産に関する事実行為による原始取得の問題

従来は、この点の検討は、ブランクの状況にあり、部分的に、動産でも、取引行為によらない場合——すなわち事実行為の場合——には、民法192条の適用はなく、民法162条2項の類適がある〔10年の取得時効〕とされているにとどまった(鈴木170頁(4版)、内田326頁)。しかしこの点は、平成16(2004)年の現代語化の改正の際に、その方向で字句が改められて、同条項の「不動産」の限定はなくなった(その趣旨は、条文を一読して明らかでないので、注意を要するだろう)(他方で、民法192条に「取引行為による」旨の明定がなされた。いずれも同改正の一般的方針とは異なる、若干の実質的変更を伴う改正点〔前者に関しては、ブランク補充を行う変更、後者に関しては、従来の一般的理解の明文化〕である)(60)。……特に、前者の場合に、不動産の取引行為に関する短期取得時効に揃える必然性はなく、ある意味で、かなり思い切った改正で、同年の改正の原則を逸脱している感もある(吉田)。

(1) 要件論——概論

以下は、本条の要件論であるが、概して民法192条の文言よりも、縮小解釈がなされている(前述のごとく、一部平成16(2004)年改正により、その解釈は明文化された)。

1. 目的物が動産。立木などの即時取得の問題は後述する((2)参照)。
2. 前主——無権利者で占有。
3. 前主との間に有効な取引行為。……取引安全の規定ゆえに。

Cf. 他人の山林を自分のものと誤信して、伐採(原始取得〔取引によらない取得〕)しても適用されないし(大判大正4.5.20民録21輯730頁)、相続の場合にも適用がない。

・もっとも、(強制)競売の場合には、適用される(最判昭和42.5.30民集21巻4号1011頁)。

(60) 中田裕康「民法の現代語化」ジュリスト1283号(2005)95頁、同頁注(20)参照。

・契約自体に瑕疵（例えば、無権代理、無能力、錯誤など）がないこと。——あれば、本条文を持ち出さずとも、他の関連規定（表見代理など）による。……制限能力制度、代理制度、錯誤制度などの趣旨が没却されないようにするためとされるが、実質的には、第三者の取引安全保護よりも、本人側の権利保護に慎重になるという意味合いがあろう（吉田）。

4．取得者が、平穏、公然、善意・無過失。

Cf. 民法162条2項でも同様の文言。

・善意、平穏・公然は、推定される（民法186条1項）。

・無過失についても、（判例）は、推定されるとする（民法188条を根拠とする）（最判昭和41.6.9民集20巻5号1011頁）。——所有者側で、「過失」の主張・立証責任を負う。

・過失認定のファクター：物の価格、業界の慣行、取得者の職業、調査の有無、ネームプレートの有無など。

5．取得者が占有取得・開始　——「引渡し」を受ける（観念的引渡し〔占有改定、指図による占有移転〕で足りるかについては、議論があり、後述する（(4)(5) 参照）。

6．盗品・遺失物に関しては、例外規定がある（民法193条、194条）。——2年間回復請求ができる。また、競売、商人からの場合には、保護される（代価弁償される）。

＊代価弁償の場合には、物品返還後も、回復者〔所有者〕に弁償請求できるというのが、近年の（判例）である（かつての立場を改めた。最判平成12.6.27民集54巻5号1737頁【67】〔窃取された土木機械（バックフォー）の引渡請求に関する。引渡しのときに代価請求がなされたと解し、そのときから被害者は遅滞責任を負うとする〕）。

・なお、質屋・古物商が、取得者になるときには、この規定〔194条〕の特則として、——専門の営業者ゆえの注意義務の高さゆえに——1年間は、無償で返還請求できる（善意であっても）とされる（質屋営業法22条、古物営業法20条）。

＊横領、詐取の場合の扱い――民法193条、194条の例外的処理の拡充の可否

民法193条、194条の例外的処理は、所有者の意思によらない占有喪失〔盗品・遺失物の場合〕（フ民2279条2項と同様である）に限り、横領・詐欺の場合には、所有者には落ち度があり、この例外に含まれない（民法192条による）とするのが（通説）である。

しかしこれに対して、静的安全に配慮する見地から再検討を促す（盗品、遺失物は例示にすぎないとする。意思に基づかない強制的ないし公権力行使による奪取などへの適用を広く考える）見解も有力である（星野教授ら(61)）（もっとも、契約に瑕疵があるときには、民法192条は適用されない）。

・回復請求権がある間、所有権が、原所有者、占有者のいずれに帰属するかについて議論あり。――①（判例）は、一貫して、原所有者説（大判大正10.7.8民録27輯1373頁、同昭和4.12.11民集8巻923頁）。

これに対して、②（学説）の多数は、即時取得の原則性、また原所有者に取戻権はないとすることの妥当性から、占有者説をとる（我妻［217］、末弘272頁、末川271頁）。もっとも、近時は、③これを問題にしない説も有力である（鈴木217頁、星野77頁）。

（検討）

かつての取引安全の偏重に対する反省という意味でも、また法律関係の簡明さからも、（判例）の立場でもよいと考える（刑事法上は、別途、横領罪の成否ということを考える）（吉田。同旨、内田410頁〔2版464頁〕）。

＊前述の所有権移転時期の問題とも関係し、ある程度所有権の帰属について、演繹的に考えるかどうかという思考様式の問題でもある。

【QⅢ－13】即時取得の規定は、従来解釈により、文言をどのように制限して運用されているか、それが近時の現代語化改正（平成16（2004）年

(61) 星野76頁、好美・注民（7）（有斐閣、1968）146–47頁、広中198頁など。

改正）によりどうなったかを説明しなさい。

【QⅢ－14】即時取得の運用に関して、原所有者の静的安全を重視する側から、即時取得の動的安全を説く見解に対してどのような揺り戻しがなされているかを具体的に論じなさい（各論的論点で説くところも関係する）。

♠（こぼれ話）「金成マツ・ノート」の所有権問題

登別のアイヌの金成マツさん（1875〜1961）のノートには、アイヌ民族の英雄叙事詩ユーカラが沢山書き遺されて、その日本語翻訳は、当初は、金田一京助氏、その後は、萱野茂氏によりなされてきたが、2006年5月の同氏の死去により、文化庁の補助も終了して、2007年度には、その事業の打ち切りになることが報道されていたが（朝日新聞2006年8月12日）（もっとも、その後北海道アイヌ協会により再開されたとのことである）、萱野茂記念館の金庫に所蔵の「金成マツ・ノート」の所有権も問題になる可能性がある（私は、同氏の生前に実物を見せていただいたことがある）。というのは、金成マツさん及び知里幸恵さんの遺族による記念館（『銀のしずく』館）が、本年（2010年）にも開館の予定であり、同ノートの展示も希望されるかも知れないからである。そこで、「金成マツ・ノート」の所有権の存在を検討してみよう。

すなわち、同ノートは、金田一京助氏の下にあったのであるが、昭和40年代に萱野茂氏に授受されたとのことであり、そこには、民法192条の「取引行為」があったとはいえないであろうから、即時取得の成立ということはないであろう。そこで、同ノートという動産の民法162条2項の10年の時効取得の余地があるかが問題となるが、その際に問題となるのは、萱野氏のノート授受・所持の趣旨であり、「いずれ遺族に返還する趣旨でそれまで預かる」という趣旨ならば、同条項の「所有の意思」のない「他主占有」となるので、取得時効は成立しない。しかし、それを翻訳するつもりで自己所有するつもりで金庫に入れていたならば、「自主占有」となり、時効が成立する可能性もある。同氏の意思を確かめる術はなく、授受の経緯から推測されていくことになろう（遺族によれば、金田一氏は、当時の北海道ウタリ協会に戻したとのことである）。同ノートは、日本語で言えば、大和朝廷期の古事記に当たるともされていて（樺太アイヌ語学研究者・村崎恭子氏の言）、大変に価値ある動産でもあり、今後とも所有権論争が沸騰することもあろう。

(以下は、本条を巡る論点)

(2) 立木などの即時取得の成否

今日的重要度は低いとはいえるが、同様の問題は、例えば、家屋に設置された機械などについても生じうる。すなわち、土地に生える立木(cf. 登記されている場合)、稲立毛が即時取得の対象となるかにつき、戦前の(判例)は、立木につき適用を否定し(大判昭和7.5.18民集11巻1963頁【65】(不動産の一部を構成するという))、稲立毛については明認方法を施しただけで即時取得を認めたものがある(大判昭和3.8.8新聞2907号9頁)。

これに対して、①(通説)は、否定説——独立の取引対象として、即時取得の保護を認めるべきか、それほどまでに明認方法などを信頼すべきかに疑問を出し、むしろ地盤の登記も調査すべきだとする(我妻133頁、舟橋233頁、240頁、鈴木210-211頁、内田2版456頁〔民94条2項類推による保護はあるとする〕など)。これに反対して、②有力な肯定説もある(末弘「立木の売買と民法192条」民法雑記帳上258頁以下、好美・注民(7)93頁。近時は、瀬川教授)。

(吉田)民法192条で保護すべきであろうし、もし保護されないとすると、民法94条2項による買主の保護が問題となるだろう。

☆思い出話——昔学生の頃、恩師星野先生の担保物権法の講義の試験で、家屋に設置された機械の譲渡担保に関連して、その即時取得の有無が論点として、問われるケース問題が出たことがある(そういえば、当時類似の問題を司法試験(論述試験)でも見かけたことがあった)。しかし、上記の(判例)(多数説)の思考様式にとらわれていると、その論点は思いつかないことになり、その意味でやや思い切った出題であると言えよう。

(3) 登録が対抗要件とされる動産(自動車など)の即時取得の成否。

① 未登録の場合。

(判例)は、肯定説(船舶につき、最判昭和41.6.9民集20巻5号1011頁、自動車につき、最判昭和45.12.4民集24巻13号1987頁)。

（学説）上でも、あまり異論はないとされるが（星野72頁）、従来この点に関する議論はあまりない。

②　登録済の場合につき、従来議論される。

（判例）は、民法192条の適用を否定する（最判昭和62.4.24判時1243号24頁【67】（4版））。

下級審は、分かれるが、否定例のほうが多かった。

（学説）として、（通説）は、以前から（判例）と同様の否定説（我妻（旧版）〔200〕、柚木＝高木374頁、舟橋233頁、広中183頁〔民法94条2項の類適の余地はあるとする〕、川井136頁）。――不動産への類比から。

これに対して、近時は、（有力説）として、前主が登録名義人で、譲受人が移転登録したことを要求しつつ、民法192条を適用するという見解が出されている（我妻＝有泉（新版）〔200〕、鈴木211頁、加藤（一）・法教（1期）2号164頁ほか）。

（検討）

①と②とで、あっさり区別できるかは疑問であり、①で適用を肯定するならば、②でも適用の余地がある。――登録制度は、必ずしも正確ではないとの指摘もあり（森井・民商73巻6号）、「登録及び占有への信頼」そして「登録の自己への移転」を要件としつつ、民法192条による譲受人の保護を認めてよい（吉田）。

Cf. 登録の公信力を言う（石田評釈・法協89巻5号）のは、行き過ぎである。

……不動産の場合よりも、登録の公信力が認められた形にヨリ近くなっているのは、対象が動産であり、本来占有に公信力があるが、それでは登録制度を没却するので、登録の移転を付加要件としたと言うことであろう（吉田）。

（N.B.）

昭和26（1951）年　道路運送車両法制定

同44（1969）年同法改正　自動車登録ファイル制度の導入

＊動産譲渡登記制度と即時取得

近時の動産譲渡登記制度が適用される場合についての事例はないが、自動車登録（上記②の場合）とパラレルに――前主の占有及び登記さらに登記の移転を即時取得の要件として要求して即時取得の余地を認める形で――論ずることになろう（淡路・Sシリーズ89頁も、同様のようであり、カテゴリカルに適用を否定せず、登記を調べないと無過失の判断に影響するとする）（吉田）。

ただ、不動産登記との類比ということで、こうした不動産とのやや異なる即時取得の適用を認めてよいかという問題は残るだろう。即時取得を否定したところで、動産所有を主張してくる他者には対抗力はないから、それで取引第三者は保護されていると言える。……登録自動車の場合にどうして我妻博士が改説されたのかという問題でもあるが、否定説との差異は大きくなく、動産としての属性から若干動的安全を保護しているというくらいだろうか（吉田）。

(4) 占有改定と即時取得――即時取得の要件たる「引渡」は、占有改定で足りるか

A←――――B――――→C

占有改定　占有改定

……二重譲渡担保というコンテクストで、実際にも問題となりうる。

（判例）は、かねて否定説（最判昭和35.2.11民集14巻2号168頁【66】〔水車発電機及び附属器具の取り合いという事例。原告は条件付買主と取引した者で、同人に鍵があったこともあり所有者と信頼して、占有改定により引渡しを受けた。しかし否定説により所有権の主張は斥けられた〕）。

（学説）は、三分している。

① かつて有力に説かれたのが肯定説である――取引の安全（第三者〔C〕の保護）の強調。前主の占有の信頼だけで足り、ただ権利関係の紛糾を避けるために、対抗要件（「引渡」）を要求したにとどまり、占有改定で足りるとされた（末弘(上) 267頁、我妻（旧説）「占有改定は民法192条の要件を充たすか」志林32巻11号（1930）（民法研究Ⅲに所収）、石田(文)「占有改定と民法192条」法

学1巻8号（1932)、柚木348頁)。

＊従来、取引安全の保護を、「近代法の理念」と結びつけて、過度に強調された（我妻法学の一つの特色でもある)。現在は、その反省期であることに留意せよ。

② これに対して、(判例）と同様に、否定説を採る論者がかなり有力である（現実引渡を要求する)。――比較法的にも、現実占有が要求されている（フ民1141条、ド民929a条、932a条。スイスでは争いがある)。

……原所有者ないし第一譲渡担保権者〔A〕の保護をはかる。占有改定があっただけでは、Aの信頼が裏切られたことが現実化しておらず、Aの権利は存続していると見てよい。Aが現実占有を得ても、Cに負けるというのは不当だとされる（末川234頁以下、舟橋246頁、川島・民法Ⅰ181頁以下、好美・注民（7）91頁、93頁、広中192頁〔例外的に、譲渡担保競合の場合にCの保護も考える〕)。

③ 近時の（通説）的見解は、折衷説で、ここでは、占有改定で一応即時取得するが、後に現実引渡を受けることにより、――そのとき悪意であっても――確定的に所有権を取得するとする（我妻（新説）137頁、さらに鈴木論文(62)、鈴木213-214頁、川井102頁。なお、星野75頁は、②③の中間である)。

（検討）

1．(問題の所在）第三者保護に偏りすぎの①説を別とすれば、②③両説の異同は以下のとおりである。すなわち、――

(a) 第1は、善意無過失の基準時で、②なら現実引渡時、③なら担保設定時ということになる。③説では、現実引渡があれば、その時悪意でも保護する。その限りで爾後の譲渡担保権者保護の余地を認める（そうでないと、Bへの金融が梗塞するという事情を考慮する必要があるとする。鈴木論文426頁以下では、それが「法意識」だとする)。

(b) 第2は、目的物がBに留まるときの優劣関係であるが、②ならA優先、③ならば両すくみで執行の先後による（早い者勝ち原則）とされる。これは、

(62) 鈴木禄弥「占有改定と即時取得」民事研修41号（1960)（紛争実態は、譲渡担保競合が多いことを指摘する)。

民法 178 条の原則〔これによれば、先に対抗要件を具備したAが優先するはずである〕との衝突の問題でもある。

2．(順位保護の必要性) 先行契約の保護の見地からすれば、目的物がBにある限りでは、Aが優先するとすべきではないか (同旨、広中 193 頁本文及び注(15)、星野 75 頁)。トラブルなく、Cが現実引渡を受けた限りで設定時に善意無過失であれば、保護されるにとどまる (かなり、②説に近い③説である) (吉田)。

3．(類型的考察) 類型的に考えて、(i)鈴木教授が念頭に置いた譲渡担保の競合の場合と、(ii)連鎖取引での無効事例 (昭和 35 年ケース)、(iii)無権利者との取引事例とで分けて考えるべきではないか (吉田)。

(1) (i)の場合に、第一譲渡担保権者の保護の必要から、肯定説に慎重さを迫るのは分かる。その方向で考えるならば、むしろ占有改定の対抗要件だけで決して、即時取得の余地を排するくらいの否定説 (②) のほうが一貫するのではないか (対抗要件レヴェルで、占有改定をポジティブに捉える点では、肯定説的でもある。要するに、譲渡担保権者の登場の先後で決するわけであり、評価の基準も占有改定時ということになる) (吉田)。——私見からは、肯定説などの問題として指摘できることとして、第1に、現実引渡しで取り合いにさせるというのもよくわからない (自力執行を招くだけではないか)。さらに第2に、鈴木教授のいう爾後の (後順位) 譲渡担保権者の即時取得による保護 (それによる債務者への金融の保護) の必要性というのもわからなくない (重畳的に譲渡担保を認め、その場合の後順位譲渡担保権者は、清算義務分にかかっていくことになろう)。しかし、③説 (鈴木説) のように、後順位者が、先に現実引き渡しを受けて、そちらに優先的満足を得させてよい場合が、実際上どのくらいあるのかどうかよくわからない。また第3に、確かに、占有改定では公示が不充分ではあるが、実際上はネームプレートなど明認方法的な公示があるのが通常であろうから、仮に民法 192 条適用の余地を認めるとしても同条の要件を具備する事例は少ないのではないか。まして動産譲渡登記が適用されるようになれば、民法 192 条の余地は余りないのではないか (前述)。

(2) 他方で、譲渡担保金融に関わらない(ii)(iii)の場合、少なくとも事後的な契約の無効取消に関する(ii)の場合には、積極的な第三者保護の要請は弱くなるのではないか、と思われる。昭和35年ケースは、そのよう事例ではないか。

＊譲渡担保の競合についての「即時取得論」と重複的譲渡担保設定論との前提の相違――そして従来の議論の再考の必要性

従来の譲渡担保における即時取得の議論には、どちらか一方にしか所有権取得を認めないとする発想、そしてその前提として、譲渡担保の構成として「所有権的構成」があった。しかしこれに対して、近時は、譲渡担保の担保的構成が有力になり、こうなると、重複的・競合的に、譲渡担保権の設定ということを認めることになり、最近の（判例）のとるところで、後順位譲渡担保権者による私的実行を禁じる準則も示している（最判平成18.7.20民集60巻6号2499頁〔生簀の魚の重複的集合動産譲渡担保という事例〕）。こうなると、問題は、重複的譲渡担保設定の場合の順位決定の問題が残されるに止まる。――上記の私見の展開には、こうした状況の変化も反映している。端的に言うと、重複的譲渡担保に関係して、「占有改定と即時取得」の従来の議論は、時代遅れ（obsolete）となっており、再検討の必要性があろう。

すなわち、(1) 爾後的な金融業者の保護の在り方（鈴木博士の気にされたところ）に関して、後順位譲渡担保権者の参入の余地としては、仮に先行の譲渡担保設定について悪意でも肯定し、ただ、順位決定については、占有改定の先後によるとする（民法178条）。(2) 他方で、どちらか一方が、即時取得する（完全な所有権を取得する）ということは、鈴木説的な折衷説の状況でもあり得ない。あくまで、優先的な譲渡担保権の帰属如何という問題である。

結局問題は、(3) 爾後の譲渡担保権者が、先順位の譲渡担保について知らずに（善意・無過失で）譲渡担保設定を受けた場合に、先順位の譲渡担保権者の利益を受けるかという問題に置き換えられることになり、私見によれば、その場合でも、担保設定の時間的先後に配慮して、(i)動産が、担保設定者にとどまる限りは、第一の譲渡担保権者を優先させ、(ii)例外的に善意無過失で現実執行（私的執行）がなされた場合に、爾後の譲渡担保権者の優先権を認めるということになるのではないか（主観的態様の評価基準時につき、現実引き渡し時と解する限りで、否定説（②）的である。このあたりは、担保設定時に善意無過失ならば保護するという折衷説（③）的な考え方もあろうが、それだけで、時間的先後による順位決定という原則は崩せないのではないかという評価である)、と思われる(もっとも実際には、ネームプレートとか立札などにより、過失を推定させる場合が多いであろう)(吉田)。

【QⅢ－15】いわゆる「占有改定と即時取得」の問題で、二重譲渡担保の場合には、どのような特殊な考量がなされているのだろうか(次述の「指図による占有移転」の場合とも、比較しなさい)。

(5) 指図による占有移転と即時取得

(判例)は、統一的ではない。――「受託者占有型」(占有改定・指図による占有移転連鎖型)(Ⅰ型)というべきものでは否定しており(大判昭和8.2.13新聞3520号11頁(一般の外観上従来の占有状態に変更がないからとする)ほか)、他方、「再委託型」(Ⅱ型)のケースでは、肯定例が近時出ている(最判昭和57.9.7民集36巻8号1527頁〔荷渡指図書による豚肉の指図による占有移転のケース〕 法協101巻4号米倉)。

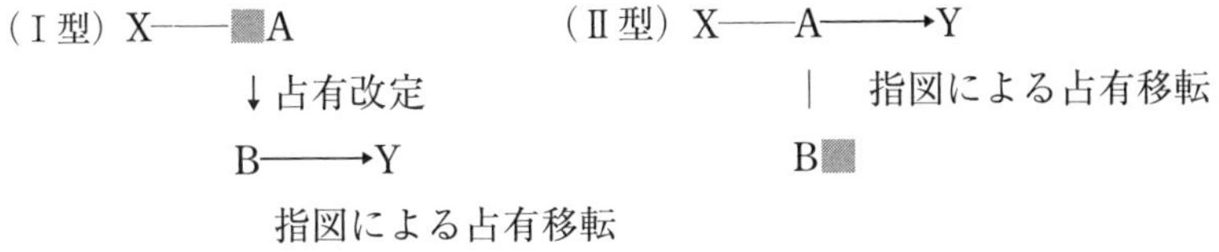

(学説)は、従来この問題をあまり論じてこなかったが、①大勢は、従来肯定説であった(例えば、舟橋247頁〔所持人への命令により、取得行為の存否を外部から認識しうるという〕)。

②それに対し、近年は、原所有者〔X〕と取得者〔Y〕との目的物に対する占有関係の密接度を問題として、類型的考察により、Ⅰ型については、否定説(ないし折衷説)、Ⅱ型については、肯定説を採る見解も有力になっている(好美・注民(7)123-24頁、広中193頁)。

③さらに、以前から否定説もあるが(田島順・民法192条の研究(立命館大学出版部、1933)439頁、於保213頁)、近時はXに占有が残るか否かで区別する

②説を批判し、原則としてY保護のためには、現実的占有が必要であるとの見解（原則的否定説）が出されている（米倉・前掲評釈）。

（検討）

「指図」の外部からの認識可能性も怪しく（昭和57年判決は、台帳上の名義変更という書面上の処理があり、この点で特殊性がある。また、「確定日付ある証書による通知」という債権譲渡の対第三者対抗要件（民法467条2項）とも事情が異なる）、原則として否定説（③説）を採るのが一貫している。担保設定時の期待保護の要請もないのであれば、委託者の静的利益にも配慮して、Yが保護されるためには、現実引渡が必要であるとすべきである（吉田）。

3－6　その他の物権変動――原始取得の諸場合（とくに取得時効）

3－6－1　取得時効

取得時効が、主なケース。＊既に、民法総則（時効）で、既習だが、機能的には所有法の一環をなすことに鑑みて、この際改めて復習をしておかれたい。

(1) 意義・存在理由

・時効とは、「時の経過による一定の事実状態の継続により、権利を取得・消滅させる制度であり、わが国では、「援用」にかからせている（民法145条）。民法は、取得時効（10年、20年の時効）（民法162条）と消滅時効（10年の時効につき、民法167条。また、1年、2年、3年、5年の短期消滅時効につき、民法169条～174条など参照）（なお、近時の民法改正の議論では、時効に関しては、主としてこうした規定の統廃合が狙われている）をあわせて規定しているが、ここでは、英米法などからの示唆により機能的に考えて、取得時効（英米では、adverse possessionといわれる）が所有法の一環で位置づけられるのに倣い、ここでも取得時効にターゲットを当てて、論ずることにする（これに対して、消滅時効に当たるものは、出訴制限法（statute of limitation; laches（エクイティー上のもの））などとして分けて論じられており、こちらは契約ないし債権上の権利制限として扱われる）。

・時効の存在理由を巡る議論の変遷……(i)従来の議論は、以下の3点にまとめられる。第1は、法律関係の安定（取引安全、第三者の保護、社会秩序の維持を図るとする)(我妻[436]など)、第2は、訴訟法説ないし法定証拠説として、過去の事実の立証の困難かつ永続した事実が存在する場合の権利の存在・消滅の蓋然性の大きさゆえに、これを正当な法律関係とするというものである(吾妻教授、川島博士など(63))。また第3には、「権利の上に眠る者は、保護に値しない」という法格言にも触れられる。

(検討)

1. 各々の論拠には難点がある。――すなわち、第1のものについては、時効は、第三者保護という形で要件・効果が定められず、当事者が保護されていることが説明されておらず、第2のものは、権利者・弁済者の側から考察していて、注目されるが(次述の星野論文の基本的発想もここに繋がる。星野論文150頁参照)、やはり問題がある。つまり、無権利や義務が立証された場合にも、同様の扱いとしてよいのか、ということにつき充分に説明されておらず、また文言上時効は権利の得喪原因とされており(民法162条、167～174条)、やはり実体法上の制度と見るべきである(実体法説)(起草者(梅)も、この立場である(64))。さらに、自由心証主義という民事訴訟の原則の中で、どのように「法定証拠」を位置づけるか、また、「援用」(民法145条)は弁論主義の自明の理として扱う(吾妻37頁、川島447頁)ことでよいのか、さらに、「裁判所の便宜」に言及されるが(吾妻210頁)、正当化の理由としては、不充分である(ここでは、非権利者、非弁済者の保護の正当化の理由付け探しになっている)。第3の論拠に対しては、権利不行使というだけで喪失という重大な効果を及ぼしてよいか、これでは時効は不道徳な制度にならないかという問題が出る(川島548頁は、「近代法の強い権利・観念と矛盾する」と述べる)。また、「御人好し」「寛大な」権利者、債権者は、馬鹿を見ることになるのかという問題も出る。

2. 新たな展開(星野論文(65))。従来は、このように諸説入り乱れていたが、

---

(63) 吾妻光俊「民法における時効制度の意義」法協48巻2号(1930)35頁以下、川島450頁以下、545頁以下、注釈民法(5)160頁以下(安達)。

(64) 法典調査会・民法議事速記録4巻146丁～。梅・要義巻之一「時効」前文参照。

(65) 星野英一「時効に関する覚書(1)～(4・完)」法協86巻6号、8号、89巻1号、90巻6号(1969～1974)。とくに星野・民法論集4巻173-190頁。

必ずしも一貫した態度・根拠が示されていなかったが、星野教授の論文で、新たな展開が生まれる。――ボアソナードの起草意思に立ち返り、「誰」を保護する制度か？を意識して考察し、真の権利者・弁済者、その意味での紳士(honnête homme）を保護する制度だとする（F・ローソン教授も、今日の不動産所有権は主に時効により成立したとする(66)）。かく解すると、時効は必ずしも不道徳な制度ではないことになるが、本来の目的と法技術とがギャップしているゆえに、非権利者・非弁済者も保護されてしまうという不合理な現象も出ることになった。

従って、基本的に時効を制限的に運用すべきだという解釈論的な立場が出ることになる。例えば、援用権者の範囲については絞り、時効の中断・放棄の解釈としては、広く解することになる。

＊時効の比較法的・沿革的考察

(a)　ローマ法では、比較的広く時効が認められた（証拠方法の不備ゆえに)。また、取得時効と消滅時効とで分離するシステムを採る（ドイツ法、スイス法、イタリア法などがこれを承継する)。

これに対して、教会法では、時効に対する倫理的反情から、時効阻止の種々の制度が導入される。また、取得時効と消滅時効とを統一するシステムが採られ、これが、オーストリア法、フランス法に（また日本法に）継承された。

(b)　近代法典では、両者が混合される。例えば、取得時効で占有開始時にのみ善意であれば足りるとする点（フ民2269条、日民162条2項。ド民937条2項は反対）は、ローマ法式であり、援用を必要とするところ（フ民2223条、日民145条）は、教会法式である。

(c)　日本法、とくに旧民法は、ボアソナードの独創によっており、時効の道徳性が強調された。例えば、「法律上ノ推定」をその効果としており（証拠編89条)、単純な催告を時効中断事由としており（116条)、教会法的である。星野論文では、世界の時効法の中で、最も優れたものの一つであり、誇るに足

(66)　Frederic H. Lawson, *Zeitlauf als Rechtsproblem*, AcP（Archiv für civilistische Praxis）159, 97（1960), at 99.

るものだとする（198頁）。

これに対して、現行民法起草者の考え方には、混迷がみられ、必ずしもすっきりせず、今日の多元説の源となっている（当時既に、取引安全、公益(梅)、永続の事実状態の保護と弁済者保護とを挙げる)。時代が下るにつれて、時効制度の暗黒面に目を向けざるを得なかった（夙に、ユ帝期から中世教会法学者、近代自然法学者が大いに苦心してきた)。時効の効果を「推定」とすること及びその関連規定（証拠編89条、90条、96条2項、161条）は削除され、権利の得喪をもたらすとされたが、それ以外は、旧民法の規定が維持された(例えば、援用（証拠編96条1項は、現行145条)、催告の時効中断効（現行153条))。

3．その後の動き（多元的・類型的考察）及びその理論的背景

星野論文は、大きなインパクトを与えたが、今日でもやはり時効は多元的にしか説明できないという議論があり、そうとすれば、類型的検討をする必要があることになる。ここでの問題を別の形で、理論的に整理するならば、以下の如くになる（吉田）(67)。すなわち、――第1に、ここでの問題は、「公益」(梅）ないし「取引安全の保護、社会秩序の維持」(我妻）という功利主義的考慮と「権利者保護」「借りたものは返す」という道徳的要請（基本的要請）との相克関係と見ることができる（これに対して、「権利の上に眠る者は保護しない」という規範的要請は、それほど強くないと思われる)。

そして第2に、時効訴訟は概して伝統的訴訟が多く（もっとも、戦後責任などの問題は、集団的・政策的訴訟であろうが、同時に人権的訴訟でもあり、正義性要請は強いであろう)、そこでは個別的・具体的な正義重視の思考様式がクローズアップされる（制度自体は、政策的なものだが、その制度運用においては、個別的正義が志向される)。従って、道徳的要請からの具体的正義を貫徹するならば、紛争当事者が「悪意」の場合――非権利者、非弁済者であることを知っていた場合――には、保護を認めないような運用が望ましいことになる（例えば、「援用」(民法145条）は良心規定であり、援用権者の拡張には消

(67)　以下は、吉田邦彦・民法解釈と揺れ動く所有論（民法理論研究第1巻）（有斐閣、2000）214頁注（58）に述べたところを敷衍したものである。

極的となり、中断効の拡張は広く認めることになる（民法148条の意味として、法律行為の相対効の規定として、それとは別に「対抗力」を認めて、空文化できないか））。

……この意味で、時効訴訟の機能・性格との関係での星野論文の再評価が必要であろう。実際の判決例の立場もそうだとされる（星野論文298頁）。これに対して、当事者が善意の場合（民法162条2項）には、取引安全保護の要請は、「正義」にかなうことになる。

第3に、類型的考察は以下のとおりになる。

(a)　消滅時効の場合には、近年一定期間の経過による債務からの解放（「契約守られるべし」「債務履行されるべし」の時間的制約）という側面、あるいは「資本主義社会（取引社会）の計算可能性」という要請を考慮すべきだとされる（松久論文[68]）が、ここから道徳的要請は否定することはできず、前述相克問題だと言える。また、戦後補償訴訟のように民族的「恨」ないし名誉に関わり、取引行為に関わらない場合には、同一に論じられるのかという問題などあるが[69]、これ以上立ち入らない。

(b)　これに対して、取得時効（とくに、境界紛争型のような事実的時効取得）の場合、不動産所有における「占有」の意義を再検討する必要がある。従来、近代的所有権の性質として「観念性」が強調されたが、「占有」の機能——それは代替的な財を、占有者にとって個人的・人格的な財産とする——は否定できない（しかし従来軽視されてきた）と考えるならば、義務論的道徳論としても、取得時効を積極的に評価してよいということになる。とくに占有者が「権原」について善意である場合はそうである（レイディン教授[70]）。

(c)　また、二重譲渡型のような取引的取得時効の場合、その法的評価には近年変化が見られ、あまり民法177条を万能視できず、「登記」だけをそれほど絶対視できない。場合によっては、先行契約（第一買主）の保護のためにも、

(68)　松久三四彦「消滅時効制度の根拠と中断の範囲（1）」北大法学論集31巻1号（1980）、同「時効制度」民法講座1（有斐閣、1984）。

(69)　この点については、吉田邦彦・多文化時代と所有・居住福祉・補償問題（民法理論研究第3巻）（有斐閣、2006）433頁以下参照。

(70)　この部分は、Margaret Jane Radin, *Property and Personhood*, 34 Stan. L. Rev. 957, at 992～（1982）　から示唆を得ている。

短期取得時効（民法 162 条 2 項）を認める余地があろう。

【QⅢ－16】時効の存在意義の議論に関して以下の問いに答えなさい。
(1) 従来説かれる 3 つの存在意義について、その問題点を指摘しなさい。
(2) ボアソナードの時効構想は、どのような意味で優れているのか、を論じなさい。(3) 時効を巡る多元的存在意義は、理論的に——また思考様式との関連で——どのように整理されるかを説明しなさい。
【QⅢ－17】取得時効制度は、所有権理論（特に人格的所有理論）との関係で、どのように正当化できるかを考えなさい。

(2) 取得時効が認められる権利（取得時効の要件その 1）

・通例は、所有権が問題になる（民法 162 条参照）。
・もっとも、近時は、不動産賃借権に関する事例が蓄積している（民法 163 条）。
——（判例）は、(i)土地の継続的用益という外形的事実、(ii)賃借の意思に基づくことが客観的に表現されていることを要件とし、賃借権の時効取得を認めている。
……文言上も問題なく、起草者も肯定していて（速記録 5 巻 134 丁以下）、学説上もほとんど異論がない（川島 551 頁、幾代 500 頁、四宮 295-296 頁、安達・注釈民法（5）247 頁など）。
……事案類型としては、α）目的土地の範囲に争いがある場合（最判昭和 43.10.8 民集 22 巻 10 号 2145 頁　法協 87 巻 1 号野村（豊））、β）無権限者からの賃借の場合（最判昭和 52.9.29 判時 866 号 127 頁（○）、同昭和 62.6.5 判時 1260 号 7 頁（○））、γ）賃貸人の承諾のない賃借権の譲渡・転貸（最判昭和 44.7.8 民集 23 巻 8 号 1374 頁〔転貸借〕（？）、同昭和 53.12.14 民集 32 巻 9 号 1658 頁〔賃借権譲渡〕（×）、同昭和 62.10.8 民集 41 巻 7 号 1445 頁〔転貸借〕（○））、δ）公益上の理由から、賃貸借契約が無効とされる場合（最判昭和 45.12.15 民集 24 巻 13 号 2051 頁〔寺院賃貸借契約が地方長官の許可がないために、当時の法制下では無効とされた事例〕（○）、同平成 16.7.13 判時 1871 号 76 頁〔農地法 3 条の知事の許可がない場合に、賃借権の時効取得の場合には、もはや同条は適用されないとした〕（○））に分けられる。

Cf. 農地法3条などの許可のない農地の所有権の時効取得を認めるのも（判例）である（最判昭和50.9.25民集29巻8号1320頁、同昭和59.5.25民集38巻7号764頁〔農地調整法4条に関する。その場合に買主の占有は原則として過失があり、20年の時効の問題になるとする〕など）。

（検討）

1．基準としては、（判例）の一般論はやや抽象的に過ぎる（同旨、五十川論文(71)）。

2．ヨリ具体的には、賃料支払いの事実が重視され、また賃借権にいたる事情が考慮される（野村評釈）。

そして、(a)契約が有効の場合〔αの場合〕には認められやすい。

(b)他方でそうでない場合には、ケース・バイ・ケースである。「賃貸借契約の瑕疵が、時効により治癒されるか」という問題であると見ることができ（後述の「時効と登記」の問題とその意味では共通するところがある）、関連する制度と相関させて、類型的に考察する必要が出てくる。——すなわち、例えば、β）の場合には、表見法理であり、真の所有者（権利者）側に何らかの帰責性が必要となろうし、γ）の場合には、民法612条及びそれに関する判例法理が比較参照されるであろうし、δ）の場合には、関係法規の趣旨・目的と賃借人保護との優劣が決め手となろう。

3．なお、β）の場合の効果として、「真の所有者と賃借人との間で賃貸借関係」が創設されることとなる（幾代500頁、鈴木・借地法上巻328頁、五十川105頁）。（判例）は、短期の時効を認めている。

(3) 占有事実状態の存在（取得時効の要件その2）

・自主占有（「所有の意思」による占有）……客観的に判断される。

・平穏公然（民法186条1項により推定される）。

・「他人の物」……この点をいちいち言う必要はない（時効制度の意義）。

（判例）は、売買による所有権取得者でも、時効取得（「自己の物の時効取得」(72)）を主張できるとする（最判昭和44.12.18民集23巻12号2467頁）。

---

(71)　五十川直行「土地賃借権の時効取得（1）（2・完）」法政研究52巻1号、53巻1号（1985〜86）。

本件のように、当事者間の紛争である場合には、時効の趣旨（本来、立証困難の場合に用いられるべきもの）に鑑みると、一次的には契約法のレベルで処理すべきである（当事者間の公平からも）（四宮301頁注（2）参照）。

Cf. 二重譲渡、対抗問題の場合については、後述する。

(4) 取得時効期間の経過――占有の継続（取得時効の要件その3）

・20年（民法162条1項）、10年（民法162条2項）――「占有の開始の時に（占有ノ始）」「善意無過失」の占有である場合。

・占有の承継（民法187条）。

（判例）は、常に合算する必要はなく（占有の併合を選択できる）、そして主張された複数の占有の内、最初の占有者の占有開始時に善意・無過失ならば、162条2項を適用する。――その場合に、悪意の占有者が後に介在しても、瑕疵を承継しないとする（昭和53年最判が明示的に述べる）（大判明治44.4.7民録17輯187頁〔傍論〕、最判昭和53.3.6民集32巻2号135頁【64】民商80巻1号藤原（弘道）、法協102巻9号能見）。

Cf. 包括承継（相続）についても、同様の立場が採られる（最判昭和37.5.18民集16巻5号1073頁　法協81巻3号星野、同昭和51.12.2判時841号32頁）。

（問題点）

① 占有の合算の仕方

（判例）は、どの占有から算定してもよいとする。とくに特定承継については、民法187条1項から戦前からこの立場が採られたが（大判大正6.11.8民録23輯1772頁）、包括承継については、古くは、同条項は不適用とされた（「相続人は新たに自己固有の占有を始めるのではなく、前主の性質・瑕疵を離れて主張できない」とされた。大判大正4.6.23民録21輯1005頁ほか。……理由としては、相続が「新権原」ではない点、被相続人の人格承継が挙げられる）。しかし、最高裁は、判例変更した（前掲昭和37年最判）。――悪意・有過失の前主の占有を承継した、善意・無過失の承継人の短期取得時効を認め、相続人保護をはかった。

---

(72)　この問題については、やや概念分析的だが、本講義と結論同旨のものとして、大久保邦彦「自己の物の取得時効について（1）（2・完）」民商法雑誌101巻5号、6号（1990）。

37年判決：悪意　→　善意
　　　　　　　　　ここから起算

◇比較法的・沿革的考察

フランス民法2235条及びそれを承継した旧民法財産編192条では、包括承継と特定承継とを区別して、前者では常に前主の占有承継〔占有継続（continuation)〕とされる（フランス通説。Ripert–Boulanger t. II n°2718　→　旧民法財産編192条2項）（かつての判例の立場）のに対して、現行民法では削除されていて、立法史的にも現判例は支持できる。

◇権原の変更（「所有の意思」の有無）（民法185条）の問題

ここでの問題は、「占有の瑕疵ないし承継」（民法187条）及び「善意・無過失」（民法162条2項）の問題とは区別できるが、従来は渾然一体として議論されてきた。

（判例）は、かつては、相続は「新権原」に当たらないとしていた（大判昭和6.8.7民集10巻763頁〔寺院境内につき住職（他主占有）の相続人が時効取得を主張したケース〕）が、その後、一般論として、判例変更され、「新権原」に当たるとされるものが出て（最判昭和46.11.30民集25巻8号1437頁　法協91巻1号四宮〔本件では、相続人は一時賃料を支払っており、「所有ノ意思」はないとされた〕）、近時これを受けて相続人の独自の自主占有を認めて時効取得を肯定したものが現れている（最判平成8.11.12民集50巻10号2591頁【63】〔被相続人が生前に贈与を受け、これを相続したと信じた相続人が、登記済証を所持し、固定資産税を納付し、管理使用を専行し、賃借人から取り立てた賃料を生活費に費消し、同相続人の移転登記請求に対して所有者の法定相続人が異議を述べていないなどの事情がある場合には、同相続人は独自の所有に基づく占有を開始したとして、取得時効も認めた事例。直接の争点は、証明責任の点であり、新権原による自主占有については、取得時効を主張する相続人において、その事実的支配が外形的客観的にみて独自の所有の意思に基づくものと解される事情を証明しなければならないとされた〕）。

……昭和37年最判も、そもそも前主に「所有の意思」がない事例だと見ると、既にこの方向性を看取できる（星野評釈）。（梅）も、民法187条の瑕疵に「所有の意思」がない占有も含めていた。

② 「善意・無過失」の判断時点——後主の瑕疵の治癒の可否
：善意→悪意の場合
前主に瑕疵がないことで、後主の瑕疵の治癒を認めるべきかという問題。

*いわゆる転得者の保護に関わる「絶対的構成」の可否の問題と共通する。

（判例）は、実質的根拠を述べることなく、肯定説を採った（前掲昭和53年最判）。しかし、その原審は否定説であり、同旨の見解（否定説）も有力である（多数説か）(73)。

（検討）
1．民法187条2項の文言上の決め手はないが、ボアソナードは否定説であり（Projet de Code Civil pour L'Empire de Japon t.1 n°299）、フ民2235条の解釈も同様である（Weill et Terré, Les biens, n°467）。
2．実質的法的問題は、長期取得時効の保護しか認めないとすると、善意・無過失の前主は、担保責任の追及を受けることになるが、これをどう考えるかということである。ひいては、一方で、本来の所有権者の保護、他方で、取引安全保護の要請との調整の仕方の問題である。
3．確かに、（判例）の立場は明快であるが、あまりに広く取引安全の保護に偏していないか（時効観にも関わる）。その意味で否定説に傾く（吉田。その上で、相対的構成について述べたのと同様に、悪意者が取得できなくても、担保責任の追及は認めないとすればよい）。……なお、ここで問題となっているのは、転々譲渡型事例であり、二重譲渡型とは事情が異なる（後者では、第一買主〔時効取得を主張する側〕の保護の要請がある）。

---

(73) 後主の瑕疵の——前主の主観的態様による——治癒を否定する見解として、於保・物権法（上）187頁、幾代498-499頁、四宮304頁注(3)、石田・口述物権法252頁。また、藤原批評、能見評釈、内田3版409頁〔占有承継人基準説という〕参照。

4．なおさらに、善意・無過失者に承継がなされた場合〔善意→悪意→善意（昭和53年最判の事例）〕に、短期取得時効を認めるべきか（一種の相対的構成の徹底）（能見評釈(74)）については、慎重を要する。――その見解では、民法162条2項の判断時点は、現占有者について考え、占有の承継はそれとは別に考えるということになるが、（「瑕疵も承継する」（民法187条2項）の）解釈論としては、無理ではないか（吉田。その結論の妥当性には魅かれるが）。

Cf. 他方で、包括承継人の場合には、これと区別して、瑕疵の治癒を肯定する立場が、――被相続人が後に悪意になっても、相続人の短期時効の利益が受けられることとのバランスからも――フランス法の解釈から示唆される（同旨、幾代、能見。反対、藤原）。

【QⅢ－18】（取得時効の主張との関連での）占有の承継を巡る判例の立場を整理して述べなさい。(1) 悪意・有過失　→　善意・無過失、(2) 善意・無過失　→　悪意・有過失、(3) 善意・無過失　→　悪意・有過失　→　善意・無過失　の各場合について、民法187条ないし民法162条の取得時効の主張の仕方としてどのようになるべきか。実質的に妥当な保護のあり方と解釈論（文言解釈）としてどこまでできるか、を論じなさい。

(5) 取得時効と登記

＊物権変動のところでも既に触れている（3-4-2 (2) 参照）が、従来議論が数多く蓄積されている。民法162条では、登記は要件ではないが、民法177条では、物権変動につき判例は無制限説なので、両者をどのように調整するかが問われる。

・既に述べたように、二重譲渡型の場合の特殊性として、第1に、取得時効を主張する第一買主は、「自己の物の取得時効」の主張であり、道徳的にも問題はないこと、第2に、従来は第一買主の帰責性として、未登記である懈怠が強調されたが、あまりに強調するのはおかしい（この点で、議論の位相が、1980年代半ばから変わってきた〔債権侵害（契約侵害）の不法行為論の波及〕）。

(74)　能見善久・法協102巻9号1779頁。同旨、成田博・法学43巻2号。

――第二買主が悪意か善意かにより、場合分けをする必要がある（善意の場合の調整の仕方は難しいが、短期の再時効でよいとすべきではないか（吉田））。第3に、占有が長引くほど保護が弱くなるという（判例）の立場は、いかにもおかしい。

・他方で、境界確定型の場合には、民法177条との関係での瑕疵の治癒という問題もないから、民法162条の原則どおりに時効取得を認めてよい。

【QⅢ－5】を再度参照のこと。

(6) 取得時効法の法政策的意義――「開発法学」との関係

取得時効は、無権限者に所有権原を原始取得させる第1次的法技術であり、改めて関心は高まっている。――とくにかつて植民地とされた経験を持つような「第三世界」(例えば、ブラジル・サンパウロ、フィリピン・マニラなど)では、貧富の格差も大きく、都市不法居住者（urban squatters）が多く、そうした不法占拠者に所有権限を再配分して、彼（彼女）の居住生活を安定させることが経済開発政策の一環で求められているのである。そうした意味で、取得時効制度を拡充させる法政策への関心は高まっている(75)。

南米のペルーなどでは、進歩的学者（H・デ・ソト教授）のアドバイスを受け入れて、多数（630万人）の不法占拠者に所有権限を与えるという大規模な経済政策がなされている(76)ことが、とくに興味深い（こうした問題は、わが国では、京都ウトロの在日集落のように例外的問題として現れているが、比較法的にみると、そうではないのである）。この取得時効法を発展させた所有権限再配分の問題は、近時諸外国の所有法で見られる補償問題の角度からの所有法の脱構築という動き(77)とも無縁ではない。

---

(75) E.g., David Kennedy, *Laws and Developments*, in: Amanda Perry & John Hatchard eds., Law and Development Facing Complexity in the 21st Century (Cavendish Pub., 2003). See also, do., The Dark Sides of Virtue: Reassessing International Humanitarianism (Princeton U.P., 2004) 161–162, 165.

(76) Alan Krueger, *A Study Looks at Squatters and Land Title in Peru*, The New York Times, Jan. 9th, 2003, C 2. See also, Hernando de Soto, The Mistery of Capital: Why Capitalism Triumphs in the West and Falls Everywhere Else (Basic Books, 2000) 176～.

【QⅢ－19】取得時効法が、第三世界において、「開発途上法学（開発法学）」との関連で、近時注目されている事情について、検討を加えなさい。

3－6－2　その他の場合

・その他の場合について、以下では扱う。

(1) 即時取得

即時取得も重要（前述。3-5-2参照）。

(2) 無主物先占など（民法239～241条〔無主物、遺失物、埋蔵物〕(cf. 文化財については、所有者が判明しない場合には、地方公共団体など文化財管理団体による保護（文化財保護法（昭和25年法律214号）32条の2))、195条〔家畜以外の動物の取得（取得時に善意で、飼主の占有を離れて1カ月以内に回復請求がない場合)〕)。

・今日ではあまり、重要ではない。しかも239条によれば、無主物先占の法理が妥当するのは、動産に限っており、不動産については国家に帰属することになっている。――しかしこの法理は、歴史的には、大きな意味を持った。

＊無主物先占論理の歴史的重要性ないしそこに孕む問題（補償問題との関連性）

歴史的には、アメリカでは、国の新しさゆえに、本条と関係するフロンティアの土地に対するロック的所有論ないし所有権の淵源論も盛んである。わが国でも、例えば明治維新後の北海道における大量の土地払下げ〔1886年北海道土地払下規則（10年以内の開拓を条件として1人10万坪以内で)、1897年北海道国有未開地処分法（開墾・牧畜・植樹に供する大量土地（150万坪～250万坪）の10年を目処とする無償貸付、付与)〕の背景にはこの論理があろう。しかしその裏面として「征服」「侵略」の問題があり、「補償問題」と関わってくることも前述したところである。

---

(77)　Joseph Singer, Entitlements : The Paradoxes of Property (Yale U.P., 2000) 181～.

・なお、遺失物・埋蔵物に関する拾得者・発見者は、所有者が現れても、謝礼〔報労金〕を受ける（遺失物法4条1項、28条。物件価格の5～20%）。なお平成18（2006）年の遺失物法改正（法律73号）（同19（2007）年12月施行）により、個人の身分・地位・権利を証明するものや個人情報の記載された物については、民法240条に拘らず、拾得者は所有権を主張できないとされた(35条)。

＊遺失物法の改正とその影響

遺失物法の改正は、近時の事情（例えば、遺失物は増え続けて、昭和51（1976）年には、551万点だったのが、平成8（1996）年には、877万点、同18（2006）年には、1222万点にもなっている）に対応するもので、①保管期間を6か月から、3か月とし（7条4項。埋蔵物は、6か月)、②拾得物情報をインターネットで公表されることとなった（8条2項)。それに上記の③個人情報が入ったものについては、所有権の取得ができなくなったということが主な点である。

また、④鉄道、バス、航空機などの一定の公共交通機関などは、2週間以内に拾得物の情報を警察に届け出れば、自ら保管できるという特例施設占有者制度の新設（17条ほか)、⑤大量で安い物件（傘や衣類など）は、2週間以内に落とし主が見つからなければ、売却などの処分ができるとされた（9条2項)。

こうした改正の影響にも関心がもたれるところであるが、それは第1に、落し物の届け出がさらに増えており（平成20（2008）年には、1733万点にもなっている)（それまで届け出られなかったハンカチやポケットティッシュなどもあるという)、第2に、返還できた物品数は前年比57%増の617万点、返還率は、同4.8%増の35.6%となり、しかし第3に、拾得現金は、同2.2%減の141億余円、返還額も2.3%減の97億余円で、改正の影響はないとのことである（朝日新聞（夕刊）2009年6月4日6面参照)。改正作業は所期の目的を実現できたかと考えると、なかなか微妙なところであろう。

＊（余談）遺失物の帰趨に関する日米の相違及びその理由

ミシガン大学ロースクールのM・ウエスト教授は、遺失物の返還の日米での顕著な相違を実証的に明らかにして、その理由として警察・治安システムがわが国では優れていることを挙げている(78)。しかし、所有権観念という文化的側面も無視できないのではないか。わが国では、有体物については、財貨の帰属を尊重する（遺失物になっても私物化しない）という意識がアメリカよりも強いようである（アメリカでは、帰属意識が強すぎて、無主物になったならば、もう私物化してよいというような所有意識があるのではないかという、コモンプールのとらえ方の相違があるというのが、私の仮説である（吉田））。

【QⅢ－20】無主物先占法理の背後にある所有権の正当化の仕方が影響力を持った背景及びその論理に潜む陥穽はどのようなものかを論じ、その結果として、今日の所有法には、どのような新たな展開を遂げているかを考察しなさい。（【QⅠ－6】とも、一部関係する。）

(3) 添付（民法242～248条。　不動産の付合（242条）、動産の付合（243条、244条）、混和（245条）、加工（246条））

・実際上の意義は、あまり大きくない。通例は、契約（法）によることで足りる。
・付合の効果としては、収去権（収去義務）がなくなり、ただ補償〔償金〕請求権による処理はなされる（民法248条）。
・従来、とくに不動産の付合〔動産の不動産への付合〕が問題とされた。なお、民法242条但書は、「弱い付合」の場合に、適用があるとされている。
・なお、わが国では、諸外国で一般的な、「地上物〔建物〕の土地への付合〔地上物は、土地に従う（Superficies solo cedit)〕」ということがない。

（代表的場面）

1．植栽物――農作物（稲立毛〔立稲毛〕）、樹木の場合。

・かつて、稲立毛〔田畑の農作物のこと〕は、権原の有無を問わず、独立の取引の対象となり、民法242条但書を待たずとも、付合しないとする説が有力

---

(78)　Mark West, *Losers: Recovering Lost Property in Japan and the United States*, 37 Law & Society Rev. 369 (2003). そこでは、東京とニューヨークとで、財布を故意に落として、その返還率の実験結果を示す（東京の方が、明らかに返還率が高い）ところから分析が始まり、ウェスト教授は、制度的原因の方を重視される。

に説かれた（末弘「不動産の附合について」法協50巻11号（1932）。川島・判民昭和6年度103事件評釈〔一物一権主義から取引安全を主張する〕は、こっぴどく叱りつけられる[79]）。しかしそうした構成は、不動産取引の安全を害することになり、無理があろう。→（通説）（判例）のように、①無権限者の場合には、付合し（242条本文）（最判昭和31.6.19民集10巻6号678頁【76】（初版））、②権限者の場合でも、播種物は付合し、その後独立性を有すると（「弱い付合」）、民法242条但書により、播種者の所有ということになる。――なお、付合を認めると、償金請求権の問題（民法248条）となり、留置権（民法295条）による保護を受ける。

＊民法242条但書の権原の第三者への対抗の問題

（立木）C←――――A――――――B（地盤登記）

・（判例）は、対抗のためには、明認方法〔などの対抗要件〕が必要だとする（最判昭和35.3.1民集14巻3号307頁【61】）。
・これに対して、民法242条但書ないし178条の対抗の問題ではなく、他人物売買につき、Bが即時取得するかどうかの問題だとし、民法242条を援用すべき問題ではないとする有力説がある（瀬川。同教授は、民法242条は、当事者間紛争で問題とすべきだとされる）（同旨、内田336頁〔2版382–383頁〕）。――もっとも、民法242条但書との関係で、明認方法があれば即時取得しにくいといえるだろう。

（検討）

「対抗問題ではない」というのは、言い過ぎではないか。単に、動産の場合、民法192条の方が優先するということではなかろうか（3–5–2（2）も参照）（吉田）。

(79)　これについては、川島武宜・ある法学者の軌跡（有斐閣、1978）66頁以下参照。

2．借家人による増改築

・原則として、家主の所有にする。――区分所有権の対象となるような取引上の独立性がないし、増築の承諾は、242条但書の「権原」にはならない（判例）（最判昭和44.7.25民集23巻8号1627頁【75】）。

・増改築の費用負担の問題は、借家契約の解釈問題（附合の問題ではない）。

・また「承諾」の内容如何では、法律関係が変わってくる。

＊瀬川教授の附合研究(80)の解釈論的視角をまとめておくと、(1) 第1に、民法242条の適用される場合の限定を図り、(2) 第2にその任意法規性の指摘をされて、これを取引法の中に位置づけている（この点で、同旨、鈴木32頁、34頁）（これに対して、川島博士は、取引安全のための規定だとして、強行法規性を強調していた）。

……こうした、附合規定の射程の限定ともいえる「視角」の含意は一見してわかるものではない。しかし、従来の取引安全のために一物一権主義を志向する「やや硬直な附合」観を、利益考量により、崩していこうとする方法論的立場と繋がっているように思われる。またさらに、別の言い方をすれば、一面的な「取引安全保護」によって、閑却された利益にも目を向けて、ヨリ柔軟な立場を導こうとされた志向の表れであろうか（吉田）。

……同教授は、「そこに山があるから登るのだ」という登山家のごとく、ご自身も附合研究を始めたと述べられるが、星野民法学（利益考量法学）を継承されて、一時期は次々と産出された型の研究の嚆矢ともいえるこの研究のテーマがどのように選択されたのか、想像するのも興味深いことである。

【QⅢ－21】瀬川教授の附合論文を読んで、その解釈論的・方法論的意義、そしてその執筆の背景・動機について考えてみなさい。

(80)　瀬川信久・不動産附合法の研究（有斐閣、1981）とくに322頁以下。

4．占有——とくに占有訴権

・占有の効果としては、取得時効、即時取得、そして占有訴権（民法197～202条）がある。

4－1　占有総論

(1)　占有理論(81)

占有意思論（民法180条参照）は、とくに、ドイツのゲマイネスレヒト期には、大議論がある（「体素」〔＝所持ないし取得権原〕（客観説）に対する「心素」〔＝意思〕（主観説））。占有訴権の保護の範囲のレベルで意見が闘わされた（さらに沿革的には、本権と区別されるローマ法のポセッシオ（possessio）と両者未分離のゲルマン法のゲウェーレ（Gewere）という両系列がある）。しかし、今日では、あまり意味がない。

＊占有に関する客観説と主観説の対立の具体的あらわれ方——自主占有の場合（「所有の意思（animus domini）」の捉え方）

所有権の取得時効で問題となる「所有の意思」における（ゲマイネスレヒト期の）占有理論の対立は、(i)占有取得「権原」を重視する客観説と(ii)サヴィニー、ヴィントシャイトらの占有者の「所有意思」（animus domini）ないし「善意」を強調する主観説との対峙という形で現れる（わかりやすい例としては、「泥棒に占有訴権があるか」という問題であり、両説の対立が先鋭に現れる）。——そして取得時効との関連でいえば、(i)より(ii)の方が、時効成立の範囲は広くなるであろう。

取得時効規定に即してこの点を敷衍すると、(i)の立場では、占有「権原」に着目するから、賃貸借・使用貸借などの他主占有（旧民法では、「容仮ノ占有」（possession précaire）と言われた）ならば、占有者の所有意思にかかわらず、取得時効の余地はないことになる（その旨の明文として、旧民法証拠編138条2項

---

(81)　沿革・比較法については、川島・所有権法の理論125頁以下、田中整爾・占有論の研究（有斐閣、1975）133頁以下、木庭顕「Savignyによる占有概念の構造転換とその射程」（村上還暦）法の近代とポストモダン（東京大学出版会、1993）167頁以下。

（フ民2236条））。そして現行民法起草過程で、短期取得時効（民法162条2項）において、「正権限」(juste titre) の文言（旧民法財産編181条2項（フ民2205条））は排されて、「無過失」要件に代置されたことも相俟って、起草者には既に、――「公益」の維持という時効の存在理由の強調のもとに――主観説（(ii)）的に広く取得時効を認める方向性が窺えた。そして、その後の判例実務の傾向としても、「善意」と「所有の意思」との混同もあり、取得時効で、広く自己の所有と信じたものを保護する機能が認められて、他の立法例には見られないほどに射程は拡張し、「取得時効天国」の観があるとされたりしている。藤原弘道元判事は、このような見地から、(ii)が前面に出る状況に対して、(i)の視角から批判的考察を加えていて、興味深い(82)。

＊木庭教授（ローマ法学者）による現代社会における新たな占有の層の模索及び占有論の歴史的意義の大きさ

ローマ法学者である木庭顕教授は、つとに、サヴィニー流の animus domini に基づく稀薄化された占有概念による暫定的秩序維持構造が媒介となり、本権重視の近代的所有法制（市民社会）へ転換するメカニズムの洞察を行い（前掲論文178–180頁、189–190頁注（46）（48））、後述する占有訴権と直結する実力支配的な占有論の意義の低下は指摘されていた。

しかし、同教授は、かくして19世紀以来忘れ去られた占有論が、経済社会が成熟した現代社会において、ローマ法の基層たる占有論の水脈は息づいているのではないかと指摘する。例えば、①銀行預金帰属関係および送金を巡る事

(82)　藤原弘道「『所有ノ意思』について――取得時効の要件との関連において」判タ313～315号（1975）（同・時効と占有（日本評論社、1985）所収）。そして同判事は、第1に、短期取得時効（民法162条2項）の「所有の意思」として、取引安全保護の趣旨から、取引行為による占有取得を必要とし（相続、誤想権原による場合を除外する）（98–100頁）、第2に、長期取得時効（民法162条1項）の場合にも、真の所有者の立証負担軽減の趣旨に鑑みて、「所有の意思」の諸事情に留意して、「権原」により基礎づけられることも多いとする。（もっとも、その後の論考では、ややトーンが変わってきており、わが最初の取得時効規定である、御成敗式目（1232年）8条にも言及して、日本における事実状態尊重の思想の法意識への浸透を指摘する。同「相続と取得時効」判タ864号（1995）〔同・取得時効法の諸問題（有信堂、1999）144–146頁〕参照。）

実上の支配概念、②遺産共有の段階における遺産管理の状態、③サブリース問題におけるサブリース物件の業者による管理、④抵当権の強化の表れとして、近時の判例で認められてきている妨害排除請求権の前提としての担保物件の管理などを論じられているが(83)、――法史学的考察を踏まえた――今後の展開が注目されよう。

その現代的展開が成功するかどうかは、よくわからず、固唾(かたず)をのんで見守るしかないが、むしろ示唆深いのは、占有論の法学史上の歴史的意義の大きさということである。すなわち、ギリシアにおけるデモクラシーの発達に対応する、ローマにおける法学の形成史において、信用・通商の発達により、占有秩序が分岐して、それを基盤として、bona fides による高度の信頼関係の発達を媒介として、契約法が形成されてくるというところ、そして因みに、所有権などの本権 dominium が意識されてくるのは、その後というところであり(84)、ローマ法学における占有論の意義の大きさということであろう。それゆえ、同教授が、現代社会にそれと同じ法学史的運動の萌芽を見ておられているところが興味深いと思われる。

この研究構想には、例えば、ハイデガーが看破した西欧哲学における（古代ギリシアの）存在論忘却の歴史の問題(85)なども想起させる壮大なものがあり、深い感銘を受けるのは、私だけであろうか。

---

(83) 木庭顕「占有概念の現代的意義」新・民法の争点（有斐閣、2007）109–111頁。また、法史学における――通商と信用の高度の発展のための――占有システムの分節化、そのデモクラシー、政治的パラディクマとの緊張関係などについては、例えば、同・法存立の歴史的基盤（東大出版会、2009）1285頁以下参照。

(84) ローマ法学における占有論を基盤とし、bona fides による契約法学の形成については、木庭・同書586頁以下、dominium への言及については、970頁以下参照。

(85) この点をクリアに説くものとしては、例えば、木田元・ハイデガーの思想（岩波新書）（岩波書店、1993）104頁以下、同・哲学と反哲学（同時代ライブラリー）（岩波書店、1996）。また、その（批判）法学への私なりの応用の試みとしては、吉田邦彦・民法解釈と揺れ動く所有論（民法理論研究第1巻）（有斐閣、2000）84頁以下参照。

【QⅣ－1】占有論の法史学上の意義、および現代的意義を具体的に検討しなさい。
【QⅣ－2】占有に関する主観説・客観説の対立は、例えば、所有権の取得時効の捉え方で、どのように関係してくるかを論じなさい。

(2) 占有の種類

・代理占有〔占有代理人による占有〕(間接占有) ――自己占有（直接占有）……「代理占有」の用語については、代理制度と混乱するとして批判もあるが、民法上使われているし、定着した用語法なので、これも覚えておかなくてはいけない。
・自主占有――他主占有……「所有の意思」の有無による区別で、時効取得の成否という違いに繋がる。
＊なお、「自己占有」と「自主占有」、「代理占有」と「占有代理人」(そのものの占有は、「直接占有」である）など、混乱しやすいので、きちんと定義理解をしておくこと！
・占有補助者ないし占有機関……独立の占有（所持）を認めない（それが、自己占有との違いである)。

(3) 占有訴権――序

以下では、占有訴権に限定して検討する。
民法198条　占有保持の訴え……妨害の停止及び損賠。
同199条　占有保全の訴え……妨害の予防または損賠の担保（択一的)。
同200条　占有回収の訴え……物の返還及び損賠。
＊1年以内に（民法201条)。
＊損害賠償は、不法行為の問題。
・物権的返還請求権との相違
①　詐取・遺失などの場合には訴えられない（「奪ハレタル」の字句)。――物権的請求権よりも制限されている（大判大正11.11.27民集1巻692頁)。
②　善意の特定承継人に対して、行使できない（民法200条2項)。――その

場合、悪意の転得者に対してもできないとされる（判例）（大判昭和 13.12.26 民集 17 巻 2835 頁　判民 169 野田）。

Cf. 承継人の占有代理人が悪意ならば、行使できる（大判昭 19.2.18 民集 23 巻 64 頁）。

＊フランスの占有回復訴訟（réintégrande）は、action personelle とされていたが、これに対してボアソナードは、独自の立場を示し、不法の所為への関与を要件としつつ（旧民法財産編 204 条 3 条）、action réelle としたことに、由来する。しかし、転得者の保護について、（判例）で、いわゆる「絶対的構成」が採られているのは、action personelle 的な構成の残滓なのであろうか（吉田）。

＊「絶対的構成」「相対的構成」の意味とその論拠の確認（再論）――（判例）の理解の仕方

民法総則以来、転得者の保護のあり方についてしばしばこの用語が用いられる（例えば、民法 110 条、94 条 2 項類推適用、96 条 3 項、さらには、本講義で出てきた民法 177 条の背信的悪意者論）（判例は後者の立場〔相対的構成〕が多い。例えば、94 条 2 項につき、最判昭和 45.7.24 民集 24 巻 7 号 1116 頁〔悪意者からの善意の転得者〕、民法 177 条につき最判平成 8.10.29 前掲（民集 50 巻 9 号 2506 頁）〔背信的悪意者からのそうでない転得者〕。しかし逆パターンはあまりない）。ここで扱った昭和 13 年大判は、前説（絶対的構成）であるが、民法 200 条 2 項には、そもそも債権的請求権だったのを例外的に悪意の承継人に広げたという特殊性が反映しているのであろうか。……従って、（判例）の立場は一般的に後説（相対的構成）風であるが、一見して判然とはしていない。

物件の所持者の主観的態様に即して保護のあり方を相対的に考えるのが後者であるのに対して、一旦善意（無過失）者が出てくれば、その後の転得者の主観的態様を問わずに、すべて保護されるとするのが前者である。その意味内容とともに、①どうして絶対的構成が出てきたか、を抑えておくこと（それは、転得者からの前主への追奪担保責任の請求（民法 561 条）の存在ゆえに、それをも含めて善意者を保護する必要があると説かれる）、②これに対して相対的構成をとる論者は、どのようにこれに対処するか（悪意で譲り受けて、失権の原因を自ら持ちながら、前主に追奪担保させるのは一貫しない〔禁反言の原則〕として、それを封ずることにより相対的判断を貫徹させようとする）について、この際確認されたい。……この種の問題は、既に私が学生の頃からしばしば試験に出されたが、きちんとここまで論じることが味噌だと思う。③しかし、民法200条2項との関係での絶対的構成（前記判例）には、どうも利益考量というよりも、規定の沿革ないし文言から来ているように思われる。

4－2　占有訴権制度の存在理由

そもそもあるのか、あるとしたらそれは何か。具体的問題の解釈論とも関連する。——今日では、否定的見解が多数である（鈴木、三ケ月、石井（紫）の各教授ら）(86)。

(1)　歴史的には、本権保護の機能があった——本権の立証上の困難（probatio diabolica）の回避。しかし、ローマ法の頃ならいざ知らず、今日では、本権の立証は難しくない（なお、民法188条で、占有から本権が推定されているが、この「占有の本権推定力」は、登記の推定力に劣後するし（大判大正15.12.25民集5巻897頁）、賃借権などの承継的取得の場合にもその〔賃借権の〕立証を要するから、原始取得の主張のような場合に限られている）。ともかく、多くの場合に本権の立証が問題となり、その場合には、物権的請求権で済む。

(2)　占有訴訟の簡略性・迅速性——フランスにおける占有訴訟の意義として指摘され、本権訴訟と対比して、特異の意義が制度的に認められている（本権訴訟との重畳の禁止〔non-cumul〕〔フ民訴25条。旧民法財産編208条（本訴手続のサスペンド）も同様〕）。しかし、現行民法起草過程でこの立場は意識的に変えられた（穂積起草委員）。そして、かつての占有訴訟の機能は、今日では、仮処分制度でまかなわれているとされる（三ケ月論文63頁、その他42頁以下。また、石井論文）。

(3)　債権的利用権者の保護（川島・理論142頁以下）。——しかしこの点も、民法423条の転用ないし賃借権に基づく妨害排除請求という形で、（判例）上

(86)　三ケ月章「占有訴訟の現代的意義」法協79巻2号（1962）（民事訴訟法研究3巻所収）、鈴木禄弥「占有訴権制度の存在理由」民法の基礎知識（1）（有斐閣、1964）、石井紫郎「占有訴権と自力救済」法協113巻4号（1996）。

保護がはかられているために、占有訴権を持ち出すまでない。

(4) 社会の平和・秩序維持、自力救済の禁止を説くのが、多数説である（我妻310頁、332頁、舟橋276頁、末川183頁、246頁、於保191頁、221頁。また、星野100頁がこの点を強調する）。この制度的意義を強調する論者は、フランス法系譜の民法202条に強い意味を持たせたりしている。——これに対して、こうした機能は、仮処分によるべきだとの見解もあり（三ケ月60頁）、また、自力救済禁止については、わが国では法制史的に見て、「喧嘩両成敗法」の確立（室町時代以降）とともに、徹底しているのであり、この点で占有訴権による前提を欠く（そうしなくともよい）ともいえる（石井論文541-43頁。比較法的に自力執行に対する立場は分かれており、フランスでは禁止が厳格であるのに対し、ドイツ・英米では、柔軟に解されている）。むしろ近年では、自力執行を一定程度認めるべきだとの有力説が出されているぐらいなのである（故田中＝竹内博士ら(87)）。

＊わが国における自力執行の許容度の限定性

因みに、自力執行について、わが判例は、かなり厳格である。……法律の定める手続によったのでは、権利への違法な侵害に対抗して現状維持することが不可能又は著しく困難であると認められる緊急やむを得ない特別の事情が存する場合においてのみ、その必要の限度を超えない範囲内で、例外的に許されるとする（最判昭和40.12.7民集19巻9号2101頁〔梅田駅事件。使用貸借終了後、借主の仮店舗の周囲の（貸主による）板囲いを、実力で撤去したケース。私力行使の限界を超えるとする〕）。

（検討）

結局、本権者（所有権者）による権利実現のための自力救済をどう評価するかにかかっており、そこが、占有訴権制度観の分かれ目となる。かくて、占有訴権制度は、歴史的遺産であり、その現代的意義については懐疑的である（吉田）。

(87) 田中英夫＝竹内昭夫・法の実現における私人の役割（東京大学出版会、1987）124-32頁、米倉明「『自力救済』」法教17号（1982）。

＊近時の占有訴権の例とその位置づけ

近時の占有訴権事例として、地方公共団体による行使の事例がある（最判平成8.10.29民集50巻9号2506頁〔背信的悪意者からの転得者の事例という論点が浮き出ているが、市の道路管理権に基づく妨害排除の事例である〕、同平成18.2.21民集60巻2号508頁〔道路管理者である越谷市による――市道にトラック、ガードレールなどで妨害しようとする者に対する――民法199条による妨害予防請求（占有保全の訴え）という事例で、この点をはじめてクローズアップさせて、最高裁も破棄差戻しして、道路管理権を有する地方自治体の占有権を肯定した〕)。なぜかかる事例で、占有訴権の行使がなされているかを一瞥すると、第1に、行政法上妨害予防などの不作為義務の賦課ができないという制約があり、その民事法上の評価という問題が出て、また第2に、市は、国が所有する道路を、無償で貸し付けられ道路管理しているという特殊な地位にある（いわゆる機関委任事務で、地方分権一括法（平成11（1999）年法律87号）で、法定受託事務とされたものであろう)。

従って、占有訴権の存在意義の議論との関係では、上記 (3)（川島説）的系譜のものと見うるが、法的構成としては、国の物権的請求権（所有権に基づく妨害予防請求権）の代位行使（民法423条の転用）というやり方もできたはずであり（この点、同旨、下村・私判リ35号12頁)、その意味で、占有訴権が不可欠というわけではないと見るべきだろう。しかしともかく、このような公法的事例で占有訴権ケースが出てきていることは押えておこう。

・なお、留置権、動産質権の場合には、担保物権が占有とリンクしているために（民法302条、353条)、占有回収の訴えは、物権的請求権の代用としての意義を有する（鈴木88頁）ことには、注意を要する。

4－3　占有の訴えと本権の訴えとの関係――とくに本権反訴の許否(88)

なお、別訴が認められることには異論がなく、他方抗弁として出すことには、民法202条2項から、許されないとされる。

---

(88)　三ケ月・前掲論文、青山善充「占有の訴えと本権の訴えとの関係」民法の争点Ⅰ（1985)〔新版・民法の争点（2007）にも所収〕。

＊占有の訴えと本権の訴えの扱いに関する日仏の相違

現行法起草者の原案では、本権反訴、訴えの併合の禁止を規定し、その後の審議で削除されたといういきさつがある。しかし、原案が既に、占有訴訟と本権訴訟とを一本化していて、フランス及び旧民法の立場とは断絶があるのであり（前述)、「二度手間を行わせる」趣旨はわかりにくい（旧民法財産編 207 条、212 条は、確かに同趣旨の規定だが、他方で両者を一体化するという規定〔財産編 208 条（本権のほうの中止)、209 条（本権で決着したときには占有訴権を失うとする)〕が凌駕していた)。――従って、次述のような実力行使抑止のインセンティブ効果があるとしても、本権レベルで究極的に腰砕けになり、手続コストをかけさせることにどれだけ意味があるのかという問題が出る（吉田)。

占有保全の訴え

□A ――――――→ B（所有者）

←――――――――

（所有権に基づく）明渡し請求（反訴）

（判例）は、肯定説（最判昭和 40.3.4 民集 19 巻 2 号 197 頁　法協 82 巻 6 号星野【69】（立ち入り禁止仮処分、占有保全の訴えに対する土地所有権に基づく明渡請求の反訴の可否))。

（学説）も、（多数説）は、肯定説（三ケ月 59-60 頁、青山 136 頁〔115 頁〕、末弘 293 頁、鈴木 66 頁、広中・注民(7)198 頁)。

これに対して、百カ説（星野・前掲評釈）では、自力執行禁止の趣旨の強調から、反訴を一般的に否定する（もっとも、昭和 40 年判決には、賛成する）（梅・要義巻之二 88 頁でも、真の所有者が占有者を蔑如（ないがしろ）にして、適法の方法によらずに〔実力行使で〕占有奪還しようとするのを防ごうとする「占有保護の精神」を説いている)。

（検討）

1．結局どの程度、法的秩序安定を重視するかに関わる。―――民法 202 条は、**事前的には**自力行使禁止のインセンティブに働き（これは、「法と経済学」の頭の使い方である）、場合によっては、事後的な公平・正義の判断とずれ、また二度手間の煩わしさという問題が出ることに注意を要する（その点で、中間省略登記の場合と類似する）。ともあれ、これは、わが国の自力執行禁止の徹底という伝統的法思想の反映とも見うる。

2．しかし、別訴だったらいいというのでは、尻抜けではないかという中途半端さへの疑問は残る（その限りで、本権者の実力行使は許されているわけである）。だから、具体的公平論（正義論）からは、肯定説でもいいではないかということになってしまう（吉田）。

4－4　同上――訴訟物論との関係

新訴訟物理論（三ケ月）からは、民法202条1項の解釈に関して民法学界への批判がなされる（三ケ月58頁では、単に、別個独立の請求権たることを示すにすぎないとする）。

もっとも、占有訴権と本権の訴権とは、訴訟物を異にすると解する余地はある（民法202条1項参照）（また、鈴木83頁も、請求権競合の仕方の相違を説く）。

4－5　交互侵奪の可否

前侵奪者からの占有訴権を認めるか。

（所有者）●A⇐②（後侵奪）　　　　（前侵奪）①⇒B

←――――――――――――――――――

占有回収の訴え

（判例）は、古いものだが肯定する（大判大正13.5.22民集3巻224頁（小丸船事件）【68】）。

近時の下級審では、否定説が支配的である（前侵奪者の占有は、保護に値しないし、短期間でまだ確立していないなどとする）（東京高判昭和31.10.30高民集9巻10号626頁　立命館法学20号乾、名古屋高判昭和50.7.4判時806号71頁）。

（学説）も、（通説）は否定説。――訴訟不経済、（占有訴訟を認めては、前侵奪者の）自力執行の容認になる点、前侵奪者の占有の暫定性などが、理由として挙げられる（我妻＝有泉510頁（我妻［619］）、林177頁、舟橋325頁、末川262

頁、広中・注民（7）192頁など）。

・これに対して、反対説〔肯定説〕の論者は、自力執行禁止の趣旨を強調する（星野103頁、同・前掲評釈、柚木＝高木413頁。また、鈴木86頁〔本事例では、前侵奪からある程度期間を経過しているから、裁判手続によるべきだとする。これに対して、占有が他人により侵害されて社会秩序撹乱のときに、その阻止としての自力救済はかなり緩やかに認めてもよいとする（85頁）〕）。

（検討）

・有力説のいう、自力執行禁止の法政策論もわからなくないが、現実の法解釈の実践がそのようになっていないのは、前述のとおり、具体的正義・公平が重視されているからであろう（吉田・民法解釈と揺れ動く所有論（有斐閣、2000）246頁注169参照）。しかも、本権反訴の場合と比較して、占有者自身も実力行使しているという点で、自力救済禁止則を採るとしても、前侵奪者は保護を受けにくい事情があるのではないか（クリーンハンズの原則からも）（吉田）。

【Q Ⅳ－3】占有訴権の存在理由について、批判的に検討しなさい。

【Q Ⅳ－4】占有訴権の意義として、「自力執行の禁止」といわれながら、本権反訴、交互侵奪の事例で、実力行使を容認する法適用がなされているメカニズムを説明しなさい。

第2部　物権法各論

5．相隣関係及び共同所有——所有権の制限

5－1　相隣関係法

5－1－1　相隣関係法理の特質

・「所有権の絶対性」が、実際に貫徹されたことは実はない（その非現実性）。——諸種の制約が課せられる。不法行為法上の日照権侵害、眺望権侵害などの生活妨害、そこにおける受忍限度論などは、機能的にここでの議論と連続的なものである。……キャラブレイジの図式に倣い（注40所掲論文参照）、一応の整理をするならば、効果面で、①妨害排除などの物権的効果を有するいわゆるproperty ruleであるのが、ここでの相隣関係法であり、②金銭的処理をするliability ruleであるのが、不法行為としての生活妨害法である(89)。

これに対して、例外的に③侵害を絶対的に認めないinalienability ruleが妥当するのは、稀少な資源破壊を認めないというような環境規制が考えられる。

・英米では、nuisance法理（本法理は、negligence法理に比べて、結果の較量に焦点があるといわれる）がこれに対応して、古来の法源“Sic utere tuo ut alienum non laedas.(So use your own as not to injure another's property.)”が示すように、ここでは利益考量——ないし双方の利益の最大化——による合理的な所有権の行使の程度が求められることになる（その意味でスタンダード的な法規律である）。

・ここで扱うのは、民法上の制限、とくに相隣関係である（民法209～238条）。

---

(89)　E.g., Boomer v. Atlantic Cement Co., 257 N.E. 2d 870 (N.J. 1970) は、セメント会社のニューサンスを認めつつ、差止を認めずに、損害賠償を受けられるとする。わが国の場合には、不法行為では金銭賠償主義の規定（民法722条1項）があるので、損害賠償が1次的な救済方法となる。

わが国、さらにはアジア諸国では、人口稠密であるゆえに都市部ではこの種の紛争は増えるであろうし、その意味では現代的紛争として関心は高まりつつある（モータリゼーションの進行により緊張関係が高まっているとも見うる）。

5－1－2　各論的問題点――囲繞地通行権等

以下、個別的問題点を検討する。

(1) 囲繞地通行権（民法210～213条）……他人の土地を通らずして公道に出られない場合。

⑴　建物増築に際して、建築基準法43条1項（接道2メートル以上とされる）ないしそれに関する条例との関係で一定幅の接道義務があるという場合に、その内容の民法210条の通行権は認められないとする（①最判昭和37.3.15民集16巻3号556頁【70】〔幅員2.28メートルの路地の事例で、建築物の増築のためには、条例により接道部分の幅員3メートル以上を要すると主張するもの。往来通行上欠くことができない場合が、民法210条の通行権にあたるとする〕、②最判平成11.7.13判時1687号75頁〔幅員1.45メートルの路地を有する建築基準法施行前の建築物の取壊し、再築する原告が建築基準法上の接道義務に沿う幅員の拡充を求めた事例。原審を破棄して請求棄却〕）。……囲繞地通行権と建築基準法上の幅員規制とを区別する。

⑵　分筆後袋地が生じた場合の通行権――分筆前の残余の土地にのみ（無償）通行権が生ずるとする（③最判平成2.11.20民集44巻8号1037頁【71】は、囲繞地〔残余地〕の譲受人の負担承継を説く）。――民法213条（無償通行権）。損害は、売主への担保責任追及ということになる（民法563条）。

⑶　近時は、自動車通行を前提とした民法210条の通行権にも好意的である（④最判平成18.3.16民集60巻3号735頁〔墓地などの経営を計画する原告が、現在の通路では自動車通行の際に切り返しが必要になるとして、通路の拡充を求めたもの。自動車の通行を前提とする民法210条の通行権は、その必要性、周辺の土地状況、通行権による他の土地所有者の不利益などの諸事情を総合考慮して判断すべきであるとする〕）。

(2) **境界線付近の建築制限**（民法 234 条）（境界線から 50 cm 以上離す）。——建築基準法 65 条との関係（同条では、外壁が耐火構造のものは、境界線に接して設けられるとする）。

（判例）は、同条は、民法の特則だとする（⑤最判平成元.9.19 民集 43 巻 8 号 955 頁【72】）。

(3) **隣地通行権の拡張適用**

・建築基準法上の「位置指定道路」（私道）（建築基準法 42 条 1 項 5 号）の通行につき日常生活上の不可欠の利益を有する場合には、——通行受忍により敷地所有者が、通行者の通行利益を上回る著しい損害を蒙るなど特殊の事情がない限り——通行妨害するその敷地所有者に対する妨害排除と将来の差止を求める人格的権利を有するとされる（⑥最判平成 9.12.18 民集 51 巻 10 号 4241 頁〔私道を自動車で通行する居住者の利益が重んぜられる〕、⑦同平成 17.3.29 判時 1895 号 56 頁〔通行地役権の侵害になるとして車両を恒常的に駐車することを禁じた〕）。

Cf. 現実に道路として開設されていない場合には人格権などに基づく妨害排除はできないとされる（⑧最判平成 3.4.19 裁判集民 162 号 489 頁、金判 872 号 42 頁）。

Cf. 「みなし道路」（=「現に建築物が立ち並ぶ幅員 4 メーター未満の道」）（建築基準法 42 条 2 項）に関するものとして、自動車妨害排除を認めたものが出ている（⑨最判平成 18.3.23 判時 1932 号 85 頁〔建築塀（ブロック塀）の通行妨害事例。Y は 2 項道路として建築確認を得つつ（従ってもう税金はかかっておらず）（同道路であることを）否定することは信義則上許されないとする〕）（もっとも、⑩最判平成 12.1.27 判時 1703 号 131 頁は、みなし道路に金属性の 10 本のポールを立てて、自動車の通行妨害をして、同通路を徒歩・二輪車の専用としてきた敷地所有者に対して、通路奥敷地所有者からのポール撤去請求につき、「日常生活上不可欠の利益を有しているとは言えない」として破棄自判（請求棄却）した）。

（検討）

1．「相隣関係における規制緩和傾向」を指摘するものがあるが（池田論文(90)）、確かに奥地（袋地）の通行自由権を人格権的権利などとして強調する立場（例えば、平成9年最判（⑥））には、それによりモータリゼーションも織り込んだ土地利用の効率化、新自由主義的な土地利用の活性化が進むという側面はある。そして最近の平成18年最判（④）はそうした系譜に沿うのかもしれない（袋地的なところを休閑地ではなく、墓地経営企業により、社会的効用は高まるという功利主義的な発想である）。また、境界規制に関する民法234条を骨抜きにする（判例）（⑤）もそうした性格があるであろう。

しかし、必ずしもそう単線的には捉えられず、生活利益が拮抗している分野であり、コンテクスト依存的な判断にならざるを得ず、騒音、排気ガスなども考慮して、奥地の通行自由権を広く認める方が進歩的だ（従って平成12年最判（⑩）はおかしい）とは即断できないのではないか（吉田）。

2．紛争解決ないし法律構成（命題）の特徴として、コンテクスト依存的・個別的判断——平成18年最判（④）もいう総合判断——にならざるを得ないという意味で、スタンダード的である（これに対して、私的所有権の絶対性を古典的に振り回すのが、ルール的とも評せよう）。

すなわち、一方で、通行の自由権を主張する袋地側の権利と、他方で、通行される側の騒音・排気ガスの臭い、子どもの安全への危険性増加（交通規制にがんじがらめで遊び場を失う子どもたちへの精神衛生上の悪影響を説く意見もある。水月昭道・子どもの道くさ（東信堂、2006））などを防ぎたいという利益との拮抗という判断構造になる。その調整はそう簡単ではない（一方向的に決まらない）。後者（環境的利益）を重視する方が現代的とも言える。近隣のコミュニティー形成ないしまちづくりなどとも関係してくる。

3．通行権に関する判断においては、その成立経緯、当初から予定された通行

(90)　池田恒男「現代日本の『居住福祉』の課題——法学の観点から」居住福祉研究1号（2003）〔早川和男＝吉田邦彦＝岡本祥浩編・居住福祉学の構築（信山社、2006）129頁以下。〕

権なのか、通行する側、される側の建築許可に際しての事情なども決め手となることも多かろう（例えば、平成17年（⑦)、平成18年（⑨）最判などは、分譲時にそのような通路が予定されていたことが決め手であろう)。当初は歩行通行が予定されていたが、その後のモータリゼーションの進行をどのように位置づけるか、なども関係する。

4．民法上の通行権の判断と建築基準法などの公法的規制との関係という問題もある。

例えば、接道要件との関係で、（判例）は、囲繞地通行権を建築基準法上の接道義務規制とを切断させているようだが、果たしてこれでよいか。

Cf. この点で、ドイツ法では、一般的に両者を相関させて判断しており、不法行為の問題になるが、生活妨害（イミッシオーン〔ド民906条〕）の受忍義務の基準となる場所的慣行の有無の判断の際に「都市計画」を参考にする（これに対して、囲繞地通行権（ド民917条）では、州の建築規制法が前面に出て、同権利は後景に退いている）（秋山論文(91)）。

……なお、都市計画における「予測リスク」への対応として、ド民906条による土地利用調整がアフターケアをするとされるところは、前者の行政的規制には事前的判断としての限界が出て、後者の司法的判断は事後的であり肌理細かく個別的に行えるという思考様式の相違を反映していると言えるであろう。

その意味で両者は、相関させるべきであろうが（わが（判例）の立場は、硬直に過ぎる)、等置することは難しいであろう（吉田)。

5．こうした近隣紛争は、揉めると結構厄介で（例えば、平成9年最判（⑥）の

(91) 秋山靖浩「相隣関係における調整の論理と都市計画との関係（1）～（5・完)」早稲田法学74巻4号、75巻1号、2号、4号、76巻1号（1999～2000)、同「囲繞地通行権と建築法規（1）～（3・完)」同77巻4号、78巻2号、4号(2002～2003)。また、同「まちづくりにおける私法と公法の交錯――私道の通行をめぐる民事裁判例を手がかりにして」北大法学論集59巻6号（2009)、さらに、同「民法における土地利用の調整規範の現代的意義――囲繞地通行権と建築法規との関係を手がかりにして」私法69号（2007）も参照。

事例では、妨害の背景として自治会による被告の排除的村八分などの主張も出ており、背景事情はどろどろして、よくわからないところがある)、それが理由で転居の例もあると身近に聞いている(私の近所の事例)。これなどは、紛争の情緒的・感情的対立という日本的な紛争現象の表れで、マンションにおける騒音・ペットなどに関する紛争(これについては、尾崎教授により感情的対立による転居例などが報告されている(92))の近隣版であろう。

＊日照妨害・生活妨害については、不法行為法で。

5－1－3　土地所有権の制限論の視角(相隣関係、都市計画との関係)と課題

(1)　相隣関係法は、土地所有権の制限論の議論が従来蓄積されてきたところであり、従来は、「都市計画」との関係で語られることが一般的であった。そして、①そこにおける「都市計画」とは、内在的制約の古典型を現代的に発展させたものとか(渡辺教授)、生活環境・都市環境に関する市民的公共性(それは市民の自己決定によるとする)を媒介とする「計画」で、私的利益追求に優先するとされたりして(吉田(克)教授)(93)、「都市計画」に比較的に積極的・楽観的な位置づけをしているのが、特徴的であった。——そしてその延長線上で、特色ある都市計画として、フランス第2帝政期の都市改造事業などにも触れられた(94)。

他方で、②「相隣関係法」については、故沢井裕教授を中心として、ドイツ法との比較を通じて、その法理の解明が試みられ、土地利用に関する継続的紛争の解決として、「互換性ある相互配慮義務による調整(ないし

(92)　尾崎一郎「都市の公共性と法(4・完)——マンションにおける生活と管理」法協113巻12号(1996)、同「都市的紛争と法」岩波講座・現代の法9都市と法(岩波書店、1997)。

(93)　例えば、渡辺洋三「土地財産権についての基本的考え方」法と民主主義255号(1991)7頁、吉田克己「土地基本法体制論」法の科学19号(1991)57頁以下、また、広渡清吾「都市法の論理と歴史的発展」原田純孝ほか編・現代の都市法(東京大学出版会、1993)52頁など。

(94)　吉田克己・フランス住宅法の形成——住宅をめぐる国家・契約・所有権(東京大学出版会、1997)143頁以下。

相隣的共同体関係（東判事））」などとして、定式化された(95)。そこでは、私的自治による都市計画とされ、またそこには公益的観点もあるとして、「都市計画」とある意味で統合的に捉えられていた（前記秋山論文もその延長線上にある）。

(2) しかし、今日の課題は、相隣関係法であれ、都市計画法であれ、その規範的問題を詰めることではないであろうか。その構造は、端的には、≪効率性論と生活居住者の権利との拮抗関係≫があるのであり、しかもわが国においては、実は、都市の土地利用や建築行為を生活利益や環境・景観利益の観点から規制するということは、旧都市計画法・市街地建築物法制定（大正8(1919)年）後も、あまり発展しなかったことが指摘されているのであり（原田教授）(96)、そうだとすればなおのことである。

そのような視角からの萌芽的研究はあるが（例えば、沢井教授の人格権的研究であり、そこでは都市計画法は、アメニティ保護に向けて生活環境条例など行政的手法による解決が志向されるとする(97)）、あまりにも経済勢力に席巻されてしまった感のある「都市計画」に批判的に（その意味で、規制緩和路線に批判的な池田論文の視点は、貴重である）、居住福祉の視角も入れて、都市空間の規制を居住生活者の視点から抜本的に再構成する必要があろう（その際の視角としては、①低所得者の居住の確保（まち中居住の確保）、②安易な強制立退きのチェック（例えば、安易な建替えに対する慎重な手続き

(95) 沢井裕「ドイツにおける相隣法の基礎理論」関西大学法学論集9巻5=6合併号（1960）614頁以下（同・公害の私法的研究（一粒社、1969）に所収）、同「紛争の衡平な解決のための小論——相隣法的観点からの考察」私法23号（1961）、東孝行「所有権の私法的制限に関する一考察（その3）——相隣法の基礎原則を中心として」神戸法学論集15巻2号、3号（1965）、神戸秀彦「相隣共同体関係理論と西ドイツ・イミッシオーン法の展開」都立大学法学会論集26巻2号、27巻1号（1985〜86）など参照。

(96) 原田純孝編著・日本の都市法Ⅰ構造と展開（東京大学出版会、2001）52頁以下参照。

(97) 沢井裕「相隣関係法理の現代的視点——信義則による微調整と人格権的見直し」自由と正義32巻12号（1981）7頁以下。また原田教授も、「企業の経済・業務の論理と都市住民の居住・生活の論理とのせめぎ合い」を意識されている（本間義人ほか編・土地基本法を読む（日本経済評論社、1990）125頁以下）。

チェック)、③嫌忌施設の規制のルール化、その所在の偏在化の規制、④関係するが、きめ細かい環境保護、日照・景観の保護、⑤商店街などの消費機能の保護（街づくりの問題は、平板な経済的規制緩和と緊張関係にある)、⑥その他、教育機能、交通機関、医療・福祉設備の確保、さらに重要なこととして、⑦防災的考慮や⑧行政コストなどもあり、もはや単なる所有権の制限にとどまらないものである)(98)。

従って、こうした規範類型に即した再検討こそが、問われているのであり、単に公法と私法との統合的視角という従来の大多数の立場（そして今でも、秋山論文などそういうスタンスは多い）だけでは（それ自体は、もっともだとしても、陳腐な当たり前の交錯論に終わってしまうだろう)、上記の規範の緊張関係の分析なくしては、不十分だと思われる（吉田)。

＊もう一つの所有権制限の議論（土地賃借権の強化論)

もう一つの所有権の制限論は、賃貸借との関係であり、いわゆる「近代的土地所有論」と言われるものであり、これについてもたくさんの議論が蓄積されている（渡辺教授、水本教授、甲斐教授、その実証研究として、戒能教授、原田教授など(99))。賃借権が物権化されて強化されて、その分所有権は減縮されるというものであるが、今日では、多様化の方向で展開している（大方の従来の民法学者の意向に反して、賃借権者の地位は弱められる現象も生じている)。これも大きな論点であるが、詳細は、賃貸借法に譲る。

---

(98)　例えば、その一つの試みとして、吉田邦彦「中心市街地再生と居住福祉法学の課題――青森・アトランタ調査の事例から」協同の発見200号（2009）参照。

(99)　渡辺洋三・土地・建物の法律制度（上）（東京大学出版会、1960)、水本浩・借地借家法の基礎理論（一粒社、1966)、甲斐道太郎・土地所有権の近代化（有斐閣、1967)。また、戒能道厚・イギリス土地所有権法研究（東京大学出版会、1980)、原田純孝・近代土地賃貸借研究（東京大学出版会、1980)、渡辺洋三＝稲本洋之助編・現代土地法の研究（上）――土地法の理論と現状（岩波書店、1982)、東海林邦彦「いわゆる『土地所有権近代化論争』の批判的検討」北大法学論集36巻3号（1985)、池田恒男「戦後近代的土地所有権論の到達点と問題点(1)(2)」大阪市大法学雑誌35巻3＝4合併号、36巻2号（1989）など。

【QV－1】相隣関係法における法的判断の思考様式に留意して近時の判例の動向を分析してみなさい。
【QV－2】相隣関係上の判断と建築基準法・都市計画法などの公法的規制との関係のあり方、またその異同を論じなさい。
【QV－3】（それに関連して）都市居住にかかわる土地所有権の制限論に関する従来の議論の展開及び今後の課題を述べなさい。

5－2　共同所有

＊従来の北大カリキュラムでは、団体法として、財産法の最後に習うことになっていた。そのためか時間がなくなり充分に扱われないことも多かった。しかし、今度のカリキュラムでは、まさに重要な所有問題であり、住宅問題である、マンション問題にたっぷり時間がかけられるのは、メリットであろう。すなわち、近時は、マンションの数は、急上昇して、マンション管理、震災マンションの問題などは、大きなかつ喫緊の住宅法課題である。

5－2－1　物権編共有

(1) 諸類型における位置づけ(100)

複数のものが共同所有する場合は様々であるが、物権編の共有規定（民法249条以下）が規定するのは、この内の個人主義的な共同所有の場合である。マンションの所有権（区分所有権）は、この延長線上のものである。

すなわち、従来は共有者間の共同性・団体性の強さに応じて、――ドイツ法での類型論の影響を受けて――弱いものから順に、**①共有**、**②合有（合手的共有）（Eigentum zur gesamten Hand）**、**③総有（Gesamteigentum）**と整理されて、この内物権編の共有は、最前者とされたのである。他方で、合有の例として、組合や相続（遺産共有）、さらに総有の例として、入会や社団による所有がそうだとされた。

---

(100)　この諸類型の民法典との関わり、ないし学説史的考察としては、山田誠一「団体、共同所有、および、共同債権関係」民法講座別巻1（有斐閣、1990）286頁以下参照。

……その3類型で何が異なるかと言えば、第1に、持分の有無で（①②ではあり、③ではないとされる）、第2に、持分処分の自由であり（①では自由だが（対応する条文はないが、所有権である以上、民法206条からも当然できるとされる）、②では制限され（民法676条1項、民法909条の遡及効の含意）、③では否定される）、第3に、分割請求の可否である（①ではできて（民法256条以下）、②では制約がかかり（民法676条2項〔清算前の分割請求はできない〕、民法906条の遺産分割手続による）、③では否定される）。（なお、「総有」につき、それを「入会所有」にとどめて、「社団ないし法人的所有」と区別されることがある（川島・理論202-212頁、鈴木69頁）。その場合には、(i)前者〔総有（入会）〕においては、各人の財産的権利は、全面的に独立性を失ったわけではなく、管理権は団体（部落）に属するが、収益権は、各人に属するとされるのに対し、(ii)後者〔社団的所有〕においては、各人は社員権のみで財産の所有主体は、社団（団体）とされ、収益・管理ともに、団体に属し、各人には、直接的には、何らの権利もないとする。）

……共有の実例としては、相続事例が多く（文言上は区別されていない）、ここで扱う個人主義的な共有はマンションの例を別にすれば多くない。我妻博士は、これを説明する際に、「ゴム鞠」の比喩を出された(101)。

＊相続事例の鵺(ぬえ)的性格

実例として多い相続事例では、判例は、物権編の共有と意識して区別していない（特に金銭債権に関わると、分割的債権債務関係として扱うことに確立している）から位置づけが難しい。戦後は、民法909条但書が入り、個人主義的共有に近づいたといえようが、それでもカテゴリーとしては、区別しておいた方が良いであろう（相続人相互には何らかの団体性があるから）。

(101)　我妻栄〔幾代通補訂〕・民法案内（全訂版）3-2物権法下（一粒社、1981）（初版、1968）〔185〕参照。また、我妻〔342〕では、物権編共有（近代法の共同所有）では、主体間の団体的結合は極めて微弱とされる。

(2) 共有者間相互の関係（内部関係）

・持分に応じた使用（利用）（民法249条）。——持分平等の推定（民法250条）。共有の登記のときには、持分割合の記載（不登59条4号）。共有者死亡の時には、持分比率に応じて他の共有者に帰属する（民法255条）（相続の場合には、その相続人がいないときには、まず特別縁故者制度による（民法958条の3）（その後に民法255条適用）。最判平成元.11.24民集43巻10号1220頁。詳細は、相続法に譲る）。

・利用形態につき、民法は、①保存（e.g., 共有物の修繕、賃料の取得、時効の中断、さらに妨害排除・返還請求）、②管理（e.g., 共有物の利用・改良、共有物の第三者への賃貸、使用貸借・賃貸借の解除）、③変更（e.g., 田の畑への変更、山林伐採、共有物の処分）に分けて、①は、各共有者が単独ででき（民法252条但書）、②は、持分価格の過半数により（民法252条本文）、③は、全員の同意が必要とされる（民法251条）。

・なお、やや直感的な常識に反するようだが、共有者の一人ないしそのものから占有使用を許可された第三者に対して、過半数以上の持分を有する他の共有者は、明渡請求できないというのが（判例）である（最判昭和41.5.19民集20巻5号947頁〔請求者の持分割合が12分の11〕、同昭和57.6.17判時1054号85頁、同昭和63.5.20判時1277号116頁）。……共有者各人は、持分に応じて、目的物全体を占有しようできるからとされる。そのときには、持分割合に応じた不当利得による処理がなされる（最判平成12.4.7判時1713号50頁）。

(3) 第三者との関係（対外関係）

① 持分権の対外的主張——民法252条但書により、「保存行為」として、(i)持分権確認請求（最判昭和40.5.20民集19巻4号859頁）、(ii)侵害に対する妨害排除（大判大正10.3.18民録27輯547頁〔引水妨害排除請求〕）、さらに、引渡請求ができ（大判大正10.6.13民録27輯1155頁、最判昭和42.8.25民集21巻7号1740頁〔使用貸借契約終了後の家屋明渡し請求。不可分給付であることを論拠とする〕）、(iii)また不実な登記をしている第三者に対して、抹消登記請求ができる（大判昭和15.5.14民集19巻840頁、最判昭和31.5.10民集10巻5号487頁。また第三者の部分的な不実登記につき、同旨、同平成15.7.11民集57巻7号787頁）（共有は、目的物全体に及ぶことを根拠とする）。なお、(iv)共有者の一人が単独名義登記をした

場合には、更正登記請求（自己の持分登記請求である）ができる（最判昭和 38.2.22 民集 17 巻 1 号 235 頁、同昭和 59.4.24 判時 1120 号 38 頁）。(v)損害賠償請求も持分に関しては、単独でできる（逆に持分を超える場合には、単独ではできない）（最判昭和 41.3.3 判時 443 号 32 頁、同昭和 51.9.7 判時 831 号 35 頁）。

＊共有の知的財産権の無効・取消し審判に対する取消訴訟も、「保存行為」として、単独でできるとされる（最判平成 14.2.22 民集 56 巻 2 号 348 頁〔商標登録の無効審決の取消訴訟〕、同平成 14.3.25 民集 56 巻 3 号 574 頁〔特許の取消し決定の取消訴訟〕）。

Cf. 他方で、共有の実用新案権拒絶査定に関する特許庁へ審判請求を退ける審決の取消訴訟は、固有必要的共同訴訟とされる（最判平成 7.3.7 民集 49 巻 3 号 944 頁）。また、共有登記名義人に対する登記抹消手続請求（共有者が被告の場合）も、（固有）必要的共同訴訟とされる（最判昭和 38.3.12 民集 17 巻 2 号 310 頁）。

②　共有関係の対外的主張には、固有必要的共同訴訟（新民訴 40 条〔旧 62 条〕）として、共有者全員が原告になる必要がある（判例）（例えば、(i)共有権確認訴訟（大判大正 5.6.13 民録 22 輯 1200 頁、最判昭和 46.10.7 民集 25 巻 7 号 885 頁〔土地の共有権確認と共有登記への移転登記手続請求〕、(ii)境界確定訴訟（最判昭和 46.12.9 民集 25 巻 9 号 1457 頁））。＊なお、同調しない共有者がいるときには、そのものは被告として訴えることになる（最判平成 11.11.9 民集 53 巻 8 号 1421 頁〔境界確定の訴えの事例〕）。

＊持分権の主張と共有権の主張との扱いの相違の根拠と合理性の批判的検討の余地

上記①②の異なる扱いについては、わからなくもないが、微妙なところもある（例えば、不動産の引渡請求は、単独でき、移転登記請求となると共有者全員でやることになるし、共有の知的財産権の審判取消訴訟の場合）。そして、この区別の実益ないし根拠は、各共有者の権能という実体法的問題よりも既判力がどこまで及ぶかというという訴訟法的配慮であろう（共同訴訟に関する母法であるドイツ法では、「保存行為」ならば、単独でできるという規定の仕方をしない）。

そして、訴訟法的問題として、共有にかかわる訴訟の事実的な影響ということも否定できないとして（つまり、単独訴訟でも、その結果は他の共有者にも事実上影響するということである）、原則的に固有必要的共同訴訟として例外的に個別訴訟を許容するにとどめるという見解が民事訴訟法学者では有力である（高橋(宏)教授ら(102)。有力な反対がある)。（判例）による区分は、必ずしも合理的な区別ではなく、こうした訴訟法的見地からの批判は説得的であろうが、これは、民訴法40条の解釈としては、解釈論的であるが、民法249条、252条但書との関係では、立法論的ではなかろうか（吉田)。

(4) 共有物分割（民法256条、258条）

・分割方法——現物分割、代価分割（売却代金の分割)、価格賠償（一部のものが現物を得て、他の共有者に代価を支払うというもので、遺産分割では、代償分割といわれる)。

・近時の（判例）では、裁判分割でもかなり価格賠償を弾力的に活用している（部分的に共有状態を続けることも認める)（最大判昭和62.4.22民集41巻3号408頁【(4版) 77】、最判平成4.1.24判時1424号54頁、同平成8.10.31民集50巻9号2563頁【76】〔全面的価格賠償の肯定〕など)。……共有者が長く当該住居に居住していたり、事業の拠点になっていたりするような場合など。

・しかし他方で、旧森林法186条が森林の細分化を防ぐ趣旨から、持分価格2分の1以下の共有者からの分割請求を禁じていたのを違憲（憲法29条違反）とした（前掲最大判昭和62.4.22)。……前記価格賠償の手法があればこその判断であろう。つまり、森林法の森林細分化防止という法目的が民法258条との関係で価格賠償の弾力的運用により実現できるから、財産権侵害の問題を正面から問題にできたのである（吉田)。

(102) 高橋宏志「必要的共同訴訟論の試み（3・完)」法協92巻10号（1975）1259頁以下、同・重点講義民事訴訟法(下)(補訂版)（有斐閣、2006）215頁以下、新堂幸司・新民事訴訟法（第3版補正版)（弘文堂、2005）706頁。これに対して、反対して、持分権の問題に還元するものとして、兼子一「共有関係の訴訟」同・民事法研究(2)(酒井書店、1954）149頁、福永有利「共有所有関係と固有必要的共同訴訟——原告側の場合」民事訴訟雑誌21号（1975）28頁など。

＊憲法29条判決の少なさの背景

憲法29条関係の違憲判決は少ないので、やや唐突な感じはする。どうして少ないのかも検討されてよいだろう。——アメリカにおける第5修正（憲法29条に対応する所有権保護条項）を巡る判例・学説の豊富さ（都市再開発や環境保護のための規制、建築規制などとの関係で、必ずと言っていいほど出てくるのが、個人の私的所有権の侵害ないしそのための補償要求であり、所有法の目玉の論点になっている！）とアジアにおける所有保護感覚の弱さ（前述）。今なお中国における都市開発の裏側には、深刻な財産侵害（居住者の立退き問題）が存在しており、これは、国家体制とも関連しているのであろう（中国物権法は制定されたが、この肝心の部分には、メスが入れられていない）。

【QⅤ－4】様々な共同所有の中で、物権編共有の特徴を指摘しなさい。

【QⅤ－5】共有事例で、(1) その内の一部のものが単独占有している場合に、明渡請求できるのか、単独名義の登記に対してどのような主張ができるのか、(2) 無権限の第三者が占有している場合はいかなる主張ができるのか、また、当該共有者の持分を侵害しない程度の第三者の無権限占有に対してはどうか。その根拠付けに留意しながら論じなさい。

【QⅤ－6】共有における持分と共有権の対外的主張の扱いの異同およびその論拠を説明し、それに対して、批判的分析を加えなさい。

5－2－2　建物の区分所有（マンション所有）——特に建替え問題を中心として(103)

(1) 総論——マンション管理紛争及び法改正の動向

最近は「鰻上り」に数は増大し（2000年末には、約385万戸、2008年末には、約545万戸で、近年は、年20万戸ずつ増えている。そして今では、1300万～1400万人が、マンション居住と言われる）、今日の住宅問題としてその重要度は飛躍

(103)　吉田邦彦・多文化時代と所有・居住福祉・補償問題（有斐閣、2006）16頁以下、同「マンション（アパーツ）建替え問題の日韓比較——都市再開発との関連で」（鈴木追悼）民事法学への挑戦と新たな構築（創文社、2008）263頁以下、簡単には、同・居住福祉法学の構想（東信堂、2006）25頁以下参照。

的に高まる（かつては、借地借家だけを扱えば足りたが、そのような状況は過去のものである。しかしマンション法の扱い方は今なお手薄であって、民法学の社会問題からの遊離現象を示しているのだろうか〔教科書類の叙述も何故か貧弱なものが多い（最もきちんとしているのは、原田・Sシリーズ159頁以下だろうか）。また、判例百選にも事例が一つも出ていないことも象徴的であるし（最新版でもその事情は変わらない）、有斐閣の判例六法に区分所有法すら載せられていないのも奇妙なことである〕）。

根拠条文は、昭和37(1962)年制定の「建物の区分所有等に関する法律」（区分所有法）であるが、昭和58(1983)年改正で団体的規律が高まり、また平成14(2002)には、さらにそれを一層強化する形で、建替えを容易にする改正がなされている。この背景には、土建業界の利権が渦巻いているという現実には留意しておくべきだろう。

なお、本法律の組み立てについては、テキスト類参照（例えば、①建物ユニット部分の区分所有権（専有部分）とその敷地（利用権）の共有（準共有）とはセットであること（その分離の禁止（15条、そして22条1項））、②専有部分と共用部分の用語（それぞれ、2条3項と同条4項・11条以下）、③規約（30条以下）の区分所有権特定承継人への効力（46条）（また責任・債務の承継につき、29条）、④区分所有者の団体の組合形成（管理組合）（3条）（そのうち一定規模の場合（従来組合員数30人以上とされた）には、管理組合法人とできるとされた。しかし平成14(2002)年改正で、この要件は撤廃された。47条参照(104)）（また団地については、団地管理組合を形成することについては、65条）、⑤各々の代表者は、それぞれ管理者（25条以下）、理事（49条以下）など）。

マンション居住に関しては、例えば、騒音、ペット問題、ベランダ使用方法、駐車場問題、管理費の横領など様々な問題が生じているが、マンション居住者の団体の人為性ゆえに、そのネットワーク形成が希薄で、管理組合も人為的で、マンション管理も脆弱であるところに「落とし穴」があり、外からの誘導に乗りやすく、震災また老朽化との関連でマンション建替え紛争が生じた場合には、深刻な居住権侵害問題も生じていることも見逃せない。

他面で、マンションの老朽化は今後ますます前面に出てくる問題であり（2008年末でも既に築30年以上のマンションは、63万戸と言われ、5年後には119万戸、10年後には、173万戸になると言われる）、マンション居住者の高齢化と相俟って、老朽マンション管理の問題も重要課題となるであろう。

＊昭和58（1983）年改正による団体的規律の強化と個人主義的共有の変質（？）

同改正では、管理組合が法制化され（3条）、義務違反者の停止請求及び排除制度が新設され（4分の3以上の特別多数決による）（暴力団問題などが想定される）（57〜60条）、建替え制度も新たに認められた（5分の4の特別多数決による）（62条）。

しかし区分所有者団体の自治・自主管理に委ねられ、その担い手としてこの人為的団体が耐えられるものなのかという問題は当時から存在していた。

＊平成14（2002）年改正のマンション建替え要件などの緩和(105)

平成14（2002）年の区分所有法改正は、いわばマンション建替え問題に特化させて、昭和58（1983）年改正で強められた団体的規制を一層推し進めたと言

---

(104)　この改正担当者によれば、法人化によるメリット（管理組合が権利義務主体になり、法律関係が簡明化し、組合財産と代表者財産との区別が明確化する。例えば、管理組合名義の登記ができ、同名義の預金ができ修繕請負契約の注文者として組合名を出せる。法人化しないと代表者個人名義にせざるを得ない。「権利能力なき社団」の箇所を参照）を小規模分譲マンション居住者にも受けさせる必要があり（近時はそうしたマンションも増えているとする）、そうせずに法人化の道を閉ざすことは合理的ではなく、現にそのような要望が出されていたとする（吉田徹編著・一問一答改正マンション法——平成14年区分所有法改正の解説（商事法務、2003）41頁）。これに対して、従来人数要件が課せられていたのは、区分所有者が30人以上になると、法人化の必要性が大きくなり、他方で区分所有者の人数の少ない場合にまで認めると法人登記を扱う登記所の事務負担が増大するからと説かれていた（濱崎恭生・建物区分所有法の改正（法曹会、1989）289頁、293頁）。

ゆえに、登記所の事務負担よりもマンション居住者の便宜に配慮した改正ということができようが、それにより、次述の管理団体の脆弱性が改善されるわけでもなく、多くを期待することもできないことにも留意されねばならない。

(105)　吉田徹「建物の区分所有等に関する法律の一部改正法」ジュリスト1242号（2003）、内田貴ほか「（座談会）区分所有法等の改正と今後のマンション管理」ジュリスト1249号（2003）。余計なことだが、内田教授は、立法事情に詳しいはずなのに、内田・3版397頁の叙述がかなり初歩的なところで不正確なのは、どうしてだろうか。

うことがいえるであろう。しかしその裏には、その分反対派（少数派）の区分所有権の利益が斥けられていくということでもあることに留意されなければいけない。

すなわち、第1に、マンション建替えに関する62条は、かつては、「建物がその効用を維持し、又は回復するのに過分の費用を要するに至った時は」という要件（過分の費用要件）があり、この点が争われると司法の判断を仰ぐことができた。しかし、平成14（2002）年改正で、この要件は削除され（同条1項）、内部手続要件化された。それすなわち、建替え理由、修繕にかかる費用の額・内訳・計画内容などは、決議事項・通知事項とされたのであるが（同条2項、5項）、司法的チェックがなされなくなり、少数派の居住保護の見地からは後退した(106)。

第2に、団地内の建物の建替え決議は、――その棟の管理組合の5分の4の賛成によるほか――敷地共有者で構成される団地管理組合の議決権の4分の3以上で足りることとされた（新設）（69条）（かつては、建替え実施の建物以外の建物の区分所有者全員の同意が必要と言うことになり（民法251条の変更に当たるからである）、団地建物の建替えの困難さが指摘されていた）。（なお、この場合の4分の3以上か否かの算定は、棟ごと、正確には、団地の各建物の土地持分の割合によるとされる（同条2項）。これは、各建物の建替え反対者は、賛成したものとして扱われるということで（同条3項が明示的に規定する）、その扱いの合理的理由は見つからず（同旨、鈴木67頁）、疑問と言うほかはない（吉田）。）

また第3に、団地内建物の一括建替え決議も定められ（新設）、全体の区分所有者・議決権の5分の4以上、各建物の区分所有者及び議決権の3分の2以

(106) このような客観的要件の「内部手続化」「プロセス化」という立場は、法制審では、森田宏樹教授により擁護されたようである（内田ほか・前掲座談会9-11頁〔森田発言〕参照）。しかし改正直後、北大民法理論研究会（2002年8月）でマンション法改正に関する同教授の報告会を行った際に、被災マンションに関する本講義に述べる実情――さらにはマンション管理組合の建設開発業界を前にした脆弱さ、外からの誘導に対する弱さなど――に関する知見を確認してみたところ、ほとんど何もご存知ないようで、そうした手続要件による団体自治的な公正さへの期待という同教授の見通しは甘いと思うが、それ以上に、現場の実情とは遊離した形で立法が進んでいるということで、民法のアクチュアリティという点からも、問題があると思われる。

上があればよいとされた（70条）。これなども後述するとおり、深刻な居住権問題を招来させている。（なぜ、4分の3を飛び越えて3分の2になったのかについても、問題がある（吉田）。）

なお、ちょっと分かりにくいが、共用部分の変更の決議で、過半数でよいとされない――4分の3の特別多数決が必要な――場合が、かつては大規模修繕工事など多額の費用を要する場合とされたが、「形状・効用の著しい変更がある場合」と絞り込まれ（17条）、逆に言えば、費用の多寡を問わずに過半数で決議できることとなった。

さらに、マンション建替え円滑化法（「マンション建替えの円滑化等に関する法律」）も同時に平成14（2002）年に制定された。

＊マンション管理紛争の実例

最高裁まで行ったものだけに絞って、事例を紹介しよう。①共用部分使用規約に反するものとして、最判昭和50.4.10判時779号62頁（バルコニー改築禁止の管理組合規約に反してバルコニーを温室に改築したのに対して、管理組合が工作物撤去、将来の改築禁止を求めたもの。バルコニーは共用部分であり、規約による拘束を肯定した）、②暴力団の集団的排除請求に関するものとして、最判昭和62.7.17判時1243号28頁（区分所有法60条の集会決議の際に、当該専有部分の区分所有者に弁明の機会を付与する必要はないとする）、③共用部分の改造により専有部分になるのかに関して、最判昭和56.6.18民集35巻4号798頁（1階部分の倉庫、車庫が問われた）、同平成5.2.12民集47巻2号393頁（管理人室につき共用部分だとする）、④駐車場専用使用権が分譲された場合の権利関係（その対価の帰属先）、およびその公序違反性が問われたものとして、最判平成10.10.22民集52巻7号1555頁【不動産判百95】〔ミリオンコーポラス高峰館事件〕（駐車場の専用使用権を分譲した業者に対して、管理組合理事長からの金員引渡請求。下級審では（委任構成による金銭引き渡しを）認容していたが、破棄自判して、同専用使用権の分譲契約は、好ましいものとは言えないが、公序良俗に違反せず、金銭は分譲業者に帰属するとした。これに対して、遠藤補足意見は、一般論として、分譲業者の不当利得の余地を認めつつも、本件解決としては、多数意見を支持している）（なお、最判昭和56.1.30判時966号56頁では、マンション購入者全員が同意しているからとして、下級審ともども公序良俗違反にはならないとして、駐車場専用使用権分譲を容認していた）（同旨、最判平成 10.10.30 判時 1663 号 90 頁〔シャルム田町事件〕）、⑤さらに、駐車場の専用使用権に関する増額請求の可否（31 条 1 項の規約変更における「特別の影響を及ぼす場合」に当たるか否か）に関しては、最判平成 10.10.30 民集 52 巻 7 号 1604 頁〔シャルマンコーポ博多事件〕（専用使用権分譲の事例。1 審は、個別の同意なしに、専用使用権を剥奪できないとしたが、原審は、管理組合規約改正による増額決議は、31 条 1 項の「特別の影響を及ぼす場合」に当たらないとして、組合側の増額請求を認め、最高裁もこれを支持した）（同旨、最判平成 10.11.22 判時 1663 号 102 頁〔高島平マンション事件〕）などがある(107)。

（検討）

上記のうち、近時議論が多いのは、④⑤の駐車場を巡る金員の帰属関係である。

1．（判例）は、駐車場専用使用権の分譲代金と使用料との帰属先を分けて考えている。

2．（学説）もそれを支持するものが多かろうが、前者（④）に関しては、下級審で採用された委任者を管理組合とする委任構成説（山上弁護士）や不当利得説もかなり有力であり(108)、特に委任構成は筋として一貫していて、魅力的でありそちらを支持したい（突き詰めて考えると、分譲業者は、敷地権限をマンション購入者に売却したのに、さらに専用使用権を売却するというのは、理屈の上で二重取りではないか、敷地利用にかかわる利益は、区分所有者の団体である管理組合に帰属させるのが筋ではないかと思われるからである）（吉田）。

＊管理紛争は、上述の如くいろいろあるが、もっとも深刻な居住権問題は、

---

(107)　詳しくは、山上知裕「マンションをめぐる法的諸問題」日弁連研修叢書・現代法律実務の諸問題（平成 2 年版）（上）（1991）など参照。簡単には、吉田邦彦・民法解釈と揺れ動く所有論（有斐閣、2000）128–130 頁、142–144 頁。

(108)　分譲業者を受任者とする委任構成説は、山上知裕「マンションの駐車場専用使用権裁判例の検討（3・完）」NBL 624 号（1997）45–46 頁、不当利得説は、多田利隆「マンションの駐車場使用権設定契約の法的性質と内容」法時 65 巻 11 号（1993）114 頁、鎌野邦樹・ジュリスト 1168 号（1999）131–132 頁など参照。

マンション建替えを巡るものであり、場合を分けてみてみよう。

(2) 老朽化マンション建替え問題

第1は、マンション老朽化の場合である。その代表例は同潤会江戸川アパートの場合であり、これについては、太田知行教授の尽力も見逃せないが(109)、そこでは、居住者（例えば、女優の坪内ミキコさん）の進歩性・モダンさ、同質性、所得面での安定、住民間のネットワークの形成、アパート自体の資産価値の大きさなど特殊性があり、好条件に恵まれていたのではないか。

そうでない場合には、老朽化が進むにつれて、資力のあるものほど他に転居して、相対的に「持たざる者」が残存して、修繕費用は高額化するという下降スパイラル（G・ミュルダールの言葉）が生じ、ディベロッパーからもさじを投げられる（あるいは、追い出しに近い地上げがなされる？）ということになりかねない。——このような場合にまで当事者自治的な規制緩和が妥当するのか。やはり、公共的なバックアップが必要ではないか。

これは、数からしても次述の被災マンションよりも多く、経年により必ず出てくる問題であり、マンション管理組合の私的自治に任せておくことには無理があり、抜本的なマンション再建政策のようなものが必要になってくるであろう。

(3) 被災マンションの建替え・修繕論争——老朽化マンションの論争も含めて

第2は、被災マンションの建替え・修繕の対立の問題である。……阪神・淡路大震災以降、100棟を越えるマンション（14万5000戸程度のマンション住宅）について建替えがなされたと言われる（その内、9割は修復できたのであり、復旧費は解体費よりも安かったと述べられるが(110)、しかし現実には、補修派（少数

(109)　同教授による建替え経緯の報告として、太田知行ほか・マンション建替えの法と実務（有斐閣、2005)、太田知行＝吉田邦彦ほか「(シンポジウム）老朽化マンション建替えの法と実践」北大法学論集57巻1号（2006)。

(110)　例えば、島本慈子・倒壊——大地震で住宅ローンはどうなったか（筑摩書房、1998）88頁以下、西澤英和＝円満字洋介・地震とマンション（ちくま新書）(筑摩書房、2000）など参照。

派）は押し切られて、建替えがなされたわけである）。しかも建替えの場合に、もといた住民が必ずしも戻っていない(111)ということも問題である。なぜそうなったのか。

・公費投入の仕方が、解体・建替えの方に偏っている。……(i)解体費用は、全額公費負担であり（1995～）、(ii)解体後の調査計画費、土地・共同施設整備費につき5分の4の補助が出て、(iii)住宅供給公社、住宅・都市整備公団による買収が予定されている。――何故そうなったのかについては、ゼネコンの利害の反映、ボロ（欠陥工事）隠しの側面などが指摘される。

・住民の相談に乗ったコンサルタントやディベロッパーによる「建替え」を食い物にする行為（例えば、補修費用を高く見積もったり、不充分な調査しかしなかったり、補修の場合の危険性をあおったり、補修のための融資制度を説明しなかったりする）。そうした結果として生じているのは、居住者の多額の多重ローン、紛争の長期化に伴う退避費用の増大に伴う焦り。……ここには、重大な弁護士倫理問題も存在しているが、悪徳弁護士（御用弁護士？）も震災復興のプロとして、学会や雑誌座談会に幅を利かせたりする始末である。

・さらに、話し合いの受け皿としての管理組合の成熟度の低さゆえに、自治能力が低く、第三者の誘導にも乗りやすく、集団主義的体質から、少数意見への不寛容、民主的議論の手続の閉塞状況なども指摘される。

昭和58（1983）年改正でこの建替え制度の規定（62条）が新設されるが、同改正では団体的規律を高めることに力点があり、少数派の居住権との緊張関係という居住法学のディレンマ問題に充分な考慮が払われていたかどうかには、疑問があった(112)。

(a)（「過分の費用」要件との関係）

・震災マンションの建替えを巡り、62条との関係で事後的に出てきた法的紛争は、同条の「過分の費用」要件などとの関係で、建替え決議は無効ではな

(111) 南部孝幸「彷徨う区分所有者――建替えの功罪」日本居住福祉学会での報告（2007年5月）によれば、もといた住民の再築マンションへの回帰率は、後述する東山コーポで30%、グランドパレス高羽で20%、宝塚第3コーポラスではゼロに近いとのことである。

いかという訴訟であり、裁判例は多く有効としている（例えば、①神戸地判平成 11.6.21 判時 1705 号 112 頁。上級審判決（大阪高判平成 12.7.13 判例集未登載、最判平成 15.6.24 判例集未登載）は、いずれもこの 1 審判決を支持した）〔グランドパレス高羽（たかは）事件[113]。「過分の費用」がかかったかどうかについて、多数派の意向を無造作に追認する〕、②大阪地伊丹支部判平成 13.10.31 未公表〔宝塚第 3 コーポラス事件〕。これに対して、③神戸地判平成 13.1.31 判時 1757 号 123 頁〔東山コーポ事件〕は、法 62 条の要件を欠き、無効とした）。――「過分の費用」の有無の判断の仕方としては、（グランドパレス高羽の住民であった）西原道雄教授は、(i)復旧費用と建替え費用との比較検討をすべきだと報告された[114]。

しかし、（判例）は、(ii)建物の財産価値と（復旧費用とを）比較している（例えば、①第 1 審（グランドパレス高羽事件）では、補修費用は、約 10 億 6955 万円及び杭・基礎の調査費用に対して、被災建物価格は約 8 億 5000 万円という理由も付記している。また、老朽化マンション建替えの事例であるが、④大阪地判平成 11.3.23 判時 1677 号 91 頁（上級審（大阪高判平成 12.9.28 判例集未登載、最判平成 13.6.8 判例集未登載）でも、この判断が支持された）でも、築 29 年の老朽化により、1 戸当たり 300 万円の建物価格に対して、補修費用は 500 万円だとする）[115]〔新千里桜ヶ丘住宅事件〕）。……前説（(i)）の方が妥当だろう（吉田）。

---

(112)　例えば、区分所有建物管理問題研究会編・区分所有建物の管理と法律（商事法務研究会、1981）100 頁（星野英一発言）など参照。

これに対して、コンテクストはやや異なるが、住宅法学のディレンマ的構造（共同体的規制と個人主義的保護との鬩ぎあい）を鋭く指摘するのは、Gregory Alexander, *Dilemmas of Group Autonomy: Residential Associations and Community*, 75 Cornell L. Rev. 1 (1988) である。

(113)　本訴訟については、鶴田守人ほか編・建替えか補修か――被災マンション住民の証言（被災地クラブ、2002）は、訴訟関係者の証言を収めていて、参照に値する（判決の閲読も鶴田氏にご厚意によった）。

(114)　西原道雄「区分所有法 62 条のマンション建替え決議の客観的要件」日本マンション学会第 8 回（仙台）研究報告（1999 年 4 月）で、優れたものであったが、遺憾ながら活字になっていない。

(115)　判決の閲読は、同事件の原告の今里寛子氏のご厚意によった。なお、同「千里ニュータウンにおける分譲集合住宅の建替えについて」居住福祉研究 6 号（東信堂、2008）135 頁以下も参照。

＊前述の如く、平成 14（2002）年改正で、この「過分の費用」要件は、削除された。「内部的手続規制」に代替されたわけだが、建替え圧力に対する歯止め的機能があるかどうかは、怪しいものがあることは既に述べたとおりである。……これが、少数派住民の保護にとって後退であることは、前述したが、重要なのは、立法過程が変質して（立法過程の政治化〔圧力政治化〕の進行である）、かつての「法制審議会」一本でなされていた頃のように、研究者の最善と考える解決策が立法に結実しなくなっており、同年の改正時でも建替えをしやすくするという閣議決定がなされて、法制審議会に依頼されてきているという次第なのである。

(b)（売り渡し請求価格――開発利益の均霑との関係）

・建替えとなった場合の「売り渡し請求」（法 63 条 6 項）は、1 年間の居住権（63 条 5 項）〔平成 14（2002）年改正後も 63 条 5 項〕の後の強制買収に似たところがあり、その価格（売渡し請求価格）の算定の仕方が問題となる。――これについては、単に商品的な市場価値で割り切るのではなく、人格的所有の反映として使用価値も反映するように考えるべきではないか（吉田）（前記西原報告も同様であった）。

・因みに（立法者）（浜崎恭生法務省参事官（当時））も、(i)「再建建物及び敷地利用権の価格と取壊し費用との差額」としてかなり高額の価格が予定されていた(116)ことも参考になるし、（学説）上は、これを支持するものが有力である(117)。

・しかし、（判例）は、そのように算定しておらず（例えば、前掲①参照）、(ii)「更地敷地額から建物の除去費用を控除した額」としており、問題であろう。

＊もっとも、売り渡し請求価格のみ争われた、⑤東京高判平成 16.7.14 判時 1875 号 52 頁（（1 審）東京地判平成 16.2.19 を支持する）（同潤会江戸川アパート事件）では、(i)にも留意しており、さらに、それより高額になるとして(ii)を評価するが、ここでは、「再建建物の敷地」として評価しており（「白

(116) 濱崎恭生・建物区分所有法の改正（法曹会、1989）450 頁以下。

(117) 例えば、稲本洋之助＝鎌野邦樹・コンメンタール・マンション区分所有法（2 版）（日本評論社、2004）402 頁、水本浩ほか・基本法コンメンタール・マンション法（3 版）（日本評論社、2006）125 頁。

紙の更地価格」ではない！)、後述「開発利益」が考慮されている如くで、注目される（事案としても、売り渡し請求価格は、高い）（しかし、後述⑥では、この立場は採られていないことに留意すべきであろう)。

(検討)

・この背後の問題として、「開発利益」を現居住者にどのように均霑するかという問題が控えているだろう（とくに、老朽化マンションの建替えの場合にこの点は、前面に出る)。日本のマンション建替えのこの点での特徴として、再開発業者本位に、開発利益が吸収されている嫌いがある（これに対して、韓国では、居住者に開発利益が均霑されるべく、行政的システム構築がなされており（2002年都市及び住宅整備法による)、それゆえに、マンション再建築における住民の満足度が大きい)。それゆえに、業者のイニシアティブで、「等価交換」による誘導で、不本意ながら建替えに同意させられていることが多い（両国の比較法は、吉田論文（とくに285頁以下）参照。またわが国でも、賃貸借法における、「正当事由」論（借地借家法6条、28条）を巡る「立ち退き料」慣行（判例にもなり、実定化された）は、「開発利益の居住者への均霑」に他ならない。また、アメリカなどで盛んなレント・コントロールの議論もその例である(118))。

Cf.　被災マンションの建替えでは、この点は、見えにくいが、やはり何らかの形で、「開発利益の均霑」はなされるべきである。前記使用価値云々の議論も、その試みである。

・さらに、集合住宅におけるコミュニティの価値や自然環境の価値は、建替えにより破壊されることが多いが、これらをどう算定するかという問題もある。

(4)　団地の建替え

・平成14（2002）年改正により、団地一括建替え制度が新設された（しかも前述のように、各棟の特別多数決の要件は、5分の4から3分の2に引き下げられて

(118)　この点は、吉田邦彦「アメリカの居住事情と法介入の在り方」同・多文化時代と所有・居住福祉・補償問題（有斐閣、2006）93–95頁参照。

いる）（法70条）ために、団地規模で、建替えが決定されて、反対マンション住民は売り渡し請求されるという紛争も生じている（例えば、⑥大阪地判平成19.4.27未公表は、原告の請求をそのまま認容した（この上級審（大阪高判平成20.5.19判例集未登載、最判平成21.4.23判時2045号116頁）もこれを支持した）[119]（最高裁は、憲法29条との関係で問題ではないとするが、上記「売り渡し請求価格」の問題を十分に検討したものとも思われない（上告側も踏み込み不足ではないか））〔千里桃山台第2団地事件（17棟、380戸）〕）。

……老朽化した団地（ニュータウン）の再開発の圧力（土建業界の圧力）が反映しているという問題がある。すなわち、千里桃山台事件の問題点としては、(i)建替え決議以前からの、ディベロッパーと団地住民多数派との連携という事情があり（弁護士も共通している）、内部手続的公正さの面で難があり[120]、(ii)売り渡し請求価格が、相当に安価に評価されており、開発利益の換算が閑却されている（そして上訴中に、建替え反対派（補修派）の被告（高齢者）に対する立ち退きの強制執行がなされ、移転先の居住環境は悪化したこともあり、一部健康を害している）。それゆえに、(iii)（建て替え支持派に対しても）「等価交換」が開発業者の大きな武器となり、（支持派にも）恣意的な住民の立ち退き請求がなされて（その狙いは、反対派を孤立させるためのようである）、これによる住民の健康被害も深刻であること、(iv)居住者コミュニティは破壊され、同団地の緑豊かな環境破壊が今後なされること、この点の売り渡し請求への評価もなされていないことなど、挙げられよう。従って、平成21年最判の憲法29条論としての所有権補償の検討は、上記の問題への言及もなく、不充分なのである（吉田）。

（検討）

・老朽マンション建替えの団地版の問題であり、再開発それ自体は、悪いこと

---

(119)　判決の閲読は、被告の千田靖子氏のご厚意によった。

(120)　過分性要件を廃止したこととの関係で、手続的公正さを厳格チェックするという平成14（2002）年改正の立法者の立場（前掲座談会・ジュリスト1249号（2003）17頁〔吉田徹法務両民事局参事官（当時）発言〕）にも、反するということができよう。

とはいえないが、そのために居住弱者（高齢者、低所得者、賃借人など）の追い出しをはかるという事態には、慎重さが求められる。……現場を調査してみると、せめて、要件の緩和の仕方が、4分の3への引下げならば、桃山台団地では、2棟でその要件を充たしておらず、杜撰な制度への改変の皺寄せが、業界圧力に抵抗する反対住民に行っているようである。

・確かに高齢者だけのスラム化は避ける必要があり、団地の再生（まちづくり）のあり方が問われており、若手の呼び込み策も大事であろう。

・ただ、目下進んでいるように、民間業者に委ねて効率性重視の高層ビルへの安易な代替というやり方には、再考も必要であろう（ドイツの類似の団地再生においては、暮らしのアメニティ重視の「減築」の例（開きスペースに着目した快適さの価値の創出）〔ライネフェルデ市（ベルリンから200 km）〕も注目される）(121)。

しかし、この点で、前記桃山台団地で現に業界主導で進められていることも、緑地の多い住環境スペースがある現団地を、業界の利益追求志向から容積率の高い高密度団地に改変させていくということであり、ヨーロッパなどの上記動きに逆行するものである。つまり、団地建替えの決議プロセスにこうした住環境価値を反映できるような制度設計ができていないという構造的な問題もあるわけである（従来の特別多数決要件の安易な緩和による単なる少数派の居住権侵害という問題以外のこうした側面は、まだあまり指摘されていない）。

・市場原理だけでは閑却されてしまう低所得者の取り込み（アメリカでは、inclusionary zoning/ mixed housingなどといわれて処方策が検討されている）という議論も必要であろう（この観点は、前記クローズアップ現代及びそこで紹介される国土交通省の報告書・検討でも抜け落ちている）。……効率性ないし市場原理で抜け落ちる居住者の多様性・平等性の価値を如何に守るかという問題である。そのためには、居住には、公共性ないし公共的下支えが必要だ（従って、市場原理に委ねておくだけでは足りなくなり、行政的支援が必要になる）(122)というわが住宅法では抜け落ちている「居住福祉法学の視角」ないし「基本的人

(121)　NHKクローズアップ現代「よみがえれニュータウン」（2007年5月22日放映）参照。

権保障の対象としての居住観」が問われてくることになる（吉田）。

【QⅤ－7】マンション居住における団体的規制と個人主義的保護とのディレンマは、どのように現れるか、具体的に記しなさい。
【QⅤ－8】被災マンションでは、必要以上に――修繕（補修）よりも――建替え（解体・再築）が進んだとされる。その背景を考察しなさい。
【QⅤ－9】平成14（2002）年の区分所有法改正の問題点、さらにその立法過程的背景を論じなさい。
【QⅤ－10】建替え反対者に対する売り渡し請求価格算定において、開発利益の斟酌が十分か否かを考察しなさい（それが考慮される他の事例にも言及しなさい）。（本問題は、賃貸借法の勉強が進んでからも再検討すること。）
【QⅤ－11】団地（ニュータウン）の建替え・再生において、留意すべき考量事由を検討しなさい。

(5) 老朽化マンションへの対応

(a) （老朽化への対応策）

何度も触れているように、今後とも経年マンションが増えてきて、それへの対策を考える必要がある。しかも実態として、老朽化マンションの悪循環として、低所得・高齢の居住者ばかりが残されて、それがますます管理費の高額化に対処できないという事態が進行することも予想されることは否めない。他方で、福田政権期には、「200年住宅ビジョン」も示されて（平成19（2007）年5

(122) この点で、平成12（2000）年には、「マンションの管理の適正化の推進に関する法律」が制定され（翌13（2001）年に施行）、同20（2008）年5月には、国土交通省では、「分譲マンションストック500万戸時代に対応したマンション政策のありかたについて」の諮問がなされ、同年6月には、社会資本整備審議会・住宅宅地分科会にマンション政策部会が設置され、同21（2009）年3月に答申がなされている。今後は、従来式の私的自治にゆだねるということから一歩踏み込んで、管理組合が機能しなくなった老朽化マンションへの行政のコミットが、真剣に議論されるべきであろう。この点で、山崎房良「マンション政策の現状と今後の課題」マンション学32号（2009）4-7頁参照。

月)、マンションの長持ち化に向けての努力も必要である。

① まず、区分所有法は、それを目指した「マンションの適正管理の強化」を認めるものであろうか。この点で消極的な見解も示されていて(「共同責任は無責任」のシステムだとする)、ドイツ法のようなそれを認める管理方式を立法論的に説くものがある(鎌野論文)(123)。確かに、マンションの管理強化に向けた法整備を進めることは望ましいのであろうが、それを裏付ける資力が区分所有者になくては、画餅に終わるであろう。ともかく「補修」判断を合理的に行うことができるメカニズム(その際には、開発業者には誘導されない居住者の視点からの衡平な判断をどう確保するかが核心的である)を作ることは大事なことである。

② 対策としては、「補修」「大改良」「建替え」そして、「放置」しかない。何とか放置にならないように、向かわせるためにも、≪開発利益がマンション住民にきちんと均霑されるようなメカニズム≫を整えることも必要であろう。そのような≪現居住者の権限を強化する≫ことにより、さらに融資を得ても、リモデリングを行おうとするインセンティブが出てくるからである(そのような例は、韓国には、多く存在する)。

③ また区分所有法に規定されていない区分所有解消のルートに関する議論も出始めている(124)。しかし、そこには、現居住者の大きな犠牲を伴うものであり、また、建替えの代替策として仮想的に使われる可能性もある。前記の開発利益をも留意した十分な所有権補償がなされるのであれば、別であるが、そうでなければ慎重でなければいけないであろう。

④ やはり、どこかで、居住者保護、居住福祉を図る際には、この段階では、公的バックアップの必要性があることを認めねばならず、公共賃貸も含めた老朽マンション対策を行政は検討しなければならず、そうした場合には、もはや

---

(123) 鎌野邦樹「区分所有建物の維持管理義務の法的構造——法律からみた長寿命マンションの課題」マンション学33号(2009)16頁以下、とくに、20-21頁、23頁以下。

(124) 例えば、近江隆「マンションの再生と建物の終末」丸山英気＝折田泰宏編・これからのマンションと法(日本評論社、2008)653頁以下、鎌野邦樹「マンションの『再生』と『解消』」(丸山古稀)マンション学の構築と都市法の新展開(プログレス、2009)83頁以下。

私的自治に頼れない崩壊しかかった管理組合が多いことに留意したマンション居住者対策が急務なのである。

(b) (マンション居住者の高齢化対策)

① マンション居住者の高齢化にも留意しなければならないであろう。例えば、(i)高齢化による独居、空室化、賃貸化という問題、(ii)認知症による管理の低下、管理費の支払の停滞、徘徊など、(iii)管理組合の自治能力の低下などが考えられるが、こうした問題に対しては、今後は、行政サービスの連携、つまり、国交省系列の高層住宅管理業と厚労省系列の認知症サポートなどの連携など、重要課題となろう。

もとより、マンション居住者間のコミュニティー活動を盛んにしておき、その活動内容を高齢者向けのものにしておくことが望ましいことは言うまでもないであろう(例えば、歩く会、コーヒーショップ、花見会、囲碁・将棋・唄の集い、福祉タクシーや各種修理工事の生活支援活動など。この点で、例えば、労住まきのハイツ(枚方市)における「かけはし」の事例(125))。

② また、高齢者対応のマンションづくりなども検討されていて、興味深いであろう。すなわち、マンションは、スケルトンとインフィルに分かれるが、後者については、柔軟化して(壁面、間仕切りの移動など)、居住者の高齢化に伴い、介護者が入りやすい間取りに転換できるようにするというわけである(例えば、大阪ガスのNEXT 21の例)(126)。バリアフリー化などとともに、十分に検討されるべきものであろう。またリモデリングに当たっても、高齢者対応の減築なども十分に、検討されてしかるべきである。

【QV－12】マンションの老朽化、マンション居住者の高齢化への対応に際しての留意点を、まとめなさい。

(125) これについては、日本マンション学会編・マンション学事典(民事法研究会、2008)345-350頁〔馬場昌子執筆〕参照。

(126) これについては、加茂みどり「少子高齢化と環境保全への対応をめざした可変インフィルによる住戸提案と変更実験」マンション学33号(2009)9頁以下参照。

6．用益物権（地上権、永小作権、地役権）および入会権

用益物権は、契約により設定される土地利用権であり、機能的には、賃貸借契約と類似している（契約法のその部分と、適宜比較参照されたい)。しかしわが民法では賃貸借は債権構成であるので、それゆえに物権化の議論が蓄積されていることは周知のところである（英米ならば、lease property として、所有法の一環で講ぜられるのが通例である)。実際にも物の利用に関しては、賃貸借契約によることが多く、用益物権の実際上の重要度は高くない。

6－1　地上権（民法 265 条～）

・同一目的は、賃借権でも達せられる。立法者は、地上権の普及を予想していたが、多くは賃貸借に流れた（因みに、台湾民法においては、そういう事情はなく、地上権は多用されている)。そのため、実際上の重要度は大きくない。
・建物以外のものの所有のためにも用いられる（民法 265 条の「工作物」とは、道路・地下鉄・橋など、「竹木」は樹木、竹などを指す（耕作するものは、永小作権によるとされる))。
・土地の立体的使用のために（例えば、地下鉄、高圧電線のため)、区分地上権が規定される（民法 269 条の 2）（昭和 41（1966）年改正)。

＊大深度地下の利用関係(127)

地下 40 m 以深を「大深度地下」というが、ここまでは所有権が及ばないとしてその利用関係が検討された。しかし、平成 12（2000）年制定の「大深度地下の公共的使用に関する特別措置法」では、所有権が及ぶとされた。しかし事実上損失がないとして、原則として事前の補償なしに公共的使用が認められることとなっている。――すなわち、事前補償の土地収用法の原則とは違い、事業者は、行政庁から「使用許可」を受けることにより、大深度地下が使用することができるとし（10 条)、使用により補償が必要な場合には、事後的に請求を待って補償することとなっている（37 条)。

---

(127)　さしあたり、山田協（かなう）「大深度地下の公共的使用に関する特別措置法について」ジュリスト 1186 号（2000）参照。

・設定契約によらないこともある——法定地上権（民法 388 条)。これは、例外的に重要で多くの判例があり、担保物権法に譲る。……土地と建物を別個の不動産としていることから起きる法制度である。
・明治 33（1900）年以前の権利（古くは、「地借」とされる）の地上権への推定（地上権ニ関スル法律（明治 33 年法律 72 号)。本法律施行から 1 年以内の登記で対抗できるとされたが（2 条 1 項)、あまりこの登記はされなかった)。

・賃借権よりも強い効力がある。
① 登記請求権がある。 Cf. 民法 605 条。
② 存続期間——最長期の制限はなく、設定行為で自由に決められる。Cf. 民法 604 条（20 年が最長)。もっとも、平成 11 年まで借家について妥当していたこの規定は、定期借家の導入とともに、排された（借地借家 29 条 2 項参照)。
・（判例）は、永久の地上権〔永代地上権〕も可能だとされる。
・期間の定めがないときには、地上権者からの放棄ができる（地代あるときには、1 年前に）（民法 268 条 1 項)。放棄しないときには、20〜50 年の範囲内で、裁判所が定める（民法 268 条 2 項)。
③ 譲渡は自由。 Cf. 民法 612 条（借地借家 19, 20 条は、賃借権に関する規定である)。

（効力）
・使用する権利——登記による対抗力（民法 177 条；不登 1 条 2 号〔新 3 条 2 号、78 条〕)。建物所有を目的とする場合（借地権とされる場合）には、建物の登記だけでも良い（借地借家 10 条 1 項)。

なお、賃借権のように、所有者に対して修繕請求する（民法 606 条）ことはできない。

用法遵守義務の規定（賃貸借の場合には、民法 616 条で準用される民法 594 条がある）はないが、設定契約で定めた目的の範囲内で使用でき、それに反すれば、賃借権同様に、消滅請求〔解除〕ができる（なお、土地に永久の損害を生ずべき変更ができないのは、永小作権の場合（民法 271 条）と同様である)（後述)。

・地代支払い義務（民法266条）――要素ではなく、無償のこともありうる。

（消滅）

1．地代の2年以上の不払い（民法266条1項――276条の準用）。

これをいうためには、もし地主側に受領遅滞がある場合には、その事態を解消させる必要がある（判例。最判昭和56.3.20　民集35巻2号219頁）。

2．用法違反の場合に、消滅請求することができる（解釈上）（永小作権についても、同様とするのが（判例）である（大判大正9.5.8　民録26輯636頁（一般論））。Cf. 民法541条

（通説）は、民法541条の準用とするが（我妻262頁、鈴木・注民（7）425頁）、端的に民法541条によるとできないか（民法594条のような規定はないが）。……（通説）の背後には、ドイツ的な物権設定行為を契約とは別に観念する思考様式があるが、一体と考えて、不都合がないのではないか（吉田）。

3．地上権者の放棄（民法268条による場合及び民275条の準用による場合〔不可抗力による3年以上無収入、5年以上地代未満の収益の場合〕）

・その後の法律関係は、(i)地上権者の収去権（収去が容易な場合には、収去義務。困難な場合には、費用償還請求権（民法196条）のみである）。他方で、(ii)所有者の買取権（民法269条但書）、さらには、借地借家法の適用があれば、建物買取義務（同法13条）。

【QⅥ－1】立法者は、地上権が普及するものと考えていたが、そうならなかったのは何故だろうかを考えなさい。

【QⅥ－2】地上権と賃借権との異同、それが借地の場合（建物所有を目的とする賃借権・地上権）にはどのような変容を遂げているかを列挙して記しなさい。

6－2　永小作権（民法270条～）

現在では、あまり問題になっておらず、沿革の産物である。

(1) **沿革の概観**……小作には、いろいろなものがあった。

・徳川期に、新田開発のために、開墾農民に小作させる（開墾永小作）。
小作の事情、地主と小作人との力関係、藩の農民政策により、さまざまな態様・呼称があった（「永小作株」「上土権」「上毛地」「鍬先権」など）。
……普通小作よりも、永小作人の方が、地位が強力で、耕作権の譲渡、転貸も自由であった。

・明治期以降、「近代法」の体系に組み込まれる過程で、さまざまの摩擦（フリクション）が生ずる。

（吉田）現代風の権利意識があれば、いわゆる「補償」問題がもっと深刻に議論されたのではないか。また、諸外国あるいはアイヌの土地侵蝕の問題(128)のように、民族問題とはされなかったために、問題が十分に大規模化しなかったのではなかろうか。

① 地租改正（明治4（1871）年以降）――明治政府は、永小作関係を廃止することを志向し、永小作権を巡り地主・小作人間で、土地売買による解決が成立しないときには、「原主」〔小作米収得者〕に地券を発給した（明治8（1875）年4月内務省指令）。
……その後しばしば紛争があり、（判例）も同様の立場をとった（大判大正6.2.10　民録23輯138頁（土佐の「上土権」につき、永小作権ではないとする））。

② 旧民法（明治23（1890）年）は、現行民法よりも慣行を重視しており（ボアソナードの特色である。ボアソナード講述（森順正口述）・法律不遡及論（和仏法律学校講義録出版部、1895）13頁以下（総論）、168頁以下（永借権について）参照）、開墾小作地などにつき、慎重な対応をする。――30年を超える賃貸借を「永借権」として（財産編125条）、小作地の形態を変えることができて、沼沢を乾涸させたり、水流を変えたり、原野開墾したりすることも認められた（同158，159条）。

---

(128) なお、アイヌ民族の所有問題・共有財産問題については、吉田邦彦・多文化時代と所有・居住福祉・補償問題（民法理論研究第3巻）第6章、第7章参照。

③　現行民法は、明治当初の行政方針を踏襲する。

・普通小作は、賃貸借とみる。

（判例）も、永小作の認定には慎重である。

・永小作権の存続期間の限定（民法施行の日から50年とされ（民法施行法47条1項2項。従って、昭和23（1948）年7月15日で消滅することになった）、また、新たに設定される場合にも、20〜50年とされ（民法278条）、その後社会問題化する）。

＊高知県のケース（永小作人1万人、永小作地8000町歩もあった）（野中兼山の偉業による土地権限の帰趨）(129)

17世紀の新田小作（野中兼山による業績）による永小作人（上土持、中地頭。Cf. 地主＝底土持）であり、山内氏の抜擢により、没落した長曽我部氏の遺臣たちの鎮撫のために、物部川沿いの荒蕪地を開墾させ、入植武士（郷士）に従った百姓にも「耕作権」を与えたという経緯がある。

そこで、民法施行法に47条3項を追加して（明治32（1899）年、高知県、兵庫県選出の衆議院議員による）、償金が必要として、所有者が支払わないときには、永小作人による所有権の買取ができるようになる（1年以内に）。

しかし、戦後の農地改革で、永小作地も解放（買収）の対象となり（自創法3条5項5号）、激減する。それゆえに、現在ではほとんど規定の意義はないわけである。賃貸借で同一の目的を達成することができ、必ずしも永小作権のほうが有利だというわけでもないのである。

(2)　永小作権の概要――農地賃貸借と比較しつつ

・実際には、農地の利用権としては、農地賃貸借のほうが、重要である。これを規律するのが、昭和27（1952）年の農地法であるが、その前身は、昭和13（1938）年農地調整法であり、そこで初めて農地賃借権の対抗力、解約や更新拒絶の制限に関する規定が入った（同法8条、9条）。従って、永小作権の

(129)　中川善之助「南国土佐――野中兼山の事蹟」民法風土記（日本評論社、1968）（講談社学術文庫、2001）、また、潮見俊隆・注釈民法（7）（有斐閣、1968）445-49頁参照。

ほうが、従来は、効力が弱いのである。

・近年の大きな流れとしては、農地の流動化政策であり、それは、農地法上の知事の許可という取引規制の緩和である（それは、昭和 50（1975）年に始まった、農用地利用増進事業であり、同 55（1980）年には、その拡充を目指す農用地利用増進法制定、それが、平成 5（1993）年改正で、農業経営基盤強化促進法に、呼称変更されている）。そこでは、定期借地権に先駆けて、農地の定期賃貸借が導入されていることにも注目されよう。

	Cf.［農地賃貸借の場合］
1．対抗力 登記が必要（民 177、不登 1③〔新 3③、79〕）。	［農地の引渡で足りる（農地法 18）。］
2．存続期間および更新 20 年以上 50 年以下（民 278 I ）。 更新は任意〔つまり、更新拒絶権があり、農地法は適用されないというのが（判例）である（最判昭和 34.12.18　民集 13 巻 13 号 1647 頁）〕。	［・1 年前から 6 ヶ月前までに、更新拒絶しなければ、法定更新される（農 19）（その後は、存続期間がないものになる）。 ・更新拒絶や解約、解除などには、知事の許可が必要で、その際に「正当事由」が求められ、それがないと効力がない（農 20 II，V）。——これに対して、農用地利用増進（農業経営基盤強化促進）対象の農地の場合には、こうした許可制ないし正当事由制度による存続保護はない（農 19 但書）。］
3．譲渡・転貸 ・自由。——設定行為による制限はできる（民 272）。 ・知事の許可は必要（農 3）。	［・民 612 による制限。 ・同左。——農用地利用増進の場合には不要。］
4．小作料の支払い義務 ・民 274（減免不可），275（放棄）では、とても苛酷（民276条の消滅請	［・民 609，610（減額請求）でも苛酷で現実的ではない。

求も同様)。――そこで、農地法21，22による修正（減額請求権。小作料の収穫に対する割合が、田の場合25%、畑の場合15%を超えるとき）（なお、21条は増額請求も定める)。さらに、小作料標準額、およびそれに沿った減額勧告も（農23，24))。

――同左の農地法上の保護。農21は、借地借家11，32と類似する。（判例）は、農地の宅地並み課税（地方税法付則19の2以下）による固定資産税、都市計画税の額の増加を理由とする増額請求を否定する（最判平成13.3.28民集55巻2号611頁)。]

【QⅥ－3】分割所有権にも類似した「永代小作」の旧慣は、近代民法典にどのように組み込まれていったのかを概観し、うまく組み込まれていない場合には、どのような原理的問題があるかを述べなさい。

【QⅥ－4】永小作権と農地賃貸借との異同、その農地法その他の農地関連法による変容を整理して論じなさい。

6－3　地役権（民法280条～）

他人の土地（承役地）を、自己の土地（要役地）の便益に供するように設定（契約）された権利。

（例）通行地役権、引水地役権、排水地役権、日照地役権、観望地役権など。

・実際に、登記されたものとして目立つのは、電線路敷設のための地役権とのことである。紛争が見られる通行地役権は、事実上のもので、大体未登記である。現実の地役権の法適用については、それが意識的に役立てられているというものは少ないということか。

・機能的には、既に検討した相隣関係法と連続的なものである。分けて講義しているのは、従来の講学上の分類ないし民法規定の順序に妥協しただけのことである。

＊引水地役権と水利権問題

引水地役権なども、上下水道が整備されていけば、obsolete で、あまり意味がなくなって規定は沿革的・歴史的なものになるかもしれない。（立法者）

霊感商法・高額献金の被害救済

消費者法研究 第13号【特別号】 河上正二 責任編集

菊変・並製・256頁　ISBN978-4-7972-7553-7 C3332

定価：3,080円（本体2,800円）

消費者法、民法、心理学、憲法、刑事法等からの多角的検討を試み、救済の実効性と今後の課題を問う。【執筆者】河上正二・宮下修一・村本武志・山元一・長井長信・藤原正則・沖野眞已

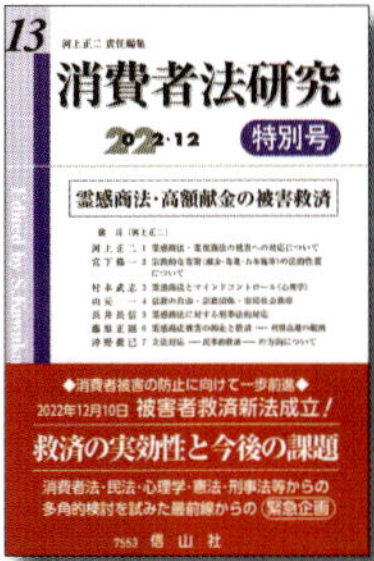

債権総論〔民法大系4〕

石田　穣 著

A5変・上製・1068頁　ISBN978-4-7972-1164-1 C3332

定価：14,300円（本体13,000円）

民法（債権法）改正の問題点を精緻に分析し、今後の進むべき方向性を提示。グローバルな民法の展開において、日本民法学の学理的発展状況を示す、待望の体系書。

司法の法社会学（Ⅰ・Ⅱ）

佐藤岩夫 著

Ⅰ　定価：7,480円（本体6,800円）
A5変・上製・304頁 ISBN978-4-7972-8698-4

Ⅱ　定価：7,480円（本体6,800円）
A5変・上製・320頁 ISBN978-4-7972-8699-1

現代日本の司法制度が、近年の大きな変化に対応しているか、実証的・経験科学的に考察。

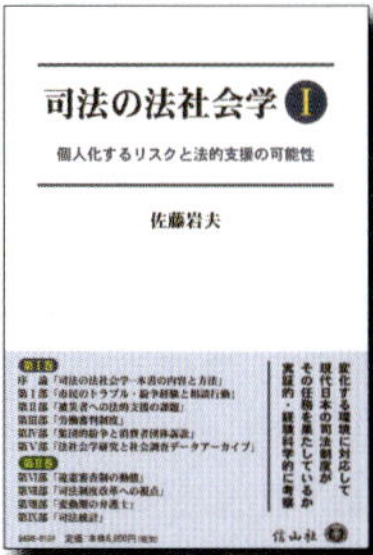

〒113-0033 東京都文京区本郷6-2-9-102 東大正門前
TEL:03(3818)1019 FAX:03(3811)3580 E-mail:order@shinzansha.co.jp

信山社
http://www.shinzansha.co.jp

新海商法概論

小林　登 著

四六変・並製・440 頁　ISBN978-4-7972-7528-5 C3332

定価：4,620 円（本体 4,200 円）

学生の大学での講義や、海事代理士等の国家試験向けにコンパクトに整理、スピーディーに理解できるように構成。

新海商法〔増補版〕

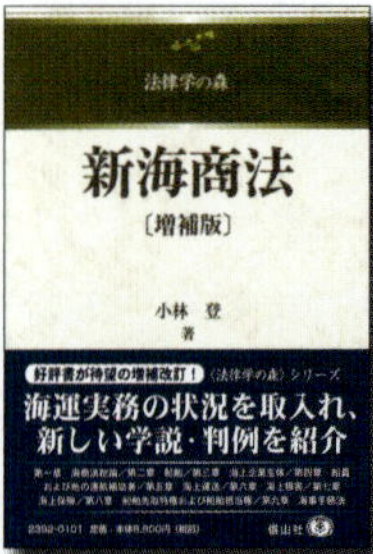

小林　登 著

A5 変・上製・572 頁　ISBN978-4-7972-2392-7 C3332

定価：9,680 円（本体 8,800 円）

航海で生ずる事項を規律対象とした〔海商法〕の学説・判例を、海運実務の状況を取入れて詳説。新しい判例・学説などの最新情報に対応した増補版。

新漁業法

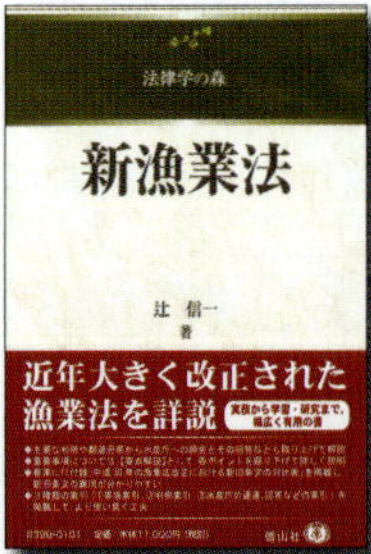

辻　信一 著

A5 変・上製・720 頁　ISBN978-4-7972-2398-9 C3332

定価：12,100 円（本体 11,000 円）

水産資源管理制度の内容を盛り込んだ、平成 30 年改正の漁業法（新漁業法）について、主要な判例や都道府県から水産庁への照会とその回答などをとりあげて解説する。

〒113-0033　東京都文京区本郷6-2-9-102　東大正門前
TEL:03(3818)1019　FAX:03(3811)3580　E-mail:order@shinzansha.co.jp

信山社
http://www.shinzansha.co.jp

(梅) が挙げる用水を使っての洗濯などは、日本ではもはや稀であろう。もっとも、水がふんだんにあるのは、世界を見渡してみて少なく、アメリカなどでは、ロースクールの科目として、「水法 (water law)」があるくらいであり（例えば、LA の水は、モノ・レイクから引いている)、環境問題も関係して、第3世界では深刻な問題である（例えば、トルコのアタチュルクダムの問題のように、国際問題にも発展する 21 世紀的課題であろう)。その意味では、わが国のほうが、比較法的には、例外的かもしれない（吉田)。なおわが国では、温泉については、慣行上の取り決めがあることは前述したし、水利権についても、後述の入会権とリンクさせて、近代化構想の下での検討はなされたのであるが（例えば、渡辺教授(130))、その現代的検討は、不十分であるといえるであろう。

(類似の権利との比較)

・賃貸借よりも強い効力を持つ。他方で、承役地の使用権を全面的に利用者に持たせないところが違う。
・また、相隣関係（囲繞地通行権（民法 210 条～）など）以上の権限も設定できる。……逆に言えば、相隣関係は、隣接地相互の利用関係の調節についての必要最低限度を法定したものであり、ここでの地役権は、その契約による拡充の一形態である（既に検討した判例では、一部地役権による拡充事例も含まれている〔5－1－2参照〕)。

(特徴)

1．付従性（随伴性)。
・要役地とともに、譲渡される（民法 281 条)。
・設定行為によって、別の定めをすれば別であるが、第三者への対抗には、登記が必要である（不登 113 条1項〔新 80 条〕)。

2．不可分性（共有の場合)。

(130) 例えば、渡辺洋三・農業水利権の研究（東大出版会、1954)。また、戒能道厚「水利権研究の比較法的視点」（渡辺追悼）日本社会と法律学――歴史、現状、展望（日本評論社、2009）263 頁以下も参照。

・共有の場合、承役地側でも、要役地側でも、持分について地役権を消滅させることはできない（そのためには、共有者全員から、または全員に対して行う必要がある）（民法282条1項)。
・時効との関係――①取得時効の場合には、共有者の誰か一人が要件を満たせば全員に及ぶ（民法284条1項)。(時効取得する）共有者に対し時効中断するためには、全員に対してしなければならない（誰かと相対的に中断ということはできない）(2項)。……時効中断の相対効（148条）の例外。(梅・要義巻之二279-280頁）は、「利害の共通性」ともいうが、やはり、地役権の属性から来るものであろう（吉田)。
②地役権が消滅時効にかかるというときでも、誰か一人が中断しておけばよい（民法292条）(中断効の絶対的効果)。

(成立)
・設定行為（契約）のほかに、譲渡、相続、時効による。
・対価は、地役権の要素ではないが（民法280条参照。登記の記載事項〔不登新80条参照〕にもなっていない)、特約あれば有償となる。
・時効取得については、「継続且表現」という制限がある（民法283条）(平成16(2004）年改正〔現代語化〕により、「継続的に行使され、かつ、外形上認識することができる」となっている)。
(例）庭先通行の黙認。また、要役地所有者による通路の開設が必要とされる（判例。既に、大判昭和2.9.19民集6巻510頁判民79事件宮崎。最判昭和30.12.26民集9巻14号2097頁〔「継続」性を根拠とする〕、同昭和33.2.14民集12巻2号268頁。……この二事例では、時効取得は否定された（昭和30年最判は、承役地所有者による通路開設の事例、昭和33年最判は、従来から通路が開設されていた事例)。
同平成6.12.16判時1521号37頁〔要役地の所有者が、道路拡幅のために他人に土地提供を働きかけ、自らも所有土地を提供していたというやや特殊な事例につき通路開設だとして、時効取得が認められた〕)。

(学説）では、時効取得否定論もある（理由として、①相隣関係を害する、②好意の逆用は、非難されるべきだ、③紛糾した訴訟を惹起するなどと述べる）(宮崎孝治郎「地役権の時効取得」法協46巻7号（1928))。しかし、近時の学説の多数は、一般に通路の開設を要役地所有者に求めることには、批判的である（安藤弁護士ら[131]）。

（検討）

フランス（フ民690条〔旧民法財産編276条1項〕〔継続かつ表現の地役の30年の時効〕、691条〔非継続、非表現の場合の時効を否定する〕が民法283条に相当する）での（判例）と同様に、あまり地役権の取得時効は認めるべきではなかろうが、「継続」の字句解釈として、上記（判例）の立場には、やや無理があるのではないか（強いて言えば、「表現」の要件解釈ではないか）。……やや条文からは、読み取れない制限解釈である（吉田）。

（効力）

・対抗力——登記が必要である（民法177条、不登法1条4号〔新3条4号、80条〕）。しかし現実には、登記がなされないことも多い。そして（判例）は、通路としての使用が客観的に明らかで、そのことを認識しえた承役地譲受人に対しては、未登記での対抗を認めている（最判平成10.2.13民集52巻1号65頁、同平成10.12.18民集52巻9号1975頁）。……背信的悪意者よりも広く未登記地役権の対抗力を認めていることに注意せよ！

　また、対価については登記事項となっておらず、古い（判例）は、対価の特約には債権的効力しかないとしているが（大判昭和12.3.10民集16巻255頁）、登記なくして、譲受人への対抗（支払請求）を認める見解が多い。

・存続期間——永久でもよい。短期でも。

・承役地利用の調整。

285条……用水地役権の場合。

286条……承役地所有者の義務（工作物を設け、その修繕をする）の承継。——登記が必要とされる（不登113条1項〔新80条1項3号〕）。（承役地所有者の地役権者への委棄〔平成16（2004）年の現代語化によりこの用語は、「放棄」に

(131)　安藤一郎・相隣関係・地役権（ぎょうせい、1986）（新版1991）244頁以下、また、不動産登記制度研究会編・不動産物権変動の法理（ジュリスト増刊）（有斐閣、1981）160頁以下。

改められたが、本来民法立法者は区別して用いており（委ねて放棄するという意味合いであり、単純な放棄とは異なる）、ここでもそれによっている〕による負担免除（287条））

288条……工作物（e.g. 通路、水道施設）の共同利用。

(消滅)

期間終了、放棄、委棄（287条）。

時効――承役地の取得時効（289条〔それによる地役権の消滅〕。Cf. 290条〔地役権つきの時効取得が認められる場合。地役権の消滅時効の話ではないので、条文文言はおかしい（梅・要義巻之二293頁では、取得時効の結果だが、地役権にとってみれば一種の消滅時効だとするが、通常の用法ではない）〕）、地役権の消滅時効（291条〔起算点〕，293条〔部分的時効消滅〕）。

【QⅥ－5】地役権の時効取得の制限的運用は、判例ではどのようになされているか、その背景、さらにそれに対する異論などを検討しなさい。

6－4　入会権（民法263条、294条）

(1)　序――入会解体の趨勢

民法は、263条と294条の二箇条で、入会を（1）共有的（所有的）なものと(2) 地役権（用益物権）的なもの（この場合は、用益物権の準総有ということになる。（立法者）（梅）は、「対人地役」という）に大別して、「各地方の慣習」に委ねている（民法の関連規定の補充的適用は認める）。典型例としては、山林原野を入会集団が所有して、農業生産や生活物資（薪炭、草木、肥料など）を採取するなど共同利用するというものであり、古くは日本各地に存在したが、個人権化したりして相当に解体・消滅している（この象徴的事件が「小繋事件」であり、岩手県小繋山の村民の山の形式的所有権は、鹿志村林業の経営者の手に渡り（個人所有への変質）、これに対する何度もの入会権確認請求も認められず（大判昭和14.1.24新聞4380号5頁〔上告棄却（請求棄却）〕など）、集落村民の所有権限は、どんどん切り込まれた(132)）（昭和41（1966）年の「入会林野等に係る権利関係の近代化の助長に関する法律」（法律126号）による消滅も多い。なお、同法律に対しては、入会近代化論を採る陣営（次述川島理論）からも、批判がある（渡辺教授）(133)）。しかし今なお残存しているところもあることも確かである。また考えてみれば、近代民法典の所有システムには組み込まれなかった先住民族のアイヌの所有形態もこれに近いものと言うこともできよう。

入会理論としても、(i)近代化とともに個人権化するという川島理論と(ii)事実的利用の生活協同体的・有機体的側面を重視する戒能理論が見られる(134)。中山間地の意義が問われる今こそ、入会が持っていた現代的意義を再考すべきではないか（(吉田）としては、(ii)の側面の方を重視する）（後述する）。

---

(132)　詳細は、戒能通孝・小繋事件——三代にわたる入会権紛争（岩波新書）（岩波書店、1964）参照。戦後の第二次訴訟でも入会権は認められず、これを前提に仙台高裁昭和28.10.11調停では、鹿志村は、——1000町歩もある小繋山の個人所有権があることを前提として——「200万円の提供及び150町歩の山林の解放（贈与）」をするとされ、さらにその後小繋集落に譲渡された100町歩の山林についての共有物分割訴訟（第三次民事訴訟）においては、昭和50.12.22調停により、分割主張派と共同利用派（入会権主張派）とで分割されることとなり（後者は、35町歩が分けられるに止まった）、一応決着している（これについては、竹澤哲夫「小繋調停の報告」北方の農民13号（1976）同復刻版（復刻版刊行委員会、1999）700頁以下、同「小繋入会裁判」コモンズ・所有・新しい社会システムの可能性——小繋事件が問いかけるもの（早大21世紀COE「基本的法概念のクリティーク」研究会、2007）、また一戸町誌（上巻）（一戸町誌編纂委員会、1982）895-896頁参照）。

なお、これに対して、第二次民事訴訟の後に生じた刑事事件（昭和30年に鹿志村山林を伐採したとして逮捕された事件）に関する第1審判決（盛岡地判昭和34.10.26判時207号7頁（岡垣学判事補ら））は、森林法違反を否定したのみならず、刑事裁判所としてそれまでの民事判断とは異なり、小繋山は少なくとも地役の性質を有した入会山だとして立入り権を認めていて注目される（もっとも、上級審（仙台高判昭和38.5.8判時336号4頁、最判昭和41.1.28判時434号2頁）で、こうした判断は、否定された）。

(133)　渡辺洋三・入会と法（法社会学研究2）（東大出版会、1972）16-17頁。批判論拠としては、本法律においては、農民のための入会権近代化という構想は崩れ、公有地入会に関しては、入会権収奪のための入会近代化法になっており、本来の権利者の手に無償で戻すことが出発点にならねばならないからとされる。

(134)　川島武宜「入会権の基礎理論」川島武宜著作集8巻（岩波書店、1983）（初出1968）96頁、103頁、戒能通孝・入会の研究（一粒社、1958）（初版　日本評論社、1943）498頁以下。

帰属主体の「むら」は、行政的単位と一致しておらず、一村に関わる「村中入会」と複数村に関わる「村々入会」がある（また村が地盤を有する「村持地入会」と他村が有する「他村持地入会」がある）。利用形態としては、(a)古典的利用形態以外に、(b)団体直轄利用形態（「留山」）、(c)個人分割利用形態（「分け地」「割山」）、(d)（第三者利用という）契約的利用形態などある。また入会権者は、世帯単位で考えるのが通説（中尾教授ら）である(135)。

(2)　総有的権利関係

・入会の場合の法律関係は、従来総有だとされ（（判例）も採用している）、そこでは、入会権者（構成員）には、持分はなく、（従って当然に）持分譲渡の自由もなく、分割請求権などもないのが原則だとされる。

・内部関係としては、（判例）では、入会権の「管理処分」と「使用収益」とに区分して、前者は原則として全員一致でなされることを要し、それに対して後者は構成員各自ができるとされる（例えば、①最判昭和41.11.25民集20巻9号1921頁〔青森県の部落民らの入会地が未登記の内に「学区有」財産となったことが問題とされた。集落住民330名のうち、265名による入会権確認訴訟。その直接的論点は、入会権の確認訴訟が固有必要的共同訴訟かというところにあった（積極）。使用収益権の確認ならば、「保存行為」だが、入会権の確認となると、「管理行為」ということであろうか（吉田）〕、②同昭和57.7.1民集36巻6号891頁〔山梨県富士山麓の入会地が官有地編入後の払下げの際に氏神神社に譲渡され、同神社が第三者に地上権設定を行ったので、入会構成員が登記抹消、妨害排除請求をしたというもの。使用収益権の確認請求は各自でできるが、妨害排除請求としての登記抹消請求は、「管理処分」に関わり、構成員各自ではできないとした〕、③同平成6.5.31民集48巻4号1065頁〔豊田市大畑町の部落有の入会地（鉱業会社に賃貸）につき、転出構成員の持分につき抵当権登記などが設定されたために、その抹消登記手続請求。①の基準は緩和され、入会団体の代表者としての授権があれば、訴訟追行できるとされた〕、④平成18.3.17民集60巻3号773頁〔沖縄の米軍基地（キャンプハンセンなど）として入会地が提供された場合の軍用地料

(135)　例えば、中尾英俊・入会林野の法律問題（新装版）（勁草書房、2003）（初版1969）103頁以下参照。

（賃料）の分配につき、「使用収益」の問題とする〕）。

……物権編共有の区分（保存（民法252条但書）、管理（民法252条本文）、変更〔処分〕（民法251条））と比較して、団体的性格の濃さに留意してか、厳格である（各自でできる「使用収益」の範囲は狭い。昭和57年最判（②）は、（個人主義的共有のごとく）各自が妨害排除できるとした大判大正7.3.9民録24輯434頁より狭めている）。

これとの対比でも、巨額の軍用地料〔米軍基地利用に対する国からの賃料〕の配分を構成員の権限として位置づけて、個人主義的な配分を追認する平成18年最判（④）の立場には、疑問が残る（吉田）(136)。――つまり、入会地の売却代金についても、入会権者に総有的に帰属するとされた（⑤最判平成15.4.11判時1823号55頁〔秋田県由利郡の入会地の部分売却の事例で、その代金の帰属が問題とされた。共有とされると、（判例）は、分割債権として扱うので、大きな違いである〕）。そうだとすると、上述の巨額の賃料も総有的に団体に帰属するという構成もありうるのではないか。つまり、「軍用地料の受領」は、「管理行為」であり、「保存行為」ではなくて、個人の単独的処理になじまず、入会団体による団体的処理に服するというべきではないか（吉田）。

・対外関係として、入会権の登記はできない（不登新3条参照）。従って、実態とは別に代表者名義などで登記されることがあるが、それに捉われずに入会集団の構成員全員の総有に属するとされる（判例。⑥最判昭和43.11.15判時544号33頁〔事案としては、③と同一でその前訴である。登記法上は、共有的登記となり、その持分につき第三者への売却ないし抵当権設定による登記がなされたわ

(136) 吉田邦彦「沖縄基地問題と入会紛争・男女差別」民商135巻4=5合併号(2007）参照。平成18年最判に関する判例評釈だが、同事件は、入会構成員の認定の仕方（「男子孫要件」）が男女差別的だということで憲法違反ないし民法2条、90条違反が問題とされたケースであった。これを支持する見解も多いが、私としては、なお不満で、「世帯主要件」を維持する（「昭和20年4月当時の世帯主の子孫たる世帯主」となる）ことは、依然事実上の男女差別的に働くことを見逃していると思われる（このことは、女性の子孫で、他家に嫁いで世帯主になっていない場合を考えればわかる）（上記評釈参照）。このような批判的見方は、世帯が、入会集団の構成員となる前述の通説的見解とも両立することであり、「世帯要件」と「世帯主要件」との相違に気付くべきであろう。

けである。登記抹消が認められ、第三者の民法94条2項による保護もないとされた〕)。

・なお、訴訟法的に、入会権の確認が固有必要的共同訴訟（民訴40条）とされるのは、共有の場合とパラレルの議論だが、次述する。

＊入会集団の構成員の一部のものによる処分行為の有効性――それに関わる「慣習」の存否(137)

近時は、入会地の開発との関係で、同地が、入会構成員の（特別）多数決により処分された場合の効力が問われることが多い。その際に――「処分」については、構成員全員一致が求められる上記原則との関係で――、それを緩和する「慣習」の存否、内容が問われている。

例えば、最高裁のものとして、昭和43年最判（⑥）ないし平成6年最判（③）もその事例だが、その後もこの論点は問われており（例えば、⑦最判平成20.4.14民集62巻5号909頁〔山口県上関原発絡みの事例(138)。上関町四代区（四代組）が入会団体となる入会地の原発予定地にかかる部分の電力会社（中国電力）との交換契約の効力が問われた（反対住民の入会構成員による使用収益権確認、現状変更の禁止請求）。交換にあたり、「役員会による役員全員の同意で、それができる」旨の慣習があると主張された。本判決の多数意見は、その慣習を肯定して、これが公序良俗に反していなければ、その効力が認められるとして、請求を棄却した原審を支持したが、反対意見（横尾、泉両判事）は、そのような慣行を認定することはできないとする〕。また下級審のものとしては、⑧大阪高判平成13.10.5戦後入会判決集3巻365頁〔和歌山市の入会地の一部売却事例。買主が、反対派の入会構成員の持分につき、移転登記請求をしたもの。和歌山地方の入会慣行によれば、議

---

(137)　これについては、例えば、中尾英俊「入会権における慣習――入会慣習と民法の規定」（渡辺追悼）日本社会と法律学――歴史、現状、展望（日本評論社、2009）401頁以下、とくに406頁以下参照。

(138)　因みに、山口県の上関原発の用地取得の問題については、朝日新聞山口支局編著・国策の行方――上関原発計画の20年（南方新社、2001）157頁以下、鎌田慧「山口・上関原発予定地の偽計」同・痛憤の現場を歩く（金曜日、2005）252頁以下、那須圭子ほか・中電さん、さようなら――山口県祝島原発とたたかう島人の記録（創史社、2007）66頁以下など参照。

決方法として、満場一致よりも多数決が採用されているとして、本件売却が有効とされた〕、⑨福岡高宮崎支判平成18.4.28戦後入会判決集3巻555頁〔奄美大島瀬戸内町網野子（あみのこ）集落の入会地の瀬戸内町への借地契約の効力が問われた（同地における産業廃棄物処理施設が予定された）。反対派の入会権者からの借地契約無効、施設設置の差止め請求。1審では、本件借地契約を無効としたが、本判決では、「構成員の過半数の出席する総会で、出席者の過半数の賛成で議事が成立する」との集落規約に依拠して、多数決の慣習があるとして、本件財産の変更・処分も、その決定権限から除外されないとした〕もある)、近時の傾向として、全員一致による処分の原則は、「慣習」により緩和される傾向にあるといえようか。

しかし、入会地の使用価値ないし環境保全的価値に敏感な住民（入会構成員）が、環境汚染や嫌忌施設などに反対していることが多く、入会法理は、この局面では、環境保護機能が指摘されているところである(139)。入会権は、現場に根ざした使用価値に十分な配慮がおかれるべきことに鑑みると、安易に本来の「全会一致原則」の軟化を認めないように、そのような「慣行」の認定には慎重な、平成20年最判（⑦）の反対意見のようなスタンスが求められるのではなかろうか（その意味で、入会の総有原則の維持にこだわる伝統的多数説（川島博士ら(140)）の現代的意義を再考すべきであろう）。反対派住民にとっては、これら訴訟群は、入会集団内部の司法的チェックを意味していることにも留意すべきであろう（そのような見地から、訴訟法的な「固有必要的共同訴訟」の問題（次述）も考えられるべきである）（吉田）。

---

(139) 例えば、中尾英俊「入会権の存否と入会権の処分——入会権の環境保全機能」西南学院大学法学論集35巻3＝4合併号（2003)、采女博文「入会権の全員一致原則の機能——奄美大島瀬戸内町の入会権」鹿児島大学法学論集38巻1＝2合併号（2004)。また、鈴木龍也「環境保全と入会訴訟」丸山徳次ほか編・里山学のまなざし（昭和堂、2009）175-176頁（「乱開発に対する抵抗の最後の拠点」「開発への強引な意思形成への緊急避難的な異議申立て」とするが、他方で、「このような入会権の行使が有効に働く場面は限られている」ともする）参照。

なお、⑨の事例につき、結局、瀬戸内町は、廃棄物処理場施設の設置を本件入会地で進めることは断念し、本件借地契約も放棄したようである。

(140) 例えば、川島武宜「最近における入会紛争の特質——入会慣行における全員一致原則に焦点をおいて」川島武宜著作集8巻　慣習上の権利（岩波書店、1983）212頁以下、中尾・前掲書328頁。

＊入会訴訟における「固有必要的共同訴訟」法理

入会紛争においては、前述のごとく、共有の場合以上に、「保存行為」として単独でできることは限られるようである（例えば、妨害排除的な登記抹消訴訟でも「保存行為」ではないとされる（⑩最判昭和53.6.6戦後入会判決集1巻369頁（その1審は、岡山地倉敷支判昭和51.9.24判時858号94頁）〔岡山市近郊の100名余の入会地の実質77名の同意による売却・登記移転事例につき、登記抹消手続請求〕及び昭和57年最判（②)。かなりは、共有の場合とパラレルのようであるが、「入会権」を問題にすると、駄目のようである)。

そして、「管理・処分行為」となると、「固有必要的共同訴訟」とされて、入会集団構成員の全員が原告であることが要求され、前記のように入会集団の多数による処分に対する無効確認などになると、論理的に全員を原告にすることはできなくなり、反対派は、司法の実質判断を受けることなく排斥させられる帰結となるという難題に逢着していた（前記昭和53年・57年最判（⑩②）のほかに、下級審のものとして、⑪東京高判昭和62.8.31戦後入会判決集2巻385頁〔長野市近郊の入会地の開発業者への賃貸に対して、反対する者の立ち入り禁止の妨害排除請求〕)。しかし、この点で、近時の平成20年最判（次述⑫）で問題は解消された（反対派は、原告に引き込めないものは、被告とすればよいとの共有に関する平成11年最判（前述）が、ここでも類比されたわけである）（⑫最判平成20.7.17民集62巻7号1994頁（鹿児島県種子島の集落住民65名の入会地につき、その内の41名の住民が、各自持分を開発業者に売却したという事例。反対する入会権者24名が、賛成入会権者41名及び開発業者を相手方として、入会地の確認請求をしたというもの。1・2審は、訴え却下としていたが、最高裁は、このやり方を認めて、破棄差戻した)。入会訴訟の前記機能との関係でも慶賀すべき動きと言えよう。

(3)　入会法の現代的機能

入会権の実態の流れとして、冒頭に述べたごとく、全体としては、解体・消滅の方向にあることは否めないであろう（例えば、そのような事例として、⑬最判昭和42.3.17民集21巻2号388頁〔町村制の施行後65年間に、入会地に対する入会集団の統制が、区会の統制に移行するなど慣行の変化がある場合には、地役の性質を有する入会権は、漸次解体消滅したとする〕。これに対して、⑭最判昭和48.3.13民集27巻2号271頁〔明治初年の山林原野官民有区分により、官有地に編入された土地につき、村民が従前慣行による入会権を有していたときは、同処分により、入会権の当然消滅ということはないとした〕)。しかし、ここで、入会の現代的な意義を検討しておくことは、有意義であろう。

その点で、加藤雅信教授は、このような方向性で論じており、注目されるが、そこでは、入会権を「地味がよくなく、土地への（農業的）資本投下がそれほど効を奏さない場合に、利用規制のみがなされて」「自然産物の享受がなされる」という経済的スキームのもとに位置づけられる（それに対して、農業的資本投下の価値がある場合には、私的所有権となるとされる）（この背後には、農業資本主義的功利主義的な所有論（前述した〔1-4 参照〕）があることに注意せよ）。そのうえで、海洋など資源管理のスキームとして、入会法理を応用できて、「自由利用から入会的規制へ」という方向性を示されるわけである[141]。

たしかに、教授の(a)資源管理による環境保護それ自体、そして「入会」を従来のように過去の遺物としてしか考えないスタンスに対峙して、それをポジティブに捉えて、問題提起されるところには、異論はなく、むしろ共鳴する。しかし、教授の捉え方は、少し入会権の問題とレベルが違うのではないかという違和感があることも否めない（G・ハーディンの「コモンズの悲劇」の論考[142]との直結にも同様の印象を受ける）。そしてまた、入会が有する団体法的側面はどうなるのであろうか、また、「資源管理」の見地に還元できるかということである（それゆえに、入会権には、換価され経済的価値（貨幣価値）に転化すると、「離村者失権の原則」にも再検討が必要で、都市居住の離村者にも利益享受の方向性も出るとされたりするのである）。しかし、軍用地料の配分が、問題になった平成 18 年最判（④）などは例外的と言うべきであるし、他方で、都市住民をも糾合した形での中山間地コミュニティー再編の必要性は、貨幣価値云々を超える課題であろう。

すなわち、入会権の現実的紛争の含意などを現代的に考えると、やはり、(b)入会地の存在する中山間地の現場における共同体的・コミュニティー的価値の再評価ということもあってよいし、(c)里山や森林管理の意味があるとすると、

(141) 加藤雅信「現代の入会」民法の争点（新版）（2007)、同「戦後の判例にみる『入会権』の解体の法理・序説」（平井古稀）民法学における法と政策（有斐閣、2007）200 頁以下。

(142) Garett Hardin, *The Tragedy of the Commons*, 162 Science 1243 (1968).

――資源的に効用の低い土地という評価には、還元できず（それゆえにその現代的意義は低下するわけではなく）――それ自体として、温室効果ガス削減という環境法学的にも意義があり、また保養・国土保全という居住福祉的意義があることの再発見も必要であろう。このあたりは、関連法規とて、林業基本法（1964年制定）が、2001年に改正されて、森林・林業基本法となり、理念的に「林業振興」から「環境保護」にシフトされるに至っていることとも総合的に考察する必要があろう（そこでは、林業従事者への直接支払制度も新設されたが、他方で、外材取引の自由貿易政策ないしグローバル化（規制緩和政策）との間に、政策的統合がなされていないという問題がある。なお、中山間農地についても、農業基本法（1961年制定）の1999年改正による新農業基本法（食料・農業・農村基本法）35条でも、食料確保・環境配慮・持続的発展などの多面的機能から、直接支払制度を導入した）(143)。さらに、(d)以上とも関連するが、現に入会紛争が、乱開発が進む、風光明媚な中山間地における環境保護的機能ないし開発対抗的意義を営むことにも、もっと注目が集まってよいであろう。

【QⅥ－6】入会権の権利行使の態様について、個人主義的共有と比較してどのような特徴が認められるか、整理しなさい。
【QⅥ－7】入会財産の多数決的処分の紛争の問題の所在を説明しなさい。
【QⅥ－8】入会権が滅んでいくのは、歴史的必然なのだろうか、そこには何らかの現代的意義があるのかを検討しなさい。

---

(143)　さしあたり、吉田邦彦・居住福祉法学の構想（居住福祉ブックレット）（東信堂、2006）32頁以下、とくに林業問題については、66頁以下参照。なお、これにつき、森林経済の分野からは、例えば、岡田秀二「地域再生」遠藤日雄編著・現代森林政策学（森と木と人のつながりを考える（株）日本林業調査会（J-FIC）、2008）79-81頁では、「山林への期待は、より根源的なところからなされており、…経済の仕組みを生態系の仕組みにまで広げる必要性の指摘からである」とし、1970年代からの期待は、近代化・資本主義化の観点からのそれであり（山林振興法（1965年制定）はその産物である）、今のそれは、近代化の問題点の吸収装置としてのポスト近代的なそれだとする。

＊マンション紛争、入会紛争に関する所有権の構造問題（権限の対立・拮抗関係、補償問題の伏在）

共同所有問題の領域では、とくに近時論ぜられることの多い、マンション紛争、入会紛争に焦点を当てて考察してみたが、ここで、両者に通ずる所有権の構造問題ないし権限の対立・拮抗関係をまとめて、結びにかえよう。すなわち、個人主義化という一般的に説かれること（それゆえに、例えば、家族団体の関係希薄化として現われる）を別として、第1に、わが国においては、市民レベルの（共有関係における）個人所有権保護（しばしばそれは個人的居住権といってよい）が弱いということであり、例えば、マンション建替えにおける反対派住民（売り渡し請求権の行使として実質立ち退きを迫られる区分所有者）の個人権補償が不十分で、開発利益の均霑も受けられないという点で、韓国の状況とも対照的でもあった。さらに入会関係における共同所有から利用権への縮小、さらにその解体という多く見られた現象は、入会における農民、山村民の自立的基盤の剥奪という側面があり、ここにおいても居住農民の個人権保護の弱さがある。

そしてこれに対抗する利益は、言うまでもなく開発業者の利益ないし（不在）地主的圧力であり、資本主義的な企業家的利益に席巻されていると言えるであろう。またこれは、少し視座を変えてみると、近代所有権システムの導入による慣習的所有権の剥奪・侵略・征服現象と捉えることができよう。その意味でも入会について、なぜか十分に指摘されていないが、ここには補償問題が伏在しているということを逸してはならず、その意味で、狩猟漁撈的なアイヌ民族の所有権（慣行的所有権）が、明治維新後の所有の近代システムないし北海道旧土人保護法による所有システムの組み換えによる所有侵略、それゆえの補償問題(144)と理論的に共通する問題が残るのである。

第2に、さらに抑えておくべきは、こうした凌駕する利益は、重層的になっていて、そこでの開発利益は、さらにヨリ大きな構造的問題に絡めとられているということであり、いわば開発利益のグローバル化という現象があるということである。一方で、都市再開発の業界圧力は、止まるところを知らないごとくであるが（被災マンションの解体、団地の一括建替えの横行を見よ）、他方で、

(144) これについては、吉田邦彦・多文化時代と所有・居住福祉・補償問題（有斐閣、2006）第7章参照。

（例えば、広大な小繋山を所有する鹿志村林業が衰退を余儀なくされているように）、さらにそれを上回るグローバルな森林伐採・木材取引の巨大な自己利益追求の資本主義的圧力を見落としてはならないであろう（それは言うまでもなく、自由貿易政策と密接不可分である）。

さらには、沖縄の入会山を巡る基地反対闘争をも絡めとろうとする軍事的利益ないし開発利益追求ということもあり、これなどは国家権力も密接に絡む、良い事例であろう。原発問題なども、寡占電力会社は、準国家的にエネルギー政策を進めていて、それによる汚染問題と見ることもできて、それらにおける入会紛争は、「瀬戸際に立たされた集落の『伝家の宝刀』的な最後の抵抗」となっていると見てよいであろう。

しかし、第3に、こうした「コモンズの悲劇」の深刻化に直面する我々に対しては、21世紀的な時代・社会の要請としての共同体的な秩序形成が、切実に求められている（「第1」の個人権保護と同時にということである）。それに対して現実は、あまりに形成薄弱な状況で、入会なども痕跡がある程度になり下がっているし、マンションにおける共同体形成が脆弱であることは、多くの紛争例で見られるとおりである。しかしその要請の切実さは、例えば、環境との共生、居住環境の快適さの形成、集団居住における関係的価値、あるいは、中山間地、とくに森林資源管理・維持の重要性などを考えてみるだけでも、分かるであろう。そのための共同体の秩序形成、管理運営の形成をどのように行うのかは、今世紀の隘路であろうが、従来の入会管理にそのヒントがあり、昨今のコモンズ論への注目度の高まり(145)にもそれは見られて、今後の重大な課題となろう。しかしその際には、従来の共同所有法の歴史に鑑みても、個人権保護とのディレンマを含むところがあり、（一般市民の）個人所有権の両立的保護をはかるものでなければならならず、巨大化する（近代）資本主義的圧力とどう対峙するかという問題も密接不可分であることを忘れてはなるまい(146)。

（エピローグ）

以上で、前半の所有法の講義は終わりである。いわば折り返し地点であるが、本講義で終始心がけていることを記しておこう。

1．目下、法学部・法学研究科（法科大学院）を巡る環境は、激変期である。

今こそ、<u>「研究者が行う大学教育」のアイデンティティ</u>が問われる時はない。

予備校教育、実務家による教育には還元できない民法の学問としての深さをいささかなりとも伝えていれば幸いである。法教義学には、通じていなければいけないが、それだけでは内容が貧弱になってしまう。民法学者の先達の豊かな遺産を受け止め、他の分野にも開かれた民法学ということで、今後関連の隣接領域（基礎法学や政治学、哲学、社会学、経済学など）への知的好奇心を触発できればと思っている（そうした学際的環境は、昨今わが国が学ぼうとしている〔学び損ねているかもしれない〕アメリカ・ロースクールなのである）。「教育」（education；Erziehung）の原点は、諸君一人一人が秘めている「知的好奇心」を延ばすところにあるからである。

2．かといって、資格試験にも対応できるミニマムは伝達すべく努めている。ただいくつか出してみた問題は、深い問題理解を促すようなスタイルを試してみた（事例問題は、試験でもこれまでよく作ってきたが、巷間あふれているので、あえて、試験のあり方を再検討する意味で、類似問題作成は控えている。だからといって、事例問題による訓練の意味がないのでもない）。ところで、もう20数年も前の話だが、恩師星野英一先生は、筆者の就職時に当たっての、幾つかのアドバイス・忠告というか、箴言のようなものを種々述べられたことがあった。そしてその中の一つとして、「（大学に就職したら）予備校の答案練習のようなことはするな。大学という研究機関に身を置くものとして、そうしたものでしかできないことを大学教育では常に考えるように。」と

(145)　例えば、①エントロピー・生態系の見地からの狭い近代的経済学への批判を迫るもの（多辺田政弘・コモンズの経済学（学陽書房、1990）、室田武ほか・入会林野とコモンズ（日本評論社、2004）、②資本主義・社会主義を超える新たな体制としての社会的共通資本（コモンズ）の形成・管理を目指すもの（宇沢弘文・社会的共通資本（岩波新書）（岩波書店、2000）、③国内外の地域生活、森林・自然管理の現場研究からのもの（北尾邦伸・森林社会デザイン学序説（日本林業調査会、2005）など）。
さらに欧語文献としては、コモンプール管理（資源枯渇防止）のための制度論として、現場対応重視の多層的・多中心的な組織論を展開するE・オストロム教授のもの（e.g., Elinor Ostrom, Governing the Commons: The Evolution of Institutions for Collective Action（Cambridge U.P., 1990）; Ostrom et al. eds., Rules, Games, and Common-Pool Resources（U. Michigan P., 1994））が、注目に値する。

仰ったことを私は忘れることができない。今や当時と状況は激変し、日本の法科大学院の構造的問題として、その予備校化〔試験のための法科大学院化〕という深刻な事態があるからこそ、――巷間の世情・時勢に棹さすようではあるが――さしあたり、このような形での私なりの復習問題作りで、受験生の試験態勢づくりに寄与しようとしたわけで、その際には、そうした先生の言葉が絶えず去来していたことも付言しておきたい。

3．社会的に求められている需要、必要性、「公共問題」を絶えず意識していることの重要性もしばしば述べたとおりである（これも、アメリカ・ロースクール教育で強調されていることである）。「民法の社会的アクチュアリティ」を失ってはならないという現状への危機感からきている。またともすると、忘れ去られてしまう政治的・社会的弱者の方々への配慮を忘れないようにしたいものである（それが、法学教育で大きく受け止めるべき人権感覚なり個人主義なりの原点だから）。

---

(146)　この点で、戒能通厚「現代の所有論への新たな展開――社会的共通資本論・コモンズ論を手がかりに」前掲早大21世紀COEシンポ89頁以下、楜澤能生「農地所有権とコモンズ――戒能所有権論から何を学ぶか」同書119頁以下などは、あまりにも「簡単に」（それまでの議論との内的関連なく、一足飛びに）コモンズ論へ流れているように思われ、同教授の元々のマルクス主義法学との関係はどうなるのかとか、戒能通孝博士の農民の自立的抵抗精神との関係はどうなるのか、などの疑問が生ずる。

その意味で、早坂啓造「小繋事件の投げかけた問題を現代の世界に結びつける――早稲田大学シンポジウムに出席して」こつなぎの灯8号（2006）8-9頁は、マルクス主義経済学の観点からの批判的指摘は鋭く、共鳴する。また、同「入会権の歴史・現在・未来――日本とアジアの経験から」日本の科学者41巻11号（2006）610-611頁（コモンズ論への方向転換に際しては、マルクス主義の自らの基盤再興の必要があるとし〔マルクス自身が見据えていた、「農耕共同体」の未来社会への可能性を指摘する（607-609頁）〕、わが国におけるかつての「定住者」（入会権者、山村民）が、主体性・主権性を回復できないほどに痛めつけられていることを説き、その生存条件を回復して、「入会型管理・利用」の教訓を学び直すことを述べる）も参照。また、林業経済学会・林業経済研究の論点――50年の歩みから（林業経済学会50周年記念）（J-FIC、2006）第4章「入会林野論」194頁でも、コモンズの形成が、近代資本主義の問題解決を図るところにあるならば、「コモンズ論は、近代論といかなる関係にあるのかが明らかでなければならない」とされるのも、同様の問題意識を示すものと思われる。

4．民法の魅力は、入れ物が大きく、何でも議論できることである。これを踏み台にして、民法を通じてさまざまな問題（とくに21世紀社会の枢要な課題である、平和、高齢化、環境、都市化と地域間格差、貧困問題、住宅問題、家族、特に子どもの問題など）について、民法の問題として議論ができる緊迫感、社会と向き合う現実感を味わうようになってほしい。そして大事なことは、既存の知識を鵜呑みにせずに、また集団主義に流されずに、自分の頭で主体的・批判的に検討を加えていく個人主義の態度・姿勢だと思う。

第３部　担保物権法

7．担保物権法の位置と性質

7－1　金融取引法（金融法）における担保物権法の位置

債権総論の後半と担保物権とは、機能的に結びつきが強く、従来はひとまとまりの科目となっていた。法典に沿った講義となっても、その機能的位置づけを概観しておくことは便宜であろう。＊本講義対象を枠で囲ってみよう。

すなわちそこでは、金融取引ないし銀行取引に関する諸制度――金銭債権に関わる金銭消費貸借（民法587条～）ないし消費寄託〔預金契約〕（民法666条）を巡る具体的制度――が扱われ（一見抽象的のようだが、そうではない。むしろかなり細かな込み入った関係が出てくる）、その関係で、金銭債権を担保する制度として、人的担保（連帯債務（民法432条～445条）、保証債務（民法446条～465条）（これは、債権総論の領域である））及び担保物権法（民法295条以下）があわせて講じられるわけである。ここでは、かなり細かな法技術的制度に埋没する（「木を見て森を見ない」弊！）ことがないように、金融法の制度のあらましを見ておきたい。＊参考までに、関連の重要制度に下線を引いてみよう。

第１に、原則的現象形態として、金銭債権について、弁済（民法474条以下）がなされれば、問題はない。任意に弁済〔履行〕がなされないと、責任財産〔引当財産〕に対する強制履行（民法414条）――すなわち、民事執行〔強制執行〕の問題となる。金銭債権の満足のためになされるので、金銭執行といい（民事執行法〔民執。以下同じ〕43条以下）、引当財産が何かに応じて、不動産執行（民執43条～）、動産執行（民執122条～）、債権執行（民執143条～）などといわれ、プロセスとしては、差押→換価→配当がなされることになる。（またそれが包括的になされるのが、破産・会社更生などの倒産制度である。）

なお、同じ債務者に対して複数の債権者が競合する時の処理の仕方として、「債権者平等の原則」（平等主義）がある。引当財産を換価して、総債権額を支払えない時には、各債権者の金銭債権額に按分に比例して、配当されることになるというわけである。

これに対して、第2に、特定の債権者につき他の債権者よりも優位に満足を得させるための制度が担保である。その1つは、人的担保というもので、ある債務のために、例えば、連帯債務者ないし保証人（保証債務者）という形で（民法432条以下、446条以下）、債務者ないし引当財産を増やすというやり方である。これについて詳しくは、債権総論参照。

2つ目は、物的担保というもので、担保物権であり（民法295条以下）（この中で一番重要なのは抵当権である（民法369条以下））、この講義の第3部でこれから講述する制度である。その実現は、担保権の実行としての競売（民執180条以下）（かつては、任意競売といわれたときもある）である。法定担保物権（留置権、先取特権）と約定担保物権（抵当権、質権など）に分かれる。（民法に規定されている担保物権を典型担保という。）

その他、3つ目に、相殺（民法505条以下）も相殺者の優先的満足が得られることに注目して（例えば、銀行が貸金債権と預金債権とを相殺する場合）、「相殺の担保的機能」といわれる。

また、4つ目に、お金で支払えない時に、代わりのもので弁済するのを代物弁済（民法482条）といい、債権満足段階で結構意味を持つ。例えば、企業に対する債権者が倉庫の商品を引き揚げるのは、代物弁済（その自力執行）であろうし、債務者が持っている債権を譲渡（債権譲渡）しようとする（民法466条以下）のもそうであり、近時も債権の証券化との関連で注目されている。

さらに5つ目に、重要なこととして、民法典には出ていない非典型担保というものがあり。例えば、①重要動産につき、譲渡したこととして占有改定により使用し続ける（例えば、印刷屋の機械など）ような譲渡担保、②弁済期日に借金を弁済できない時には、土地家屋を譲渡するというような停止条件付き代物弁済契約による担保（このような場合には、仮登記しかできないので仮登記担保といわれる。仮登記担保契約に関する法律（昭和53年法律78号）が規律する）、③自動車売買のような代金完済まで、所有権を売主に留めるというような所有権留保がある。（これらも、担保物権法の講義対象である。）

なお第3に、責任財産の維持を図る制度もある（その他、執行法上の制度として、予めの事前の執行（保全執行といわれる）として、仮差押、仮処分というものがある（民事保全法20条〜、23条〜が規定する））。民法が定める制度は、債権総論で習うものだが、債権者代位（民法423条)、債権者取消（民法424条～）がそれである。実際には、代位債権者ないし取消債権者の優先的満足ないし簡易の配当がなされているということに留意しておきたい。

7－2　わが民法典のモザイク性とそこにおける担保物権法の位置

星野英一教授は、わが民法典には様々な規定が含まれていることを指摘されている(147)。それによると、一方で、第1に、生産・分配に関する具体的な社会的・経済的活動の規律に関わるもの（例えば、所有権、各種契約、担保物権)、他方で、第2に、抽象的・総則的な制度（例えば、法人、条件・期限、期間、時効（期間制限)、解除、弁済、契約の成立など）があり、第3に、その中間的な裏側の制度がある（例えば、不法行為、不当利得、物権的請求権など）とされるのである。

これによるならば、ここで扱う担保物権法は、第1のジャンルに属する。終生のテーマを「資本主義の発展と私法――とくに金銭債権、担保物権をめぐる諸制度の展開」とされた我妻栄博士の最も得意な分野であった(148)。このジャンルの民法規律は、経済的社会的体制ないしシステム（我妻博士のいう指導原理）の影響は受けやすく、資本主義社会に定着しているといえよう。経済合理的な制度が多く、市場原理に委ねられるところも多い（もっとも、国家的介入がなされるところとして、法定地上権（民法388条)、法定担保物権（とくに先取特権（民法303条以下))、非典型担保の法規制（とくに清算義務。元来は、民法90条によるが、判例は、仮登記担保法3条で、明文化された)、担保権と用益権との調整（民法旧395条は、短期賃借権制度を規定したが、平成15（2003）年改正により廃止された）などある)。

さらに、社会実態の近時の変化として、我妻担保物権モデルの前提として、銀行を介在させる間接金融、とくにメインバンクシステムという日本型取引慣行によるものがあったわけであるが、それが、投資家による直接金融にシフトしてきているといわれており（大垣氏ら(149))、それとともに我妻博士の担保物

(147)　星野英一「民法の意義――民法典からの出発」我妻追悼・私法学の新たな展開（有斐閣、1975）とくに103頁以下。同・民法論集4巻（有斐閣、1978）に所収。

(148)　我妻栄・近代法における債権の優越的地位（有斐閣、1953）参照。

権法イメージも社会的に大きく変わってくるのかもしれない。もっとも、メインバンクなどによる間接金融には、地域コミュニティー維持的な社会的機能があることも事実であり、「これが時代の流れだ」などとして、一方向的に進化論的に捉えるべきではないと考える（吉田）。

（間接金融）
A社←―金融機関
（メインバンクなど）

（直接金融）
A社⟹B社（特定目的会社）⟹一般投資家
（Special Purpose Vehicle［SPV］）
倒産隔離　　証券化
格付け　　（securitization）

＊「直接金融」の功罪

資産の効率的な金融目的への利用から、後者（直接金融）が生じているが、その際には、資産の「格付け評価」がしっかりしていることが、制度の根幹とも言えるが、その点が、実際にはそうではなかったことは、サブプライム・ローンによる近時の金融危機が教えるところである。

【QⅦ－1】 担保物権法は、金融法（金融取引法）として扱われることがあるが、どうしてなのかを説明しなさい。さらに、様々な性格を有する民法規定の中で、同法の規定はどのような性質を有するかについても論じなさい。

【QⅦ－2】 金融のあり方の変化（間接金融から直接金融への変化）の利害得失について、分析しなさい。

（149）　例えば、大垣尚司・ストラクチャードファイナンス入門（日本経済新聞社、1997）、同「新たな資金調達の仕組みと民法」民法の争点（新版）（有斐閣、2007）、また、高橋正彦・証券化の法と経済学（NTT出版、2004）参照。また、内田貴「担保法のパラダイム」法学教室266号（2002）（交換価値把握の担保から収益注目的担保（経営維持機能重視）への転換を説く）。

7－3　担保物権（とくに約定担保物権）の存在意義の捉えなおし（アメリカ担保法学の「法と経済学」研究からの示唆）(150)

(1) 従来は、担保物権の意義として、優先弁済権の確保という形であまり問題視されずに、当然のこととして認められてきた。しかしアメリカの担保法学においては、法と経済学ないしファイナンス理論の潮流をバックにして、こうした強い担保権のイメージないしUCC第9編における担保権の優先権に対して反省が出てきている。

すなわち、ファイナンス理論上は、1950年代に出されたモジリアニとミラーが提唱する（完全情報ないし完全資本市場〔情報取得、資本調達のコストがゼロで、法人税もゼロ〕下では）資本構成（負債比率〔負債（debt）と株式（equity）の比率〕）と企業価値とは関連性がないとの理論（MM理論）（Modigliani-Miller Theorem）が確立していて、さらにこれを応用して、担保付債権と一般債権の構成比率も企業価値に関係しないとされる。そしてその際には、担保権による無担保債権に対するデメリット（他の債権者は、回収のリスク、モニタリングコストが高まる）や新たな借り入れの難しさというコストにも光が当てられるにいたったわけである。

(2) こうなると、担保権（約定担保物権）の存在意義の捉え方も変わってこざるを得ないとされる。例えば第1に、関係当事者のリスク選好の態様により、その設定状況は左右されるとされ（リスク回避（risk-averse）的債権者は、担保設定を好む）、また第2に、情報が偏在する市場においては、不良商品が出回るいわゆる「レモンの市場」の問題があり、これに対する情報交換のシグナリングとして、担保設定は意味を持つとされたりする。

しかし第3に、最も有力な説明のしかたとして、債権者と株主（企業）間の

---

(150)　これに関する優れた文献は、沖野眞已「約定担保物権の意義と機能――UCC第9編の『効率性』に関する議論の素描」学習院大学法学会雑誌34巻1号（1998）である。またMM理論については、Franco Modigliani & Merton Miller, *The Cost of Capital, Corporation Finance and the Theory of Investments*, 48 Am. Econ. Rev. 261（1958）参照。

（因みに、道垣内4頁でも、「伝統的説明に対する再考の必要性を説くもの」として、沖野論文を引くが、その中身の説明がないと、読者は何のことかわからないし、やはり、アメリカ担保法学の基礎理論に対する道垣内教授のスタンスを知りたいものである。）

エイジェンシー問題〔株主の有限責任性ゆえに、債務超過状態においては、機会主義的で非合理的な（opportunistic & irrational）債権者の利益にならないリスク愛好的行動がとられること〕が出ることを背景として、それに対するモニタリングとして過剰投資を妨げる意味での担保権設定が必要になるとされたりしている。――倒産制度、詐害行為取消制度などの存在意義に関する捉え方の刷新とも関連して、注目すべき視角の転換と言うべきであろう（吉田）。

＊現実の市場における資本構成、企業価値とMM理論の前提との相違

金融法の経済分析ないしファイナンス理論におけるMM理論は、不法行為法の経済分析におけるコースの定理と類似したところがあり、仮想空間とも言える。しかしその意味は、思考実験として、従来よりも視野を広げて、場合によっては、これまでの直感にやや反するようなこと（例えば、資本構成と企業価値とは、無関係であるということ、さらに、担保物権のデメリットの指摘。Cf. 不法行為では、損害賠償の有無にかかわらず、最適状態が導かれるとするなど）を理論的に示すところにある。

そこで、（いちいち示すまでもないと思うが）参考までに、現実の資本調達市場では、どうなるかを述べておこう。①まず、負債と社債の利子を比べてみると、後者だとリスクが高い分、社債権者は、高い利子を期待する。その分、負債よりも社債（株式）の方が、資本調達コストは大きい。②だから、負債比率が高くなると、資本コストは下がり、節税効果もあるので、企業価値は高くなる。③ところが、あまり負債比率が上がると、借金の返済ができない財務リスクが高まり、その分高い利率を要求するようになるから、ひいて負債コストは高まる（同時に、株主の要求利回りも高くなるから株式（社債）コストも高まる）。かくして、その分、企業価値は低下するということになるわけである。④なお、企業の社債の格付けは、負債比率の増大が指標とされる（そしてかつては、企業は借金を圧縮して格付けを落ちないようにした）。ところが、近時は、上記①②の論理から、格付けよりも企業価値重視という傾向もあるので（ある意味これは、MM理論の余波であろう）、企業の金融行動は、見えにくくなっており、それが金融リスクを高めているところがあると思われる。

【QⅦ－3】近時のアメリカ担保法学において、担保物権（約定担保物権）の存在意義に関していかなる見方の展開が図られているか、その論拠も含めて概観しなさい。

7－4　物的担保と人的担保との比較――債権担保という見地から(151)

……フランス民法、旧民法（債権担保編に併せて規定された）的な考え方である。

① 物的担保（担保物権法）……法定担保物権（留置権、先取特権）、約定担保物権（抵当権が代表。その他、質権、さらに非典型担保〔e.g., 譲渡担保、所有権留保、仮登記担保、相殺特約など〕が重要である）。

② 人的担保……代表が保証（負担部分がゼロ）。その他、連帯債務（いわゆる「不真正連帯債務」（全部債務）を含む）（e.g., 民法719条、761条）、不可分債務、併存的債務引受。

（両者の利害得失の比較）

・①の場合には、特定の物からの優先弁済となり、確実性がある（とくに、目的財産の価値が高く安定している場合〔不動産、特に土地の場合〕。もっとも近時は、不動産市況の低迷から事情は変わってきており、債権の担保価値にも注目されるに至っている）。他方で、そのような財産には、限りがある。

・他方で、②の場合には、債務者の数を増やすことにより、引当財産を増やし債権を安定化させるが、他方で当該債務者の資力にかかっており、リスクも大きく、一般的には、①には劣る。しかし反面で、設定や実行も容易で、費用・手数が少なく、簡便に弁済が得られるというメリットがある。

→①には、限界があり（担保対象の限界）、それ以外には、②を利用するしかない。特に、中小企業に対する金融や消費者金融において大きな意味を持

(151)　こうした角度から、整理・概観するものとして、例えば、野村豊弘「物的担保と人的担保」鈴木禄弥＝竹内昭夫編・金融取引法大系5巻担保・保証（有斐閣、1984）。

つ。例えば、信用保証協会による保証がそれであり、「機関保証」といわれ、近年はこれに関する代位弁済（民法474条、499条以下。「代位を伴う弁済」(paiement avec subrogation) の意である）が多く（実質的には、副次的融資である)、その場合には、過剰な求償に対する主債務者の保護の要請があり、利率チェックの必要がある。

なお、人的担保、とくに個人保証の場合には、物的担保と異なり、全財産が対象となり、保証人保護という問題が出る（例えば、身元保証人〔身元保証ニ関スル法律（昭和8（1933）年法律)〕。なお、平成16（2004）年民法改正により、貸金等根保証契約が追加された〔民法465条の2以下〕。この場合には、極度額を定めなければ、効力がないとされるに至った〔465条の2第2項参照〕)。

(担保の性質)

(a)　共通のもの

(i)　付従性――本来の債権がなければ、担保はないという考え方（例えば、保証につき、民法448条。担保物権でも、被担保債権の存在が必要とされる)。

(ii)　随伴性――本来の債権とともに、移転するというもの。付従性のコロラリーである。但し、根抵当などの場合には、否定される（民法398条の7)。

(b)　保証の場合

(iii)　補充性――主たる債務が履行されない場合の二次的債務という性質で、これに基づき、保証人には、催告・検索の抗弁権（民法452条、453条）がある。但し、実際には、その抗弁権が認められない連帯保証（民法454条）の場合が、ほとんどであることに注意を要する。

(c)　担保物権の場合

(iv)　不可分性――債権の全部につき、弁済を受けるまで担保物全体を把握し、権利行使ができる（民法296条、305条、350条、372条参照)。

(v)　物上代位性――担保目的物の滅失・損傷などで、他の権利に変形した場合に、担保物権（先取特権、質権、抵当権）は、それにも及ぶ（民法304条、350条、372条)。

＊その他の、優先弁済的効力、留置的効力、収益的効力については、追って論ずる。（なお、「優先弁済的効力」は、正確には、「優先的に弁済を受ける地位」ということであり、「優先弁済受領権」と書く論者もいる（鈴木博士）。）

【QⅦ－4】担保物権（物的担保）には、人的担保と比較して、どのような利害得失があるかを論じなさい。

（文献）

① 伝統的体系書

我妻栄・新訂担保物権法（民法講義Ⅲ）（岩波書店、1968）（旧版は、1940）……定評ある体系書。がっちりした枠組みをつかみたい人には、お薦めだが、やや古くなっている。私が学生の頃には、教科書にも指定されていて、平積みされていた。

柚木馨＝高木多喜男・担保物権法（3 版）（法律学全集）（有斐閣、1982）（共著は、2 版 1973）（初版柚木単著、1958）……代表的体系書。

② その後の特徴ある教科書

鈴木禄弥・物権法講義（4 訂版）（創文社、1994）（5 訂版、2007）（初版 1964）……この分野のリードした論者による優れたもの。

星野英一・民法概論Ⅱ（物権・担保物権）（良書普及会、1976）……立法者意思に留意した密度の濃い教科書。

槇悌次・担保物権法（有斐閣、1981）

北川善太郎・民法講要 2 物権（3 版）（有斐閣、2004）（初版 1993）

川井健・民法概論 2 物権（有斐閣、1997）

③ 近時の平易化教科書・自習書

内田貴・民法Ⅲ債権総論・担保物権（2 版）（東京大学出版会、2004）（初版 1996）

大村敦志・基本民法Ⅲ債権総論・担保物権（2 版）（有斐閣、2005）（初版 2004）

野村豊弘・民法Ⅱ物権（2 版）（有斐閣、2009）（初版 2004）の後半部分。

安永正昭・講義物権・担保物権法（有斐閣、2009）の後半部分。

……以上の中では、内田著が、自説が多く書かれているという特色があろう。

生熊長幸ほか・民法Ⅱ――物権(Sシリーズ)(3版)(有斐閣、2005)(初版1987)〔脱稿後に、(3版補訂版、2010)に接した〕

……Sシリーズの中では、しっかりした巻である。

④　(③より)詳しく書かれた教科書・体系書

高木多喜男・担保物権法(4版)(有斐閣、2005)(初版1984)……かねて定評がある。

道垣内弘人・担保物権法(2版)(有斐閣、2005)(3版、2008)(初版、三省堂、1990)……私見がきちんと書かれている(改説も時々あるのは、検討を続ける同教授の特徴か)。論点の取り上げ方も網羅的であり(もっともときに、細かすぎる印象も受ける)、本講義録でも、もっとも引用する文献の一つである。

近江幸治・担保物権(成文堂、2004〔2版補訂2007〕)(弘文堂、1988)

高橋真・担保物権法(成文堂、2007)

清水元・プログレッシブ民法(担保物権法)(成文堂、2008)……文献案内が、丁寧。

⑤　コメンタール

柚木馨＝高木多喜男編・新版注釈民法(9)(有斐閣、1998)

広中俊雄＝星野英一編・民法典の百年Ⅰ、Ⅱ(有斐閣、1998)

8．法定担保物権(民法295条以下、民法303条以下)

8－1　留置権(民法295条～)

両当事者の公平から、その物に関して生じた債権の弁済を受けるまで、その物を留置する権利(留置的効力)(民法295条)。……同時履行の抗弁権(民法533条)と相通ずる。

(e.g.)時計の修繕をした者が、代金を受け取るまで留置する。

8－1－1　効果面での特徴

① 留置的効力（民法295条）の反面として、占有が要件となる（民法302条参照）。

② 果実収取権（民法297条）の限りでのみ、優先弁済権を有する。他方で、一般的な優先弁済権（優先弁済的効力）はない。——換価のための競売権〔留置することによる不便から、解放されるための形式的競売権〕を有するに留まる（民執195条）。……この点で、他の担保物権と異なる。

＊（民事執行における）留置権者の事実上の優先弁済的地位

もっとも、他の債権者による競売に際しては、留置的効力ゆえに、事実上優先弁済を受けている（民執59条4項、188条〔不動産〕、124条〔動産〕）。

＊破産法上の留置権の扱い

破産法上も、商事留置権（商法521条）以外は、別除権はなく（破産法66条（旧93条）〔商事留置権は、民法の先取特権に後れる特別の先取特権であるとされる（1項、2項）（なおこの場合に、（判例）は留置的効力を認めている（最判平成10.7.14民集52巻5号1261頁〔手形割引のために約束手形を預かっていた銀行に対する、破産取引先の管財人からの返還請求の事例につき、手形占有の継続を肯定する〕））。民事留置権は破産財団との関係で効力を失う（3項）〕。さらに別除権については、2条9項、65条）、会社更生手続上も更生債権に止まり、優先弁済は受けられない。

③ 留置物保管義務（民法298条）……民法296～300条は、質権に準用され（民法350条）、むしろそちらで問題になるが、留置物保管義務との関係で若干議論がある。

(e.g.) 借家における修繕費償還請求権の担保のための留置（居住継続）。
建物建築請負人による請負代金債権担保のための留置（建物の使用、賃貸）。

……民法298条2項によれば、留置物の使用・賃貸には、債務者の承諾が必要で、それに反すると、消滅請求される（民法298条3項）。

（問題点）

1．居住の継続は、「使用」に当たるか？

・（判例）は、居住は、「留置物の保存」に当たり（民法298条2項但書）、家主（債務者）の承諾は不要だとする（大判昭和10.5.13民集14巻876頁〔家屋賃借人の留置としての居住の事例。建物の譲受人の消滅請求につき、特別の事情なき限り保存だとした〕判民53事件我妻）がその事例であるが、他方で、船舶の遠距離航行（和歌山から山口まで）は、「保存」とは言えないとして、消滅請求を認めている（最判昭和30.3.4民集9巻3号229頁〔木造帆船の買主により、解除前に支出した修理費償還請求権のための留置権行使〕））。もっとも、賃料相当額は、不当利得の問題になるとされる。

・（通説）は、「留置権が弁済により消滅するときに遅滞なく引渡すことができる態勢を作りつつ、従前の使用状態の継続ができる」とする（我妻［47］、柚木＝高木30頁以下）。――（判例）のように「保存」を媒介とせずに、留置の一態様とする。

（検討）

「使用」「保存」の区別ははっきりせず、また、空き家として管理するのはおかしいとの我妻説（我妻・判民評釈234頁）を推及すれば、文言を整序すべしという立法問題になる。つまり、「遅滞なき引き渡しができない利用」「賃貸のような使用状態の変更」が承諾の対象となると文言修正すべきだということになろう（同旨、道垣内34頁）。

2．所有権が譲渡された場合の法律関係

・第三者への所有権移転の対抗要件を具備する前に、「承諾」（民法298条2項）を得ていれば、留置権者は承諾の効果――建物の使用・賃貸――を第三者に対抗できるとする（判例）（最判平成9.7.3民集51巻6号2500頁〔建築請負人が、請負残代金債権に関して、当該建物につき留置権を取得し、競売開始前に、その使用等につき包括的な承諾を受けていたという事例。その使用及び競売開始後の賃貸につき、新所有者に対抗できるとする〕）。

【QⅧ－1】賃借物（アパート、船舶など）につき修理費償還請求権があるときに、期間終了後も勝手に賃借人は利用し続けられるのか。その法律関係を論じなさい。

④ 対第三者効力……物権ゆえの「対世効」(対第三者効力) がある。この点で議論があることは後述する。事例もあり、どう考えるかは、「盲点」的問題である。

8−1−2　物と債権との牽連性（要件論）
……目的物の引渡義務と同一の法律関係・事実関係から生じた債権を担保する。(e.g.) 物の売買代金債権、傘・スキーを取り違えた場合の返還請求権。

　＊なお、従来さらに、「物自体から生じた債権」を別類型として認める（我妻［35］〜）が、必ずしも区別は判然としない（高木23頁）。

（問題点）
1．造作買取請求権（それによる代金請求権）(借地借家33条〔旧借家5条〕) につき、「造作」のみならず、「家屋」の留置までできるか。……借地借家関係で、問題になることが多い（かつて）(借地借家法になり、造作買取請求権は任意規定とされた〔借地借家37条〕)。Cf. 借地の場合の建物買取請求権（借地借家13条、14条〔旧借地4条2項、10条〕）は、今なお強行規定である（同法16条参照）。
・（判例）は否定する（大判昭和6.1.17民集10巻6頁、最判昭和29.1.14民集8巻1号16頁）(造作に関して生じた債権であり、建物に関して生じた債権ではないとする）。
・しかし、（通説）は、造作と建物との経済的一体性ゆえに、それに反対する（肯定説）(我妻［36］、星野・借地・借家法624頁、鈴木427頁）。

　◇なお、建物買取請求権の場合には、「建物」のみならず、「敷地」をも留置することができるとされている（判例）(大判昭和18.2.18民集22巻91頁など）。

2．第三者との関係——第三者に所有権が移り、同人から引渡請求された場合の留置権の成否・効力。……留置権の物権性・対世効に関わる。

Cf. この点で、ドイツ法は、債権的留置権という構成を採り（従って、同時履行の抗弁権と類似する）、わが国とは法制が異なる。

(e.g.)・二重譲渡で、第一買主が不動産占有している場合に、留置権行使ができるか。

・売渡担保建物（売主が占有）の譲渡の場合はどうか。

・請負人による留置不動産が譲渡された場合はどうか。

・（判例）は、概して否定的である（最判昭和34.9.3民集13巻11号1357頁、同昭和43.11.21民集22巻12号2765頁【80】（4版））（被担保債権は、損害賠償債権の場合である）が、肯定したものもあり（最判昭和47.11.16民集26巻9号1619頁〔売買の残代金債権が被担保債権の事例〕、同平成3.7.16民集45巻6号1101頁〔請負事例〕）、その区別の根拠は必ずしも明らかではない。

・（多数説）も概して否定的である（例えば、高木20頁の②③の分類〔契約相手方との間に生じた留置権ならば良いとする〕の根拠も分かりにくい。また、我妻［40］は、留置権行使で、相手方に弁済を促す関係であることを要し、第三者弁済を促すことになってはならないとする。同旨、高橋18頁〔第一買主は売主に対する損害賠償請求権で、第二買主に対して留置権を主張できる関係は成立していないとする〕）。

もっとも、異論として、柚木説（民商42巻3号）があった。

（検討）

1．これは、ドイツ法的な再構成であり（諸説あるが、大なり小なりそうである）、これはわが国の留置権制度とずれるものではないかという疑問があり（吉田）、その角度からの再検討が必要であろう(152)。そして、否定説は結論が先取されている観があり、説得的だとは思われない。

2．これを積極的に解することは、民法177条の第三者解釈で、不法行為評価

(152)　吉田邦彦・民法判例百選Ⅰ（4版）(1996)【80】解説及びそこに掲げた文献参照。とくに、清水元・留置権概念の再構成（一粒社、1998）及び関武志・留置権の研究（信山社、2001）であるが、わが留置権規定がフランス法系譜であるが、そこでの（本問題に関する）構成はドイツ的である（少なくとも、吉田・前掲執筆の段階での両著の元となる論文においてはそうであった）。

の変遷により動揺している〔吉田説の台頭〕ことと歩調を負わせることになる（なお、【80】（5版）清水解説で、「積極説を採ると民法177条の基礎を奪うことになり、敗者復活を許すことになる」とされるが、そこで前提とされる民法177条の解釈論は伝統的な立場であることに注意を要する）。＊しかし例えば、二重譲渡事例で、第一買主保護に作用し、近時の新しい動きに合致するが、第二買主が金銭支払いすれば、第一買主は不動産を明け渡さなければいけなくなるという意味で、民法177条の第三者の解釈論で、単純悪意者排除説を採るのとはイコールではないことに留意されたい。

【QⅧ－2】造作買取請求権及び建物買取請求権を行使するときに、それぞれ建物及び敷地について、留置権を主張できるのか。判例と学説とで、意見が分かれるのはなぜかも考えなさい。

【QⅧ－3】二重譲渡事例で、第一買主が占有しているときに、先に登記を経由した第二買主が引渡を求めてきた時に、留置権は主張できるのかを分析しなさい（判例及び多数説が否定説であるのは、説得的かも考えなさい）。

3．不法占有になって支出した費用につき、留置権を主張できるのか。

(e.g.) 売買契約解除後、あるいは建物賃貸借の債務不履行解除後の、無権限を知りつつの費用支出。その償還請求権に基づく留置権の可否。

・（判例）は、否定する（最判昭和41.3.3民集20巻3号386頁、同昭和46.7.16民集25巻5号749頁　法協90巻6号四宮〔いずれも、契約解除（前者は売買契約解除、後者は賃貸借契約解除）の後の必要費・有益費を支出した事例〕、同昭和51.6.17民集30巻6号616頁【81】（5版）法協95巻2号米倉〔農地買収が取消された後に、買収地の譲受人が地盛工事・水道工事に費用支出したケース。無権限であることの認識がなくとも（つまり善意でも）それにつき過失があるとされている〕）。……民法295条2項の類推適用。

・（多数説）は、概ねこれに批判的である（つまり、留置権が否定される場合を（判例）よりも絞り込もうとする）。

……事案は様々であり、とくに解除の有効、無効は必ずしも明らかではなく、占有者が無権限であることに善意の場合に、民法295条2項を（類推）

適用してよいかには、問題がある（吉田。同旨、我妻［44］〔賃借人にとくに不信行為あるときに同条項を適用する。旧版の制限的修正である〕、星野204頁、四宮評釈〔民法196条2項但書を適用すべきだとする。その含意は悪意の占有者にも留置権が成立する余地を認め、期限の許与がなされた場合にのみ否定するというところにある〕。

なお、道垣内27頁、高橋23頁は、この四宮説に反対する（196条と295条は別の制度だとする）が、留置権否定の場面を拡げる勢いがある〔もっとも、高橋同所は違法性が高い場合にやや絞る〕）。

＊立法者も、「無権限に占有を開始し、かつ出費時に占有開始悪意の場合」のみ、同条項の問題としていた(153)。

＊民法196条2項では、悪意の占有者の場合でも留置権があり、回復者（所有者）が期限の許可を得てはじめて留置権を失うとしていることとの整合性の問題がある（道垣内・前掲が、同条は295条2項と別個独立の制度だとする(154)のは、必ずしも説得的ではない（後述する））。

□見解分布のイメージ

(a)無権限占有、それにつき過失、(b)悪意、期限の猶予なし、(c)不法行為による占有

←（判例）？　　　　　　←（多数説）　　　←（民295Ⅱの文言）

←（四宮）（民196Ⅱとの関係）

この線引きがどのあたりか？

→|←

（留置権の肯定）　　（留置権の否定）

---

(153)　法典調査会民法議事速記録12巻84丁（穂積陳重発言）。また、民法修正案理由書252頁（295条の箇所）では、「不法行為」とは、「不正の原因」の意味だとある。

もっとも、梅巻之二304頁では、窃盗や詐欺の例を挙げるが、過失による不法行為による占有開始の例も含むとしており、必ずしもその射程は絞り込まれていないように思われる。だから、（判例）にも繋がりうるようにも読める。

(154)　小川保弘「民法295条2項と同196条2項の関係について」同・物権法研究（法律文化社、1985）149頁以下（初出、山形大学紀要社会科学8巻1号(1977)）を引用する。

（検討）

1．賃借人保護の立場から、留置権の制限的運用がここで問題になっているのだが、「故意の不法行為の場合」「悪意による無権限占有」「事後的な無権限占有、それについての悪意」「それすらないが有過失の場合」の各場面相互の利益考量ないし微妙な法的評価の格差化の動きと見ることができ、結構微妙な考量である。

2．（多数説）が、（判例）よりも制限的に留置権を否定しようとするのは、民法196条2項とのバランスもあるが、留置権は同時履行関係に立つ両当事者のバランスから一般的に認められるもので、それが信義則上否定されるには、それなりに留置権者の悪性が強い場合が、民法295条2項の本来の趣旨である、というところにあるようで、その方向性（Cf. 最近の傾向）は支持してよいであろう（吉田）。もっとも、悪性が高ければ、期限の許可を待たずに否定される場合がある（この点は、米倉評釈434頁参照）ことも認めてよく、両条項は、別個独立ではなく、相補的と考えるべきであろう（吉田）。

3．なお、米倉評釈が、51年判決事案で、X側は権利防衛に努力してきたから、Y側の留置権につき、――（判例）をさらに推し進めて、過失のみならず善意無過失であっても――否定すべきだとされる（436頁）のは、あまりに個別具体的に処理して、基準を軟化させすぎているのではないかと考える（吉田。【81】（5版）高崎解説もそれには批判的の如くである）。

＊この点は、ルール志向的な平井教授からの利益考量批判（「第2次法解釈論争」）（ないしルールとスタンダードの議論）とも関係するであろう。なお、第2次法解釈論争については、平井宜雄・法解釈基礎論覚書（有斐閣、1989）、同・続・法解釈基礎論覚書（有斐閣、1991）、また、ルールとスタンダードについては、吉田邦彦・民法解釈と揺れ動く所有論（有斐閣、2000）第1章など参照。

【QⅧ－4】解除後に支出された費用償還請求権につき、留置権の行使を否定しようとする（判例）の立場を論評しなさい（学説の多数が、どうしてそれに批判的なのかも考えなさい）。

8－2　先取特権（民法303条～）

8－2－1　制度趣旨と現代的特質

・先取特権は、以下の諸目的から規定される。

(i)　債権者間の実質的公平（民法307条〔共益費用〕）。

(ii)　社会政策的配慮――零細な債権の保護（民法308条〔雇用人の給料など〕、323条・324条〔農工業労務〕。Cf. 民法310条〔日用品供給〕……これは、日用品供給者保護により、間接的に資力の乏しい者の生活を容易ならしめるという債務者保護に目的があり、従って、債務者が法人の場合に、この保護が受けられないとされる（判例）（最判昭和46.10.21民集25巻7号969頁））。

(iii)　当事者の意思・期待の保護（民法312～316条〔不動産賃貸に関する動産先取特権〕、327条〔不動産工事の不動産先取特権〕など）。

(iv)　特殊な産業の保護（民法322条〔種苗肥料供給の場合〕）。

＊かつては、この領域では、古めかしい字句が目立っていたが、平成16(2004)年の現代語化の改正により、幾つか改められた（例えば、僕婢〔→家事使用人〕（民法310条）、従者及び牛馬の宿泊料・飲食料〔→宿泊客の宿泊料・飲食料にまとめられる〕（民法317条）、工匠〔→工事の設計をする者〕（民法327条））。

＊（参考までに）先取特権の実際上の利用の低さ

先取特権の利用率は概して低い（特に、一般先取特権の利用は低く、不動産先取特権も、その登記の要件が厳しく（民法337条〔不動産保存のそれにつき、保存行為完了後ただちに登記する〕、338条1項〔不動産工事のそれは、工事開始前にする必要があり、その費用の登記もしなければならない〕、340条〔不動産売買のそれでは、売買契約と同時に、行う必要がある〕）、ほとんど利用されない（抵当権との対比での利用率は、0.001%（土地）～0.05%（建物）くらいである）。鈴木320頁、322頁、465頁参照。後者〔不動産先取特権〕の場合には、その利用の潜在的意味などが説かれることもあるが）。後述するように、注目されているのは、動産売買の先取特権など一部に限られているのであり、そういう実態であることを踏まえた講義である必要もあろう。

なお、葬祭費用の一般先取特権（民法309条）についても、葬儀費は、各種保険で保護されているし、そもそも葬儀屋が、そうまでして保護すべき社会的困窮者という認識も現実に反するものではないかという感じもする（その平均年収は、年600万円などとされる）。もちろん、近時映画『おくりびと』で注目されるに至ったその下請業種の納棺師などは、社会的差別意識もあり（青木新門・納棺夫日記（増補改訂版）（文春文庫）（文芸春秋、1996）34頁以下参照）、その面で意識変革の必要はあろうが……。

・特別法で、先取特権が定められることも多い。

(e.g.) 立木ノ先取特権ニ関スル法律（明治43（1910）年法律56号）……樹木伐採時の地代に関する立木への先取特権。

借地借家12条〔旧借地13条、14条〕……最後の2年分の地代についての建物の上の先取特権。

農業動産信用法4〜11条……農業資金貸付に関して、農業用動産（農業用機械、漁船、牛馬など）に対する先取特権。

区分所有法7条……共用部分に関する債権についての備え付けの動産の上の先取特権。

・しかし他方で、公示方法を欠きつつ、優先弁済権（優先弁済的効力）が認められるために、他の債権者の取引安全を害するという問題がある。

Cf. ドイツ法、スイス法では、先取特権が認められていない（法定質権、法定抵当権で代置する）。＊なお、鈴木博士の先取特権の叙述の仕方（抵当権、質権の箇所に分解する形で講ずる。320頁以下、335頁以下、465頁以下）は、確かに機能主義的叙述の産物であると言えようが、見方によっては、ドイツ法的な叙述と言えなくはないか。

……我妻博士（我妻［61］）は、近代法の物的担保制度発展の過程から見て、わが民法は遅れているとした。しかし必ずしも、そのように考える必要はなく、むしろ市場政策上、特定の債権保護の要請は大きく（我妻［64］は、金融関係における国家的干渉による自由主義修正の表れだとする）、現代社会は、この両者の要請の調整に直面しており、法定担保物権（先取特権）の拡充は、現代的に重要な現象だとされている（平井・債権総論6頁）ことに注意すべきであろう。

【QⅧ－5】「先取特権のわが国の規定は、近代法の担保物権法史からみて遅れている」といわれることがあるが、この点どのように考えたらよいか。各種先取特権の制度趣旨を分析しつつ、論じなさい。

8－2－2　種類――近時注目される場面

1．一般先取特権（民法306条～310条）

2．動産先取特権（民法311条～324条）

・近時注目されるのは、動産売買の先取特権（民法321条）であり、意味を持つのは、買主に動産が引渡された後であり（Cf. 留置権・同時履行の抗弁権の場合と比較せよ）、とくに転売された場合である（後述する）。

3．不動産先取特権（民法325条～328条）

・請負人の「不動産工事」の先取特権（民法327条）。

……請負建築建物の所有権移転時期の問題（契約各論参照）（近時の多数説は、注文者原始的帰属説。その際に、請負人の代金債権保護のために、この先取特権が説かれる）と関連する。

もっとも、そのためには、工事前に、費用の予算額の登記が必要とされており（民法338条1項）、それが支障となって、あまり実際には利用されていない（前述）。

・不動産売買の先取特権（民法328条）。

……フランスでは、売買と同時に所有権が移転するために、このような規定が意味を持つが、わが国では、引渡（移転登記）と代金支払いが引き換えになされて（(判例）の立場がこれと異なることは、物権総論参照)、これが実際の取扱いであるので、そうだとすると、本条はあまり意味を持たない。

なお、割賦販売では、所有権留保などの約定担保が付される。

【QⅧ－6】不動産売買、また建築請負建物の所有権移転時期の議論が、先取特権の議論とどのように関連しているかを考察しなさい。

8－2－3　効力の調整

・先取特権には、優先弁済権が認められるので（民法303条。また他の債権者による民事執行手続における配当手続のレベルでも、優先権が認められている〔不動産執行の場合――民執51条1項（一般先取特権）、87条1項4号（不動産先取特権）。動産執行の場合――民執133条（一般先取特権、動産先取特権）。債権執行の場合――民執154条1項（一般先取特権）〕）、効力調整〔順位付け〕が問題となる。

＊競売申立は、不動産では民執181条、動産では民執190条によっており、かつて動産の競売申立には、目的動産の占有が事実上求められていたが、平成15（2003）年改正により、190条は改正され、「担保権の存在を証する文書の提出」で足りるようになった（190条2項）（近時注目される〔後述〕動産売買の先取特権で意味がある）。

(1)　先取特権者相互

(i)　共益費用は別として、まず特別先取特権者、次に一般先取特権者ということになる（民法329条2項）。後者の行使制限として、民法335条（不動産以外の財産から。特別担保となっていない物から）。

(ii)　各先取特権については、列記どおりに（動産については民法330条、不動産については民法331条〔325条〕、一般先取特権については民法329条〔306条〕参照）。

なお、「動産保存」については、後の者が優先し（民法330条1項2文〔現代語化前には、330条1項2号〕）（「不動産保存」についても同様だとされる。330条1項2文の類推）、「不動産売買」については、前の者が優先する（民法331条2項）。

(iii)　決まらないときには、債権額に応じて按分する（民法332条）。

(2)　他の担保物権との関係

(i)　対留置権……論理的には競合しないが、事実上留置権者が優先する（民執188条による同59条4項の類推〔不動産の場合〕、190条〔動産の場合〕）。

(ii)　対動産質権……動産質権者は、第1順位の動産先取特権者〔不動産賃貸、旅館宿泊・運輸のそれ〕（民法330条1項1号）と同一である（民法334条）。

(iii)　対抵当権〔不動産質権〕(後者が前者に準ずるのは、民法361条による）……不動産保存・工事の先取特権は、登記すれば常に優先し（民法339条。——登記の先後を問わないという意味で、民法177条の例外である)、不動産売買の先取特権、一般先取特権の場合には、登記の先後による（民法339条の反対解釈。また民法336条但書)。

なお、双方未登記の場合には、一般先取特権者が優先する（民法336条但書の反対解釈。民法177条の修正である)。

(3)　第三取得者〔担保付財産を譲り受ける第三者などを指す〕との関係（先取特権の追及力）

・動産の場合には、もはや追及できない（民法333条)。——なお、ここでの「引渡」には、「占有改定」も含むとするのが（通説）(判例）(大判大正6.7.26民録23輯1203頁〔不動産賃貸による居宅備え付け動産に対する先取特権の実行の事例〕)（なお、もはや譲渡（占有改定）された動産について追及できないが、動産についての先取特権を即時取得する（民法319条（192条の準用)）とされる）であるが、後段支持説も有力である（星野209頁、また近江69頁、道垣内67頁。なお、鈴木338頁では、明示的に占有改定では、民法333条の「引渡し」には当たらないが、仮に当たるとしても、先取特権の即時取得で保護されるとする)。

(検討)

1．なお、生態教授が説かれる、動産の賃料債権に対する先取特権の時効取得という論理（Sシリーズ220頁）(大正6年判決の傍論とするが、同判決ではそのように述べられてはいない）は分かりにくく（①賃料債権が帰属するのは第三者であるし、賃借人の下にある動産につきその第三者への賃貸の外観があるともいえない。②それとも第三者の登場ということから、第三者への賃貸の外観を信頼したことから、賃料債権への物上代位を即時取得したということだろうか)、星野・鈴木両教授らの有力説の立場でよいだろう（先取特権の追及効はないが、未だ賃借人の手元に動産があるので、それに対する先取特権の外観を信頼したことによる）(吉田)。

2．もっとも、有力学説は、やや自己矛盾的であり、結論的に「占有改定」を民法 333 条に含ませるのを実質否定するのであるならば、もはや最初からはっきりと「占有改定」では、追及効は切断されないと解するのがすっきりしているのではないか（吉田。この点で、鈴木・前掲箇所は、そのようになっている。道垣内・前掲箇所と比較せよ）。

・不動産の場合には、登記の先後で優劣が決まる（民法 336 条但書〔一般先取特権の場合〕及び民法 177 条（この点につき、星野 216 頁、高木 52-53 頁）。なお、民法 339 条は、登記した抵当権との関係の例外規定であり、優先させるための要件は、「遅滞ない登記」「工事前の登記」である（民法 337 条、338 条））。

8－2－4　動産売買先取特権（民法 321 条）における物上代位

＊なお、「物上代位」については、ヨリ詳しく、抵当権に基づくそれ（民法 372 条による 304 条の準用）のところで、後述する。

(1)　物上代位権行使の拡張と限界

・前述の如く、動産の場合、転売されれば、先取特権それ自体は、当該動産については、行使できないとされる（民法 333 条）。
・しかし他方で、転売代金債権については、物上代位権（民法 304 条）の行使による優先弁済を受けられることができ、近時この点が脚光を浴びている。――すなわち、かつては、その要件である「払渡し又は引渡し前の差押え」（民法 304 条 1 項但書）につき、担保権者自らが――他の債権者の差押前に――差押えておく必要があると解されていた（大連判大正 12.4.7 民集 2 巻 209 頁【87】（4 版）〔抵当権事例。もっとも、差押・転付までなされた事例である〕）。

ところが、昭和 50 年代終わり頃から、物上代位権行使の要件を緩め、担保権者の優先権を強める判決例が、先取特権事例についても幾つか出されている（最判昭和 59.2.2 民集 38 巻 3 号 431 頁〔破産宣告後の代位権行使。○〕、同昭和 60.7.19 民集 39 巻 5 号 1326 頁【82】〔他の債権者の仮差押後の・先取特権者による転付命令取得による物上代位権行使。同命令は、民執 159 条 3 項にかかわらず有効だとする。○〕）。

これに対する限界付けとして、最判昭和 62.4.2 判時 1248 号 61 頁（他に競合する差押債権者がいる場合には、配当要求終期（民執 165 条）までに、先取特権行使の申出が必要だとする）、同平成 5.3.30 民集 47 巻 4 号 3300 頁（先取特権者が先に仮差押命令を得ていても、第三債務者の供託前に、差押命令が同人に送達されていなければ、優先弁済を受けられないとする）、同平成 17.2.22 民集 59 巻 2 号 314 頁（エスカロンなどの塗料の転売債権を巡る先取特権者と債権譲受人間の紛争〔実際には、債権譲受人が、第三債務者を訴えた事例〕。物上代位の目的債権が譲渡され、第三者に対する対抗要件が備えられれば、動産売買による物上代位権の行使はできないと述べた〔「差押え」には、債権譲受人などの第三者の利益保護の趣旨があるとする〕）（この点は、抵当権に基づく物上代位の場合に関する同平成 10.1.30 民集 52 巻 1 号 1 頁（後述）と対比せよ）参照。

＊動産売買の先取特権（それによる物上代位）の問題と転用物訴権、債権侵害に関する積極的立場との連続性

動産売買の先取特権につき物上代位で保護することの実際上の意義としては、中小の材料提供者の保護の強化という性質を持つし、代金債権の対第三者効果のような側面があり、転用物訴権（利得する第三者への不当利得請求〔「三者間の不当利得」といわれる問題である〕）ないし債権侵害（それは契約の対第三者的保護の問題である）についての積極的な立場と繋がる面がある。

転用物訴権とは、例えば、ブルドーザーの賃借人が故障した機材（重機）を修理に出し、修理業者が請負代金債権につき、受益しているブルドーザー所有者に請求できるか、また、建築請負の下請負人が、代金につき注文者に請求できるかという問題であり、（判例）は、伝統的には積極的立場を採っていたが（最判昭和 45.7.16 民集 24 巻 7 号 909 頁百選Ⅱ【73】（4 版）。なお最判平成 5.10.19 民集 47 巻 8 号 5061 頁は、その前提部分の所有権の帰属の問題を扱っており、出来形部分は、注文者の所有に帰属するとする）、近時は、制限的になっている（最判平成 7.9.19 民集 49 巻 8 号 2805 頁百選Ⅱ【70】〔建物賃借人から修繕請負したという事例〕）。また、債権侵害の不法行為は、まさに債権の対第三者への効力を扱うものであるが、二重譲渡などの特定物債権は同列に比較できず、金銭債権について財産隠匿の不法行為事例などが対応して、要件を絞りながら不法行為を認めるのが（判例）であり（大刑判大正 4.3.10 刑録 21 輯 279 頁、大判昭和 8.3.14 新聞 3531 号 12 頁な

ど)、やはり一定の対外的効力は認められている。

この問題については、債権と物権とを峻別して、債権の相対性(相対的効力)を強調し、金銭債権相互間の平等主義(債権者平等の原則)を重視すると、消極的な立場になる。しかし、先取特権法として、当該目的物に関係の深い一定の債権者(とくに中小の下請業者、材料供給者)の対第三者的な優先的地位を認めることは故なきことではない。

また、本問題については、比較法的にも立場が分かれることにも留意が必要である(概して、ドイツ法は消極的であり、わが民法はフランス法的に比較的柔軟であるのが伝統的立場である〔近時の日本の民法学説(例えば、加藤雅信教授)はドイツ的だが〕)。その意味で、(ドイツ学説の)「学説継受」的現象は、多くの場合には、昭和40年代(1960年代半ば)以降かなり批判されて起草者の立場に戻る形で矯正されてきたのとは対照的に、この分野では今なお学説継受的状況が続いているという意味でも興味深い(債権侵害について、1980年代までは、消極的立場が大勢であったという状況とも関連する)。今後の批判的再構築が求められているといえよう。

(検討)

1. 他の債権者がいかなる行動をとるまでに、物上代位権者は「差押え」る必要があるかという問題であり、①差押・取立ての場合、②差押・転付の場合、③債権譲渡の場合、④第三債務者が弁済した場合など分けて検討していく必要がある(この点は、抵当権のところで後述する)。
2. 抵当権の場合と動産売買の先取特権の場合とでは、「公示」の点で相違がある。——前者の場合には、③でも抵当権者(物上代位権者)が優位するという判決が出ている(最判平成10.1.30前掲。後述する)が、後者でも同様に語りうるのか。両者は事情が異なり、先取特権者の方が、ヨリ制約がかかるのではないか(吉田)。そのような意味で、平成17年最判は、理解できるであろう(同判決では、明示的に「抵当権と異なり、公示方法が存在しない動産売買の先取特権では、目的債権の譲受人などの第三者利益を保護する趣旨を、〔民法304条1項但書は〕含むというべきである」とする)(この点で、今尾・判例セレクト2005【民法3】17頁は、疑問視するが)。
3. もっとも、平成17年最判の事例は、第三債務者の支払がなされ、目的債権が弁済消滅した後に、債権譲渡がなされたという事案だ（先取特権者の物上代位権行使は差押えなしになされ、同人に支払われた）という特殊性がある。その原審は、そのような場合でも「差押え」を要求して、優先弁済効を主張できないとする。この点の最高裁の明示的判示はなされていないが、もしそれを支持しているとなると、「差押え」を、先取特権に関しては、物上代位の権利資格要件的に捉えていることになろう（その意味で、大正12年大判的である）（従来、民法304条の差押えの趣旨として説かれている「特定性維持」とか、「第三債務者保護」とかでは説明できないからである）。その意味でも、先取特権に特化させて制限的に運用されているということになろうか（吉田）。

＊なお、同事件では、債権譲渡は詐害的ということは上告受理申し立てでも説かれ、執行逃れ的であることを強調するものもあり（渡部晃・金法1746号122頁）、そうだとすると、（本件では破産事例なので）否認とか、詐害行為取消とか、対抗要件の例外的処理とかで、別途の解決をすべきだということにもなろう（吉田）。

4．民事執行法（手続法）上の制約を――物上代位権行使に当たり――受けると考えるべきだろう（民執193条〔先取特権の存在を証明する文書の提出など〕参照）。

5．なお、鈴木博士は、動産売買の先取特権に基づく物上代位の連鎖的行使ができることを前提とされ、それでは、権限が強力に過ぎると危惧される（343頁参照）が、連鎖的行使を認めるか否か自体、検討を要するであろう（因みに、抵当権の場合でも、転貸債権への物上代位行使を（判例）は認めない（最決平成12.4.14民集54巻4号1552頁））。

(2)　請負代金債権への行使の可否

・さらに、近時請負代金債権についての動産売買の先取特権の行使事例が現れている（最決平成10.12.18民集52巻9号2024頁【83】（6版【81】）〔ターボコンプレッサーの設置工事に関し、請負代金は2080万円の内、本件機械代金は1575万円ないし1740万円であったという事例で、請負代金は本件機械の転売代金に同視できる特段の事情があるとする〕）。……かつての（判例）（大判大正2.7.5民録19輯609頁〔火薬庫の請負代金債権につき、材料材木供給者の物上代位権行使を否定する〕）の変更である。

・（学説）としては、物上代位の公平を旨とする制度趣旨や効用から柔軟に肯定するのが多数である（我妻61頁、柚木＝高木45頁）（反対、川井・担保物権法（1975）312頁）が、やや歯止めをかけて、請負代金と転売代金との類似性に留意して肯定する見解も有力である（吉田光碩・判タ655号49頁。近江【83】解説もそれに近い。道垣内62頁も、請負代金中の原材料部分が、明確な場合とする）。

（検討）

理論的には、否定する根拠がないのではないか。実際的には、請負人と材料供給者との優劣が問題になることもあろうが、供給者が最終的請負完成物から遠いということで、保護を弱める法制をわが国は採っていないと考えられ（ドイツ法ほど相対的処理が志向されない）、その意味で我妻説を推し進めても良いのではないか（吉田。この点で、同旨、菅野佳夫・判タ999号91頁〔売却価額さえ特定できれば、強い牽連性があり、公平上、追及効を認めてよいとする〕）。

(3) 他の担保権者との関係

・他の担保権者との関係に関して、譲渡担保権者との優劣につき同人を優先させる（判例）がある（最判昭和62.11.10民集41巻8号1559頁【98】（4版））〔民法333条の「第三取得者」にあたるからとして、対象動産に対する競売につき、譲渡担保権者は、第三者異議の訴えによる不許を求められるとする〕）。……前記の「占有改定」と民法333条との関係の（判例）の帰結であろう。

・（学説）は、譲渡担保の担保の実質から、先取特権と質権の優劣に関する民法334条（330条）によるべきだとして、譲渡担保権者の先取特権の認識の有無を問題にする（330条2項から）のが有力説である（田原弁護士）(155)。——また、さらに、昭和62年最判の事例のような集合物譲渡担保の場合には、個別の先取特権の実行に対する異議は認められないとするのが有力であり（伊藤教授）(156)、集合物の内容が固定した段階で、民法334条によるべきで

(155) 田原睦夫「動産の先取特権の効力に関する一試論」（林還暦）現代私法学の課題と展望（上）（有斐閣、1982）95頁ほか。なお、同弁護士は、集合物譲渡担保権者の一人占めは、衡平を害するとして、集合譲渡担保の成立を絞るべきだとされていた（75頁注（15）、97頁注（67）参照）。

あると考えられよう（同旨、道垣内335-336頁）。

（検討）

動産売買の先取特権者と譲渡担保権者との優劣の問題であるが、先取特権者の保護を重視するのが近時の傾向であろう。……(i)まずあっさり、民法333条で、前者の保護を否定する（判例）の立場には、問題があり（その点で、道垣内・前掲箇所は、同67頁で、「占有改定」でよいとする叙述と整合的であろうか？）、(ii)さらに、民法319条から先取特権の即時取得も認めてよいだろう。

またさらに、(iii)担保的構成に即した民法334条（330条）によるという田原説は、示唆的であり、さらに、(iv)集合動産譲渡担保について、譲渡担保権者が一人占めしないような解釈論は、もっともであろう（吉田）。

【QⅧ－7】（1）動産売買の先取特権の物上代位権が注目されるに至った法理的根拠はどこにあるのかを説明しなさい。(2) その問題は、抵当権についても出てくるが、先取特権の場合との異同を論じなさい（この小問は、復習的にも利用しなさい)。(3) さらに、実際上の意義、さらに関連する法理との関係についても論じなさい。

【QⅧ－8】ある物品を売却提供した業者は、当該物品が、譲渡担保に入れられた場合（あるいは集合譲渡担保に入れられた場合）に、どのような保護を受けるか、を多面的に考察し、提供業者を保護すべき理由も述べなさい。

9．質権（民法342条～）

9－1　序——意義・具体的実例

(1) 意　　義

・債務者又は第三者〔物上保証人〕から受け取った物（質物（しちもつ））を占有し（留置

(156)　伊藤進「集合動産譲渡担保と個別動産上の担保権との関係」法律論叢（明治大学）61巻1号（1988）80頁、93頁。

的効力)、かつその物の交換価値から優先弁済を受ける効果(優先弁済的効力)を有する約定担保物権(民法342条)。
・また、一般債権者による動産執行の場合に、配当要求(強制執行上の優先効)も認められている(民執133条)。さらに、不動産執行の場合には、買受人に引き受けられる(引受主義)(民執59条2項、4項)。
・さらに、執行官への提出を拒むと(民執124条)、他の債権者は差押ができないことになる(もっとも、民法347条但書により、他者が優先する場合は別である)。

(2) 具体的利用状況

・具体的実例としては、動産質(民法352条〜)(さらには、債権質など(民法362条〜))が有用である(なお、動産質の場合には、所有者の承諾なしに使用収益はできないが(民法350条による民法298条2項の準用)、果実収取権はある(民法297条の準用〔民法350条〕))。
・これに対して、不動産質(民法356条〜)では、(不動産)質権者は、使用収益権を持つが、反面で管理費用などを負担し(民法356条、357条)、他方で、債務者は利息支払いを免除されて(民法358条)(その論理は、(管理費用)+(利息)=(不動産からの利益〔収益〕)というものであるが、この等式が崩れた場合への対応ができていないという問題がある)、留置的作用は弱くなり、あまり利用されない。
・動産質でも、日常生活に用いられる動産(衣服、時計、電話、宝石、ラジカセ、パソコンなど)に限られる。生産財については、質権は設定できない(次述)。→その場合には、譲渡担保による。
・なお、権利質(とくに債権質)(民法362条〜)の場合、留置的作用はない(収益的規定がなく、権利抵当的性質がある(同旨、鈴木335頁)。しかし、抵当権の対象は不動産であるために(民法369条参照)、その限りで権利質制度が借用されているとも見うるのである(吉田))。……この領域の担保の重要性は高まっているが(e.g., 保険金請求権上の質権)、この場面でも、むしろ譲渡担保が利用されている。

9－2　質権設定・効果の特色

(1)　要物契約性

・目的物の引渡が必要とされて（要物契約性）（民法344条）、占有改定によることは許されない（民法345条）。

なお、権利質の場合には、証書の交付が必要であるとされる（民法363条。なお、指名債権譲渡の場合には、証書がないこともあり諾成契約となるので、平成15（2003）年改正で、「譲渡に証書交付が必要な場合には」とされた。それ以前は、債権質の場合には、ヨリ広く質権設定に証書の交付が必要のように読めた(157)が、指名債権の場合には、別カテゴリーで、債権譲渡の規定による（民法364条）ことが明記されたのである）。——もっとも、指図債権には、証券の交付と裏書が必要とされ（民法469条）、また、株式質の場合には、株券交付又は登録が必要とされる（商法旧207条1項、209条〔新会社法146条、147条〕）。

……その根拠として、①公示方法の徹底とも言われる（立法者）が、②（通説）は、留置的作用に求めている（我妻130頁、柚木＝高木98頁、高木58頁）。——債務者が占有していないならよく、（判例）は、「指図による占有移転」でもよいとする（大判昭和9.6.2民集13巻931頁〔不動産質のケース〕）。（通説）はさらに、質権者が目的物を返還すると、質権は消滅すると解する（我妻131頁、柚木＝高木101頁、鈴木324頁、内田442頁）。

・この帰結として、債務者が占有することを必要とする生産財については、質権は設定できず、他方で、抵当権の対象は、従来不動産に限られた（民法369条参照）ために、ここに非典型担保が発生する背景がある（歴史的には、こちらの方が早くから発展した）。

(2)　対抗要件

・動産質の場合、「占有の継続」である（民法352条）。……間接占有でもよい。複数設定の場合（指図による占有移転の場合）には、設定の先後による（民法355条）。

第三者に占有を奪われた場合、物権的請求権ではなく、占有回収の訴えに

(157)　平成15（2003）年改正前には、民法363条は、「債権ヲ以テ質権ノ目的ト為ス場合ニ於テ其債権ノ証書アルトキハ質権ノ設定ハ其証書ノ交付ヲ為スニ因リテ其効力ヲ生ス」と規定されていた。

よるとされる（民法353条)。――この場合には、占有継続していたこととなる（民法203条但書)。

・不動産質の場合には、登記が対抗要件である（民法361条、民法177条。不登3条6号。同83条、95条〔登記事項〕)。

・債権質の場合には、質権設定の通知・承諾による（民法364条)。――（判例）は、その場合、質権者の特定を要するとする（最判昭和58.6.30民集37巻5号835頁)。

指図債権の場合、裏書が対抗要件とされる（民法365条）が、これは効力要件だともされている。

＊不動産質権の存続期間（民法360条）の捉え方――不動産質権活性化論との関係で

不動産質権については、存続期間の規定があり、10年を超えられないとされる（民法360条1項）（もっとも、10年を超えない更新ができる（同条2項))。（立法者）によれば、長期間、不動産を質権者の手にゆだねると不動産を荒廃させるとのことであるが（梅477-478頁）（民法修正案理由書288頁でも、不動産質だとその改良を妨げるなど弊害が出ると、不動産質を消極的に見ている)、不動産収益質を選んだ質権者の行動様式として、そのように決めつけられるか疑問であろう（それゆえに、不動産質権の活性化論ないし（貸しビル・貸マンションなどとの関係での）存続期間廃止論(158)も出されるゆえんである)。

そしてそのこととの関連で、その存続期間が満了すると、質権は消滅し、無担保債権になるとするのも、（判例）（大決大正7.1.18民録24輯1頁）及び（通説）とのことであるが（その意味で、買い戻しや譲渡担保の「受戻し期間」後の扱いとは逆になるわけである)、ややドラスティックな感もあり、これに対しては、有力な異論がある（鈴木330頁)。

しかし、旧民法では、少数説のような扱いがなされていたわけであり（債権担保編116条3項では、不動産質の30年の期限を定め、その期間内は、質権者は使用収益をできるが（同条1項)、期間満了後も使用収益できなくなるだけで、一種の

(158) 鈴木禄弥「不動産質権制度再活用のための立法論」別冊NBL10号・担保法の現代的諸問題（商事法務研究会、1983)、伊藤進「不動産質権の内容・効力」加藤一郎ほか編・担保法大系2巻（金融財政事情研究会、1984）など。

抵当権として存続するとしており（同条2項）、はるかに穏当のように思われる。少数説の沿革的再評価が必要であると思われる（吉田））、重要度の低い不動産質について、あえてコメントしてみたのは、こうした制度設計も、不動産質の利用率を低めることに関係しているとも思われるからである。

(3)　優先弁済権（「優先弁済受領権」のこと。以下同じ）

・原則として競売によることとされ、流質（りゅうじち）契約（条文では、「弁済として質物の所有権を取得させ」ると書いてある）は禁止される（民法349条）。

・もっとも、動産質や権利質では、簡易の（代物）弁済充当が認められ（民法354条、366条――債権の取立権、供託請求権）、さらに、商事質権・営業質権の場合には、流質ができる（商法515条、質屋営業法19条1項。なお、流質を認めていた公益質屋法は、平成12（2000）年に廃止された）。……(i)競売による費用倒れを防ぐ。(ii)質屋の場合には、行政的監督もある。

＊「流質契約の禁止」（民法349条）の背景とその後の議論

「流質契約の禁止」は、暴利行為への危惧から、（民法制定時に）衆議院で加えられたものである（なお、立法者〔梅〕は、暴利行為の規制については――いわば「新自由主義的」（市場主義（自由尊重主義（libertarianism））的に――消極的であったことに注意せよ）(159)。しかし、本条の結果、かえって換価の費用・手数がかかり、庶民金融を圧迫し、また、流抵当（りゅうていとう）（流れ抵当とも言われる）は認められることとのアンバランス、他方で、清算義務については、判例などで確立しているので、立法論的には、批判が多い。

＊債権質設定者などに対する行動規制

債権質については、簡易の弁済充当が認められているので（民法366条〔旧367条〕）、債権質設定者に関して、――「債権放棄」「免除」はできず、（判例）で問題になったのは、「相殺」などであり、近時は、「担保価値保存義務」を説くようになっている。すなわち、まず、①債務者（債権質設定者）は、も

(159)　これについては、池田恒男「民法典の改正――前3編」民法典の百年（有斐閣、1998）24頁以下参照。

はや質入債権について、(それを自働債権として)「相殺」することはできないとする(大判大正15.3.18民集5巻185頁判民22事件我妻)。

また近時②「破産申立」することもできないとした(最決平成11.4.16民集53巻4号740頁〔そうなると、質権者は破産手続きによらざるを得ず、第三債務者が株式会社の場合には、会社の解散事由となり(旧商法404条1号〔新会社法471条5号〕)、質権者の取立権の行使に重大な影響があるからとする〕)。

さらに、③債権質設定者(それが破産した場合の破産管財人)は、質入れ債権が敷金返還請求権の場合に、(破産財団に銀行預金が十分あるのに、敷金に対応する未払い賃料を支払わずに、)賃貸借契約を合意解除して、「賃貸人に敷金を賃料に充当させる」のは、特段の事情がない限り、担保価値保存義務に違反する(不当利得返還請求できる)とした(最判平成18.12.21民集60巻10号3964頁〔敷金返還請求権につき債権質が設定され、債権質権者の承継人から、(賃貸借合意解除により賃貸人の敷金充当を認めた)賃借人の破産管財人に対する損害賠償・不当利得返還請求という事例〕)。

なお、第三債務者の方から質入債権につき「相殺」できないことも、古くからの(判例)である(大判大正5.9.5民録22輯1670頁)。また、「弁済」に対する制約については、民法481条参照(類推適用される)(通説)(「供託」はできる。民法494条参照)。

(検討)

1. 平成11年最決の問題は、実体法上の、債権質権者が把握する担保価値侵害・破壊の禁止義務(これについては、我妻〔283〕、林良平・注民(8)358頁、柚木=高木151頁など。ドイツ法には、明文がある〔ド民1276条〕)の問題というよりも、倒産法上の倒産処理手続選択の問題(本件では、債権質権者が破産手続外の私的整理(内整理)(わが国の倒産事件の9割がそれだとされる)を求め、質権設定者は破産手続を求めたというものである)であり、それについても質権者に選択権を認めたというのが本決定の実質的意義であろう(吉田)(160)。

(160) 詳細は、吉田邦彦・平成11年重要判例解説(有斐閣、2000)〔民法4〕68–70頁参照。

2．平成18年最判は、事例的特殊性として、管財人が、破産財団に預金が十分にあるのに、敷金充当を認めたということがあり、担保価値維持義務を強調して（この概念は、抵当権侵害に関する平成11年大法廷判決（最大判平成11.11.24民集53巻8号1899頁）という別のコンテクストから注目されるに至った)、一般化させ、財団が十分ではなく賃料を支払わなかった場合にまで、同一判断をするならば、債権質権者（銀行利益）の強調のしすぎではないか（例えば、敷金に関してその賃貸人（の充当の）利益を、物上代位との関係でも保護する（判例）（最判平成14.3.28民集56巻3号689頁）とも整合的ではない)、と思われる（吉田)。

3．その他、平成18年最判は、破産事例でもあるので、やや細かくなるが、破産法絡みの論点の第1として、このような行動規制違反の効果として、①相殺無効とするか（大正15年大判)、②管財人（質権設定者）に対する不当利得返還請求権・（善管注意義務違反による）損害賠償請求権となるか（その場合には、財団債権となり（破148条1項5号〔旧破47条5号〕）優先的満足を受ける)（平成18年最判)、③質権者への敷金充当の対抗不可（民法398条参照とする)（道垣内111頁、我妻学「破産管財人の職責と善管注意義務」（川井傘寿）取引法の変容と新たな展開（日本評論社、2007）463頁）か、さらに④増し担保請求など出されている。

……サンクションを受ける場合も、(1) 無効（①）ないし対抗不可（③）として、別除権を行使する質権者相互に平等的な効果（平成18年最判は、複数の債権質権者がいる事例）にすべきではないか（その平成18年最判の立場（②）との相違は、詰められていないが、②だと、請求した質権者だけが財団債権として、独占的満足を得てしまう点が異なる）（吉田)。また、(2) 平成18年最判の立場は、管財人に対する善管注意義務違反の損害賠償請求ならば、わかるが、同人への不当利得返還請求とすることは、問題ではないか。むしろ、本件質権債権（敷金返還請求権）は債権質権者に取らせるべきで、賃貸人に充当させるのは、担保価値侵害で無効と解するならば（軽々にそのように解することには、敷金の属性に反して問題であることは、前述した)、不当利得しているのは、賃貸人の方だと思われる。

4．破産法絡みの論点の第2として、破産管財人の善管注意義務（破85条1項）（その違反の場合の損害賠償義務（同条2項）〔旧破164条1項、2項〕（それは財団債権（同148条1項4号）））は、①質権設定者の義務の承継か、②独自の義務なのかという問題があり、後者（②）が多数説で（林道晴・金判1268号（2007）11頁、伊藤真「破産管財人などの職務と地位」事業再生と債権管理119号（2008）8頁）、この場合には、破産法上の要請に反しない合理的理由があれば、消滅・変更など調整ができるとされる（平成18年最判も区別する）。

・質物からの弁済額が、被担保債権に不足するときには、不足額については一般債権者として弁済を受けることになる。

しかし、営業質屋の場合には、もはや他の財産から弁済を受けられないと解されている（我妻143頁、柚木＝高木121頁）。

・なお、物上代位（民法350条――304条の準用）は、抵当権と違って、あまり問題となることはない。――賃貸（質物）物件の「指図による占有移転」による質入の場合などぐらいである。

【QⅨ－1】流質契約禁止の制度趣旨、その問題点を整理しなさい。
【QⅨ－2】不動産質の存続期間の法制について、解釈論的・立法論的批判を説明しなさい。
【QⅨ－3】債権質の法律関係を述べなさい。とくに質権設定者や第三債務者には、どのような制約が課され、その理由はどこにあるのかを考察しなさい。

9－3　転質問題

まず、質権設定者の承諾があれば、転質でき（民法350条による民法298条2項の準用による）、さらに、承諾ない場合でも、原質権の範囲内〔被担保債権額、存続期間（不動産質の場合には、10年以内となっている（民法360条）（前述）（動産質の場合にはそうした制約はない））の制約内〕で、転質できる（民法348条）（責任転質）。――その場合には、原質権者〔転質権設定者〕は、転質により生じた損害につき、不可抗力についても責任を負う（同条）(161)。他方で、転質権が原質権の範囲を超えなければ、横領罪にはならない（判例）（大連決大正14.7.14刑集4巻484頁〔民法348条は、民法298条の特則となるとする〕）。

・実際上は、ほとんど承諾転質だとされる。
・原質権者、原質権設定者は、転質対象の原質権、その被担保債権を消滅させてはならない（取立、弁済ができない）とされる（民法364条の適用・類推適用、民法377条（とくに2項）〔旧376条〕〔転抵当の規定〕の類推適用）。
・なお、承諾転質であれば、このような制約はないとされる（高木70頁）が、同様に解するべきことが多いのではないか（吉田）。
・法律構成として、①債権・質権共同質入説（石田（文）下449頁、柚木＝高木114頁以下）と②質物質入説（通説）（我妻149頁、鈴木173頁、星野231頁、道垣内97頁〔改説〕）、さらには、③解除条件付質権移転説（内田449頁）などある。……条文に素直な通説の立場でよいと考えるが、その具体的相違はあまりなく、どれだけこういう議論をする意義があるのか、疑問を持つ（吉田）。――ねらいは、前述の「第三債務者などの（原質権付き債権に関する）行動規制」をどのように根拠づけるかというところにあるようだが、上記のどれであれ、正当化できそうだからである（この点で、確かに①がそれを導きやすそうだが、②（通説）でも、転質権設定の効果として考えれば済むことだからである（道垣内前掲箇所参照））。＊転抵当（民法376条）についても、同様の議論がある。

【QⅨ－4】【QⅨ－3】と同様の問題を、転質について考えなさい。

10. 抵当権（民法369条～）

10－1　意義及び特別法による拡充

占有を移さずに、担保にできる（民法369条）。――生産財を担保とする信用

(161)　道垣内96頁によれば、大震災で①転質権者の家屋のみが倒壊して質物が滅失・損傷した場合についても、原質権者は責任を負うが、②転質権者・原質権者の家屋ともに倒壊して質物が滅失・損傷した場合には、責任を負わないことになる。

(生産信用) に奉仕するもので、経済的作用は大きい。さらに、消費者にとっても不動産のような価値の大きな消費財を担保とする金融 (住宅ローンなど) の際にも有用である。

Cf. 質権の場合……消費信用に止まる。

・もっとも、わが国においては、不動産金融による資金調達という要請は、元来弱かった。しかしその後近代化の過程で、不動産長期金融のウェイトは、高まっている(162)。

・占有が、債務者に留まるために、第三者との関係で、担保を公示する必要がある (登記による。民法 177 条、373 条)。また、対象も不動産に限っている (民法 369 条参照)。……そもそもフランスで、不動産取引で (ナポレオン民法ではなかった)「対抗要件主義」による取引安全の要請は、このような場面であったことにも注意を要する。

□ 特別法による抵当権の拡大

(1) 目的物の拡張

・財団抵当制度……担保附社債制度とリンクする。明治 38 (1905) 年に、鉄道財団抵当、工場財団抵当、鉱業財団抵当ができ (各々鉄道抵当法、工場抵当法、鉱業抵当法による)、さらにその後、漁業財団、道路事業財団の抵当制度などができる (それぞれ、漁業財団抵当法 (大正 14 (1925) 年)、道路交通事業抵当法 (昭和 27 (1952) 年) による)。

ここでは、付属の動産も一括して対象となる。

＊工場財団抵当は、かなり利用されている。

・企業担保制度 (昭和 33 (1958) 年) もできている。……ここでは、財団抵当のような財団目録への記載という手間はかからない。Cf. 英米では、浮動担保 (floating charge) と言われる。

＊財団抵当と企業担保との相違(163)

両者の大きな相違は、第三者の個別執行との関係である。すなわち、財団抵

(162) 清水誠「日本資本主義と抵当制度の発展」法時 28 巻 11 号 (1956)、同「財団抵当法」講座日本近代法発達史 4 (勁草書房、1958) 参照。

(163) 香川保一・特殊担保 (金融財政事情研究会、1963) 7 頁以下、763 頁以下。

当においては、財団に属する物の個別的処分、第三者の個別執行は、禁ぜられている（例えば、工抵法13条2項、49条、鉄抵法4条2項）（例外は、個々の物が、抵当権者の同意を得て、財団から分離された場合である）。また財団のものは、一個の不動産ないし物と扱われ（工抵法14条1項、鉄抵法2条3項）、第三者は権利を失う（工抵法25条、鉄抵法11条2項）。これに対して、企業担保の場合は、それによる信用の便宜の向上というところにあり、それは、「伝家の宝刀」的に、企業の総財産の一括競売（企担法37条2項）ないし債務者破産の場合に効果を発揮し（同2条1項）、しかし実際のところそのような事態になることは少ない。反面で、個々の財産の個別執行、担保権実行は、許されており、その際に、企業担保権者は、追及力を持たず（他の優先権者に劣後する）、一般債権者的にしか配当を受けられない（同2条2項、7条2項）。

なお、財団抵当でも、工場財団抵当のような不動産財団と鉄道財団のような物財団との相違は（前者は、不動産に関する諸規定が適用される）、後者の方が、公益的性格が強く、企業の統一性への配慮が強く、監督官庁の認可により成立する（鉄抵法5条）。他方で、不動産財団の方は、財団目録の作成とともに、個々の組成不動産についての登記、事後的財産目録の変更も必要であり（工抵法9条、22条）、管理が厄介だが、他面で物財団の方が公示性に欠けるという問題がある。

・動産でも、公示できるものは、抵当権の対象となっている（動産抵当制度）。

Cf. 通例は、抵当権の対象とはならず、譲渡担保によっている。

(e.g.) 自動車（自動車抵当法3条）、航空機（航空機抵当法3条）、建設機械（建設機械抵当法5条）、船舶（商法848条1項、851条）。

なお、農業動産は、戦前（昭和8（1933）年）から農業生産資金調達のためにそれについての抵当権が認められている（農業動産信用法による。同法12条）。

また、立木については、立木法（明治42（1909）年）により、立木抵当が認められる（同法2条2項）。

Cf. なお、（判例）上、譲渡担保については、集合物を対象とするものが認められている（後述する）。

(2) 付従性の緩和

継続的取引から生ずる不特定の債権の一定の極度額までの担保(根抵当権)。……(判例)の立法化(昭和46(1971)年の民法改正〔民398条の2〜398条の22〕)。

(3) 抵当権の流通化

昭和6(1931)年抵当証券法(法律15号)……不動産融資債権の流動化のために制定されたが、ほとんど利用されなかった。

昭和62(1987)年抵当証券の規制等に関する法律(法律114号)(164)……投資家保護のためのものである。抵当証券の高金利に投資家が注目するようになり(需要も増加する)、他方で、消費者問題も生じている(豊田商事事件、たくぎん抵当証券など)。

・抵当証券は、登記所により発行されるが、抵当証券保管機構(法27条以下)が保管し、投資家へは、モーゲージ証書〔抵当証券の売買約定書兼保護預り証〕で流通化される。
・ドイツとは事情が異なる。超過発行の問題があり、日本の場合、抵当権の登記に公信力はなく、「空の証券」もありうる。

10-2 抵当権に関する諸原則——その歴史的変遷

・立法例が分かれており、フランスとドイツとでは異なり、わが国はフランス法に倣う。……我妻博士によれば、この立場は抵当権の近代的発展から見ると、なお不充分だとされる(165)。

① 公示の原則

……不動産登記制度は、そもそも抵当権設定から発展した(フランス(166))。

フランスでは、登記不要とされた法定抵当にもその後公示が必要とされた(1955年改正)(柚木=高木172頁以下)。——この点で、わが国では、

(164) 「(座談会)抵当証券をめぐって」ジュリスト880号(1987)参照。

(165) 我妻[320]〜。また、同・前掲・近代法における債権の優越的地位(有斐閣、1953)参照。

(166) 因みに、フランスでは、抵当権については、登記(inscription)と言い、不動産所有権の公示である謄記(transcription)と区別している。

公示原則が早くから採られており、これはボアソナード民法の特色の継承である（藤原論文[167]）。

② 特定性の原則

……抵当権の対象目的物の特定のことである。

・さらに以下の原則が説かれるが、日本法では必ずしも採られていない。

③ 順位確定の原則

……登記により、順位が決定され、後から引き下げられないという意味では、この原則〔第一原則〕は、採られている（民法373条。例外は、民法339条である）。

他方で、後に順位が繰り上がらないという意味での第二原則は、わが国では採られていない（順位昇進の原則）。――抵当権の消滅における付従性であり、所有者抵当（ドイツ、スイス、オーストリアなどでは認められる）は、日本法では認められない（混同〔民法179条〕）。

④ 独立の原則

……被担保債権に左右されるという従属的地位から解放されるというもので（抵当権の付従性の否定）、ドイツ民法の土地債務（Grundschuld）〔債権を前提としない抵当権〕に妥当する。

・また、目的物の用益者に脅かされないことが要求され、この点から、滌除（てきじょ）（民法旧378条〜383条）（第三取得者による抵当権消滅手続）、短期賃貸借（民法旧395条）は、問題視される（ドイツ法には、このような制度はない）。

・さらに、競売により、先順位抵当権は消滅するとするか（消除（しょうじょ）主義）、競落人に引き受けられるとするか（引受主義）について、後者が要請されるが、わが国では、前者が採られる（民執59条1項〔旧規定民訴649条〕）（そして、それは、優先的配当を受ける（民執87条1項4号））。

---

(167)　藤原明久・ボアソナード抵当法の研究（有斐閣、1995）。

＊わが判例における付従性の緩和

付従性が緩和される諸場合としては、(1) 根抵当権の場合は、前述したし、その他、(2) 消費貸借で、抵当権設定登記をしてから金銭が交付される場合(Cf. その要物契約性（民法587条）を厳格に考えると、金銭の授受がないと債権は発生しないことになり、付従性から抵当権も無効になりそうである）に、漸進的に(判例）は、そうした慣行に合わせている（大判昭和7.6.1新聞3445号16頁、最判昭和33.5.9民集12巻7号989頁)。

さらに、(3) 契約無効の場合もそうである（最判昭和44.7.4民集23巻8号1347頁【6】〔員外貸付事例。労働金庫の目的の範囲外の貸付は無効であり、貸付債権は無効であるが、不当利得返還債権を被担保債権として付従性を緩和した。つまり、貸付無効から抵当権無効を主張することは、信義則上許されないとする〕)。近時の(多数説）もこれを支持している（星野・法協84巻4号、高木112頁、内田392頁など。なお、道垣内126頁は、やや慎重である)。

⑤　流通性の原則

……ドイツでは、抵当権の登記に公信力が認められて（公信の原則)、さらに、抵当権の証券化により、流通性を増大化している（流通抵当〔投資抵当〕制度)。――ドイツ農業資本主義化の過程からそうなった（鈴木論文(168))。

・わが国では、ドイツ法と前提が異なるために、投資家損害の問題が生ずる。

【QX－1】かつて近代的抵当権の諸原則・属性として、説かれたものは、どのようなものであったか。またそれらは、今日的に見て、どのように受け止めてよいのかを、検討しなさい。

【QX－2】抵当権の目的物の拡大は、どのように進められたか、またその種別・特徴を、概観しなさい。

(168)　鈴木禄弥・抵当制度の研究（一粒社、1968）26頁以下。

10－3　抵当権の効力

10－3－1　優先弁済される被担保債権の範囲

後順位抵当権者や一般債権者の利益〔余剰利益に対する利益〕との調整として、利息・遅延損害金については、最後の2年分までに限定されている（民法375条〔現代語化前は、374条〕）。

Cf. 質権の場合には、あまり質権の競合ということはなく、このような制限は無い（民法346条参照）。

（問題点）

1．競合する債権者がない場合に、債務者や物上保証人〔＝抵当権設定契約当事者〕との関係では、このような制限は無い。

Cf. 一部抵当（債権の一部を被担保債権とする抵当権）の場合は別である。……その場合には、大いに設定者の利害に関わる。――第三取得者の場合には、すぐ分かるが、抵当権設定者との関係でも、一部抵当以外のものを余剰利益として、後順位抵当権者から金融が得られるから、利害関係があるのである。

◇なお、一部抵当の消滅のさせ方について、議論がある。――すなわち、例えば、1000万円の被担保債権のうち、500万円につき抵当権を設定した場合に、500万円の支払いで抵当権を消滅させることができるかにつき、(i)（伝統的通説）（我妻244頁）は、案分比例的に充当されると考えていた（つまり、500万円の支払いにつき、担保付き被担保債権には、250万円、無担保債権に、250万円充当されるとする）。しかしこれに対して、(ii)近時の有力説（多数説であろう）（高木157頁、道垣内228頁、山野目231頁）は、被担保債権に充当されて、消滅するとする（民法489条2号を根拠とする。そして、債務者のみならず、物上保証人、第三取得者もそうだとする）（なお、鈴木233-234頁は、物上保証人・第三取得者について、「物的有限責任」として、同旨である）。……債務者の場合も含めて、近時の多数説（(ii)）の立場で、いいのではないか（吉田）。

＊第三取得者との関係については、見解が分かれる。……①（通説）（我妻

[369] 他）は、設定者と同様に解する（高木141頁は、2年の時間的範囲は、登記事項でもないし、民法374条〔現375条〕の立法趣旨からそうなるとする）。

②これに対して、有力説（鈴木236頁）は、第三取得者も後順位抵当権者と同様に考えて制限がかかるとし、さらには物上保証人も同様だとする。

2．抵当権を消滅させるために必要となる（任意）弁済額については、この制限は及ばず、全利息などの弁済が必要とされる（判例）（通説）。

・なお、一部弁済しても、残債務があれば、目的物の全部の上に、抵当権の効力は及ぶ（抵当権の不可分性）（民法372条による民法296条の準用）。

3．（付随的な類似問題）被担保債権の弁済により、抵当権が消滅した際（消滅における付従性）に、無効登記をさらにその後の抵当権設定のために流用した場合（抵当権登記の流用）の効力。……他の抵当権者や第三取得者の利益との調整の問題という点では、類似している。被担保債権額が登記上公示されていないということとも関係する。

・（判例）（大判昭和11.1.14民集15巻89頁、最判昭和49.12.24民集28巻10号2117頁〔仮登記担保事例〕）及び（多数説）は、第三者の利益に配慮して、基本的に無効として、流用後に登場した第三者との間で、（その認識を媒介としつつ）流用登記は有効になるとする（我妻［348］〔旧版では、順位昇進の利益を軽視して、ヨリ広く有効と解していた（ドイツ法志向の表れである）〕、柚木＝高木243頁～、幾代413頁、道垣内134頁、高橋110頁）。

【QⅩ－3】抵当権の無効登記の流用事例の扱いで、所有権の登記のそれと違うのは、どうしてなのかを考えなさい。

【QⅩ－4】民374条の制度趣旨とその射程を検討して、【QⅩ－3】との問題の共通性を述べなさい。

10－3－2　抵当権の効力が及ぶ目的物の範囲——付加一体物（民法370条）

・土地との関係で、建物には及ばない。……土地と建物を別個の不動産とする日本特殊の法制の反映であり、後述する法定地上権（民法388条）も、それゆえに日本特殊の問題である。

・「付加一体物」とすることの意味は、――効果から考えると――①競売（抵当権実行）の対象、②妨害排除・返還請求など（抵当権に基づく物権的請求権）の対象、③担保物の減少の場合に、期限の利益を喪失すること（対債務者）（民法137条）ということになる。

＊（参考までに）抵当権の対象と効果からのアプローチ

効果からのアプローチは、リアリズム法学の影響を受けた利益考量法学にしばしば登場する法解釈アプローチであり――法哲学風に言えば、帰結論(consequentialism）的アプローチである――、最近ではなぜか下火になっている。しかし、ここの例で分かるように、類似の制度、概念（例えば、民法87条の従物、民法242条の附合物）相互の関係を明晰にした意義は否定できないであろう。

(1)　付加一体物

・従来は、他の関連規定――従物（民法87条)、付合物（民法242条）――との対比で、それらとの広狭という形で議論された。

①　（通説）（我妻論文(169)ほか）は、「経済的一体性」という見地から広く解して、「従物」は、「付加一体物」だとしていた（ド民1120条は、同趣旨の規定である)。

＊「付加一体物」に関するドイツ法的解釈と民法370条のフランス法的沿革

我妻論文には、民法370条をドイツ民法と同様に解釈するというスタンスが感じ取られるが、民法370条はむしろフランス法系――フ民2118条1項（不動産の従属物)、フ民2133条（不動産への改良）――の規定である。瀬川論文(170)では、立法者（富井）は、むしろ逆に、従物は付加一体物には含まれないと狭く解していたとの指摘があり、注目されよう。

②　これに対して、(少数説)（柚木＝高木248頁、255頁）は、本条の付加一体

(169)　我妻栄「抵当権と従物の関係について」民法研究Ⅵ（有斐閣、1967)（初出1933）29頁以下。

(170)　瀬川信久「抵当権と従物（1）（未完)」北大法学論集31巻3＝4号（1981)。

物を付合物とリンクさせようとする（だから、独立の従物は含まれないとする）。

（検討）

しかし、このような――概念相互の関係を抽象的に論ずるという――議論の仕方が、望ましいかは疑問である。本条の趣旨に即して議論していけばよいのではないか（吉田）。そして従来は、かなり広く目的物を解する傾向があった（抵当権の効力の強化である）。しかし今後は、抵当権者、一般債権者、動産買主等利害関係者の利益調整を慎重に考えていく必要があろう（同旨、角論文(171)）。

・（判例）は、設定前からある従物に及ぶとする（大連判大正 8.3.15 民録 25 輯 473 頁、最判昭和 44.3.28 民集 23 巻 3 号 699 頁【84】（6 版）〔石灯籠、取り外しできる庭石の事例〕、最判平成 2.4.19 判時 1354 号 80 頁〔ガソリンスタンドにおける地下タンク、計量機、洗車機などの設備に及ぶとする〕）が、他方で、設定後の従物についても及ぶとするものが多い（大決大正 10.7.8 民録 27 輯 1313 頁〔茶の間増築のケース〕、大判昭和 2.12.18 民集 9 巻 1147 頁〔畳建具。物理的関係のみから観察すべきではないとする〕。高木 119 頁参照）（もっとも、大判昭和 5.12.18 民集 9 巻 1147 頁【85】〔杉ガラス戸、畳建具〕、大判昭和 9.7.2 民集 13 巻 1489 頁〔畳建具〕などは、やや限定的である）。

……（学説）ほど、一筋縄ではつかめないところがある（星野 249 頁は、登記ができる対象か否かを問題とする）。

＊付加一体物に関する制限的見解と居住福祉法学的視角

沿革的に民法 370 条が、必ずしも広範ではなかったことは前述したが（富井博士の見解）、近時注目されるのは、住宅ローンとの関係で、居住用不動産の従物（クーラーなど）につき、制限的な解釈が展開されていることである（鎌野論文など(172)）。これに対して、第三取得者については、費用償還請求権の保

(171) 角紀代恵・民法典の百年Ⅱ（有斐閣、1998）642 頁参照。

(172) 鎌野邦樹「『抵当権と従物』論」早稲田法学 64 巻 3 号（1989）130 頁。また、瀬川信久「抵当権と従物」谷口知平ほか編・新版判例演習民法 (2)（有斐閣、1982）233-235 頁では、物上保証人ないし第三取得者との関係で、同様の制限的見解が説かれていた。

護（民法391条）があるから、従来の解釈でよいとの対応も有力である（信濃孝一「宅地上の従物と抵当権の効力」野田宏ほか編・裁判実務大系14担保関係訴訟法（青林書院、1991）119頁〔民法391条の拡張で対処する〕、また、道垣内140頁）。

居住関係の動産に対する抵当権の効力縮小のこうした動きに対する反論として出されるのは、別途差押えを受けうるからと言われるが、居住福祉法学の見地からは、居住に必需のものに対して、抵当権の実行も含めて、無造作に差押えを認めてよいのかという、差押え禁止財産（民執131条〔同6号では、「生活に欠くことができない衣服、寝具、台所用品、畳及び建具」となっている〕、破34条3項2号など）の拡張問題が立法論的に控えているといえるであろう（このような見地から、アメリカの家屋差押え禁止立法が注目されること等につき、吉田邦彦「居住福祉法学の俯瞰図」同・多文化時代と所有・居住福祉・補償問題（有斐閣、2006）29-31頁参照）。従ってそれまでのつなぎの居住福祉的解釈として、民法370条の制限解釈は注目されよう。

(2)　従たる権利の場合

・従たる権利についても同様に考えられている。つまり、一般的に広く「付加一体物」とされる。具体的には、建物の抵当権の効力は、その敷地利用権（賃借権、地上権）に及ぶということで、それを肯定するのが（判例）である（最判昭和40.5.4民集19巻4号811頁【85】（6版））。……なお、実行後の借地権譲渡に関する土地所有者の承諾（民法612条）の問題は残るが、この事件の後に、不当に敷地所有者が承諾を拒否しないような改正（裁判所による承諾に代わる許可制度）がなされている（昭和41年法律93号による借地法9条ノ3〔現借地借家20条〕）。

【QＸ－5】「付加一体物」の従来の分析の仕方の方法論的問題点及び今後のあるべき方途を論じなさい。

【QＸ－6】「付加一体物」に関する近時の制限解釈を巡る議論の状況、及びその居住福祉との関係での意義について、述べなさい。

(3) 果実の捉え方

平成15（2003）年改正以前の民法旧371条では、明文で果実には、抵当権の効力は及ばないとされていた(173)。……所有者（抵当権設定者）に使用収益をさせるという抵当権の意義の現れである。そして、確かに天然果実については、同条の適用については、問題がないとされた（もっとも、抵当不動産の差押等があれば別であると規定されていた（民法旧371条1項但書、371条2項））。――つまり、ここには、抵当権は価値権であり、設定者の利用権（使用収益権）の領域には立ち入らず、両者は、併存しているという捉え方がある。

＊この議論は、近時廃止された短期賃貸借（民法旧395条）とも関係している（後述参照）。

しかし、法定果実については、とくに賃料の場合に、（判例）は、民法旧371条の適用を否定して（大判大正2.6.21民録19輯481頁【86】〔小作料〕、同大正6.1.27民録23輯97頁〔家賃〕）、そして近時は、民法372条（304条）を適用して、物上代位を認めるものが目に付いている（後述。最判平成元.10.27民集43巻9号1070頁以降である）。

・この点につき、（学界）の状況を見ると、①（通説）（我妻［407］、柚木＝高木262頁、266頁。近時では、鎌田論文(174)）は、以前から、交換価値のなし崩し的実現だからとして、物上代位法理の適用を認めていた。
②もっとも、近時は、旧371条から物上代位を否定する見解も有力である（鈴木（4訂版）154頁、157頁、近江137頁、道垣内（初版）119頁）（なお、高木130頁、132頁は、限定的物上代位肯定説（抵当権設定登記後の賃貸借の賃料について肯定する（伊藤（眞）論文(175)）など）である）。……法定果実は、用益

---

(173) 民法旧371条は、1項で、「前条ノ規定〔付加一体物の規定〕ハ果実ニハ之ヲ適用セス。但、抵当不動産ノ差押アリタル後又ハ第三取得者カ381条ノ通知〔抵当権実行の通知〕ヲ受ケタ後ハコノ限リ在ラス」とし、2項で、第三取得者が抵当権実行の通知を受けたときには、「其後一年内ニ抵当不動産ノ差押」あったときに、1項但し書きの規定が適用されるとしていた。

(174) 鎌田薫「賃料債権に対する抵当権者の物上代位」金融法の課題と展望（石田＝西原＝高木還暦）（成文堂、1990）。

（利用）の対価であり、「交換価値の代表」（柚木＝高木262頁の言葉である）ではないとする。

（検討）

1．あまり概念的に演繹的に導けるものではない（【86】（5版）角解説参照）。……我妻博士が、既に条文に捉われずに、金融経済の機能ないし実態に即して、法定果実に対する抵当権者からの物上代位権行使を「交換価値のなし崩し的実現」として肯定したのは、博士の柔軟な解釈スタンスを示している。

2．抵当権が価値権だとしても、抵当不動産の価値をどう捉えるか――すなわち、不動産を使用財（わが国では、伝統的にこういう捉え方が強かった）と捉えるか、収益財（フランスなどではかねてこういう不動産観があった）として捉えるか――が、この問題の処理と関係する（この点を初めて指摘したのは、内田教授である〔後述する〕）。

そしてわが国においても、近時は不動産の捉え方が、多様化しており、収益財的な見方が前面に出てきているという背景の変化がある。……こうなると、収益財としての不動産価値の把握という価値権（抵当権）は、所有者（設定者たる所有者）の使用収益権その行使としての賃貸借（賃料収取）とも抵触してくる（収益価値権と利用権との抵触・衝突）という問題に直面することになる。

3．さらに近時は、バブルの崩壊により、不動産市況が低迷して、賃料収入からの債権回収が注目されるに至って、不動産の意味づけも変わってきているのではないか（収益財的側面のクローズアップである）。そしてそれとともに、賃料に対する物上代位事例が近年増加している。――物上代位肯定説でもよいのではないか（吉田）（近時の限定説の狙いがどうもよくわからない。抵当権者の地位を弱めたいのか。しかしそうなると、債務者は金融を得られにくくなるというディレンマがある）。ともかく、「賃料への物上代位それ自体には、民法旧371条との関係で異論を含んでおり、その肯定には抵当権者（金融業者）の利益重視という舵取りであった」という前史にも眼を向けて欲しい。

（175）　伊藤眞「賃料債権に対する抵当権者の物上代位（下）」金法1252号。その根拠は、抵当権設定後に賃貸されたことにより、抵当不動産の評価額が低下することにある。

＊民法 371 条の平成 15（2003）年改正

平成 15 年改正で、抵当権の実行方法の一つとして、担保不動産の収益執行（民執 180 条 2 号）が、採用されたことに伴い、371 条の字句も改められ、被担保債権の債務不履行の場合に、明文で、天然果実のみならず、法定果実にもかかっていけることとなった。これが、賃料への物上代位の運用にどのような影響が出るかは、注目されるところである（高橋 131 頁は、民法 371 条が改正された以上、賃料への物上代位は、担保不動産への収益執行に代わる簡易な実行と解する他はないとされる。同教授は、改正前には、消極的の如くである）。

＊フランス法に定位した賃料に対する物上代位に対する消極論（高橋智也論文(176)）

フランス法においては、抵当権実行（抵当権保存所における催告書（commandement））の公示に至るまでは、抵当権設定者の収益機能は、保持されており（フ民訴法旧 685 条 1 項）、民法旧 371 条 1 項に対応する。

そして、高橋准教授は、フランスでは、賃料は、不動産とは、独立した価値として捉えられ、ただ関係当事者の利益調整として（とくに抵当権設定者の収益機能と抵当権者の掴取機能との調整）、抵当権実行の場合には、①設定者や一般債権者による手続き遅延の予防ないし②異議申し立て制度による抵当権者の手続的不利益に対する代償として、実行後の賃料に限っての抵当権の優先弁済効（これを「賃料の不動産化」（immobilisation des fruits）という。わが国の賃料に対する物上代位に対応する）を認めていることから、旧 371 条 1 項の再評価を主張する。

抵当権の性質論という大きな話にもつながるが、「関係当事者の利益考量」としても、現行法 371 条では、債務者の債務不履行を物上代位の基準としてい

(176)　高橋智也「不動産以外の財産に対する抵当権の効力――フランス実体法及び手続法における債権に対する効力拡張制度を参考にして」私法 67 号（2005）。さらに、同「フランス不動産差押制度における果実の不動産化（immobilisation des fruits）について（1）～（3）（未完）――実体法規範と手続法規範の総体的把握に向けて」法学雑誌（大阪市大）50 巻 4 号、51 巻 2 号、54 巻 3 号（2004, 2008）も参照。

るが、必ずしも決定的根拠はないとされる。すなわち、(a)債務者の収益機能を奪って、債務不履行からの脱却が促進されるとは限らないし、(b)設定者が物上保証人の場合には、基準の根拠はないとするのであり、注目すべき指摘であって、この点は、抵当権者の優先権をどれだけ強力にするかという大きな制度論とも関係するところであろう。

ただ、従来の（判例）上確立してしまっている賃料債権への物上代位の実務にどれだけのインパクトを与えるかどうかは、未知数ではないかと思われる。しかしながら、前述のことと少し違うことを言うようであるが、不動産を収益財として捉えるフランス法においてのこのような扱いは、(i)不動産の捉え方と(ii)収益権の帰属のさせ方（それが所有者に帰属するか、抵当権者に帰属するか）は、別次元の問題であることを改めて認識させるものであり、当然のことのように抵当権者に帰属させている近時の傾向に反省を迫るものと言えよう（吉田）（それと同様の意味で、鈴木博士が、近時の実務及び平成15年改正を経てもなお、解釈論・立法論として、賃料への物上代位を否定する立場を堅持されている（鈴木（5訂版）250頁）ことには、聞くべきものがあるように思われる）。……安易に抵当権者の権限強化でよいのかという考量である（後述の抵当権に基づく物権的請求権の議論などとも関係する）。

【QX－7】法定果実に抵当権の効力を及ぼすことに関する賛否両論の論拠を整理して、今日的にどのように考えたらよいのかを述べなさい。（次述の物上代位の問題としても復習的に検討しなさい。）

10－3－3　抵当権に基づく物上代位（民法372条——304条の準用）——とくに「差押」要件の意味

抵当目的物の滅失・損傷の場合に（民法304条は、さらに、売却、賃貸の場合も挙げている（以前から））、代替物・変形物に対する抵当権の効力であり、これを物上代位性と言っている。

(e.g.) 火災保険金、土地収用の場合の補償金に対する効力。

＊用語として、こういうものを「代替的（代償的）物上代位」と言い、それに対して、前述の賃料に対する物上代位のようなものを、「付加的物上代

位」などと言われる。

＊売却代金に対する物上代位の可否（抵当不動産の場合）(177)

抵当不動産が売却された場合の代金について、物上代位が認められるかについて、（判例）がないが、学説上近時対立がある。すなわち、伝統的通説は、文言上からも、肯定してきたが（我妻281頁、注民（9）55-56頁〔西沢修執筆〕）、有力説（鈴木（禄）、道垣内両教授など）は、それに反対して、こうした場合の物上代位権行使を否定しているのである。

否定説の論拠として、挙げられるのは、①鈴木博士の場合、抵当不動産の取引関係者は、抵当権の実行か物上代位かの予測が付かず、代金額の決定に迷い、また事後的に不当利得関係を残すことになるからとし（鈴木249-250頁、また、同・抵当制度の研究（一粒社、1968）117頁以下）、また②道垣内教授の場合、代価弁済（民法378条）（後述するが、不動産の代価を抵当権者に払い抵当権を消滅させる制度。抵当不動産の代価が、被担保債権額よりも低いときに問題となる）を認めれば足りることを論拠とする（道垣内145頁、164頁。また、同「抵当不動産の売却代金債権への物上代位」神戸法学雑誌40巻2号（1990）408-409頁、また同旨、内田447頁）。（なおさらに、③フランスの物上代位（subrogation réelle）でも、売買代金への代位は認められておらず、ボアソナード草案1207条ないしそれを受けた旧民法債権担保編201条でも同様である（ボアソナードの注釈）。もっとも、高橋論文では、現行民法と断絶がある（しかしその根拠は明らかでない）とされる(178)。）

しかし、近時（通説）を再評価する米倉教授は、抵当権実行には、手数と費用がかかるから、それを回避するところに物上代位の意義があることを強調し（この点は、立法者意思でもある。富井・民法原論2巻351頁）、軽々に抵当権者の物上代位権を奪うべきではないとする。そして、①の不都合については、抵当

(177)　これについて近時論ずるものとして、米倉明「売却代金に対する物上代位の可否——抵当権にもとづく場合」タートヌマン9号（2007）がある。

(178)　高橋・前掲私法67号141頁参照。さらに、同教授の代償型物上代位のフランス的な制限的運用論については、高橋智也「抵当権の物上代位に関する一考察（1）～（3・完）」都立大法学会雑誌38巻2号～39巻2号（1997～99）、同「抵当権の物上代位制度の現代的位相（1）（2・完）」熊本法学100号、102号（2002～03）参照。

権者も交えて関係者が協議すればよく、②についてもどうして合意志向的にならなければいけないか（強制的な物上代位の手法が剥奪されるのか）が不明だとして反論する（米倉論文18頁、21頁、30–32頁）。私としても、立法論としては、鈴木(禄)博士のような制度設計は、可能かもしれないが、反面で、物上代位に手数・費用を回避できるメリットがあるならば、肯定説にも一理ある（解釈論としても、通説のほうが自然だろう）と考える。

問題は、どれだけこういう議論が、実益があるかということであろう（米倉論文44頁でも「マイナーな主題」とする。実際問題として、こうした場合にあまり物上代位の議論がなされないのが通例ではないか）。そこで、取引の場面を想定してみると、抵当不動産が売却される多くの場合には、債務引受されるから、代金は、時価から被担保債権額を差し引いた額となり、(i)その代金（時価と被担保債権との差額）に物上代位を認めて、さらに(ii)抵当権の実行を認めてよいかということに帰着する（これが実際上の問題点であり、取引実務でなおそれほど顕在化していないのではないか）。そして、この点では、不動産市況が低迷している昨今に、「かかる抵当権者の回収ルート」を認めてよいのではないか（またそれを妨げる法理上の制約はない）（吉田）（この点同旨、堀内仁「抵当権付不動産の売買」契約法大系Ⅱ（有斐閣、1965）175頁、米倉論文40頁）。以上が、この学理上の議論の取引実態に即した意義であろう。

なお、買戻し特約付き目的不動産の抵当権者は、買戻し代金債権に物上代位権を行使することを認めるのが、近時の（判例）である（最判平成11.11.30民集53巻8号1965頁　判評501号吉田〔買戻し代金は、所有権復帰の対価であり、「(目的物の売却・滅失により）債務者が受けるべき金銭」だとする〕)。これについて、従来の学説は、消極的であったが、これは、抵当権者の抵当権実行は出来ないという意味で、実質的に買戻し権者が優先される事例であり、ここで論じた場面とは区別され、(判例）の立場で問題はなかろう。

＊物上代位の差押

・「払渡し又は引渡しの前の差押え」が要件とされており、従来その意義を巡って多くの議論がなされてきた。
・なお実際には、債権質も設定されることも多い。

① 伝統的（判例）は、差押えは、抵当権者自らが行うことを要し、かつ、他の債権者が差押・転付命令を取得すれば、もはや物上代位はできないとする（大連判大正 12.4.7 民集 2 巻 209 頁）。……ここでは、(a)物上代位権保全の要件として「差押」が捉えられている。

② これに対して、（通説）は、特定性が維持されている限り（「払渡し前」ならば）、物上代位性を認めるべきであるとする（我妻［428］〔法定債権質類似の優先権だとする〕。同旨、星野 255–256 頁、鈴木 155 頁）。……ここでは、(b)特定性維持が、差押の趣旨・目的とされている。そして、この立場に立つならば、他者の差押が先になされていても、よいことになる（もっとも、その上で、我妻［423］、鈴木 115 頁は、抵当権者自らの差押も必要とし、これに対して、柚木＝高木 272 頁以下では、それすら不要だとしていた）。

③ なお、差押の趣旨の理解として、(c)二重弁済の危険からの第三債務者保護のための公示的機能があると解する説があり（谷口論文(179)）、それが近時の（判例）では採られている（最判平成 10.1.30 民集 52 巻 1 号 1 頁）。

……第三債務者への公示ということならば、「抵当権の登記」でよいのではないかという発想である。

④ これに関連して、最近は、先取特権の場合の物上代位につき、この差押えに、(d)「債権譲受人などの第三者保護（競合する債権者の保護）」の趣旨を認めて、これを優先劣後の基準とする場合も認めるに至っている（最判平成 17.2.22 民集 59 巻 2 号 314 頁前掲）。

……元来債権譲渡の対抗要件では、債務者（ここでの第三債務者）に対する公示を媒介とする第三者対抗要件を組み立てており（民法 467 条参照。詳しくは、債権譲渡に譲る）、③の論理で行こうとしても、「抵当権の登記」に当たるものがないから、「差押え」の行為に、第三者保護機能が浮き出てくるということか（吉田）（後述する）。

---

(179) 谷口安平「物上代位と差押」民法学 3（有斐閣、1976）。

＊物上代位の差押の沿革的考察

もっとも、この制度の沿革的研究（吉野論文(180)）によれば、本条は――その元となる旧民法債権担保編133条を起草した、ボアソナードが参照した――イタリア旧民法1951条のopposizioneに由来し（なおこれは同現行民法2742条に承継されている）（その意義は、「弁済に対する故障申立て」で、保全的差押え的なもの)、「差押」についての従来の（判例）の解釈の再評価もなされている(同論文では、本来そこでの「差押」の意義として、効力保存要件として（上記(a)的な捉え方である)、担保物権者側の主体性が要求されるとする〔眠る者の失権効である〕。差押には、弁済禁止効があり、自ら申し立てる必要があるともされる)。

しかし、今日の多数の解釈では、ヨリ物上代位が認めやすくされているのである。

(問題点・留意点)

1．近時の判例の抵当権の物上代位強化傾向

(1) 目的債権の特定性が維持されていればよい(物上代位権者の差押の先行は要求されない)。

・近時の（判例）は、かなり（通説）寄りになっている（最判昭和59.2.2民集38巻3号431頁〔先取特権事例につき、破産宣告後の物上代位権行使を認めた（前述）（8－2－4(1)参照)〕以降である)。……他の競合する債権者が、差押えに止まる場合には、物上代位権行使が優先する。

(2) 物上代位権行使と他の債権者の（イ）債権譲渡、（ロ）差押・転付、また（ハ）第三債務者に供託義務がある場合の優劣――とくに抵当権の場合の基準

・さらに、その後の（判例）は、多数説以上に、抵当権者の物上代位を――抵当権の設定登記時を基準として――広く認めるに至っている。すなわち、被代位債権につき、債権譲渡がなされ、それにつき民法467条の対抗要件が具備されても、抵当権者は自ら目的債権を差押えて、物上代位権行使ができる

(180)　吉野衛「物上代位に関する基礎的考察（上）（中）（下）」金法968号、971号、972号（1981)。さらに、同「物上代位における差押えの意義」民法の争点Ⅰ（有斐閣、1985)（新版・民法の争点（有斐閣、2007)）。

とする（最判平成 10.1.30 前掲）。

Cf. もっとも、例外として、①転付命令送達後の抵当権者の物上代位権行使は否定された（最判平成 14.3.12 民集 56 巻 3 号 555 頁〔転付命令の第三債務者への送達以前に、民法 304 条 1 項但書の差押えをする必要があるとする〕）。また、②先取特権に基づく物上代位権行使の場合には、債権譲渡後のそれは認められていない（最判平成 17.2.22 前掲〔この場合には、先取特権自体に公示方法がないので、民法 304 条 1 項但書の差押に、(d)代位目的債権の譲受人等の第三者の利益保護の趣旨があるとし、同差押の送達と債権譲渡の対抗要件との先後で優劣を決しようとする〕）。

……原則・例外の関係、とくに民法 304 条 1 項但書の「差押え」の機能である(c)(d)の関係は、今ひとつ明らかではない。――すなわち、①の場合に、転付命令の場合と債権譲渡の場合（いずれも抵当権による物上代位権行使の場合）とで、異なる立場を採りうるのかよくわからないし、また、②の場合には、先取特権の場合には、公示不十分ということは、その通りなので、差押えの機能(c)(d)が区別されるというよりも、両者は一体で（民法 467 条の理解などはそうである）、先取特権の公示が不充分なので、民法 304 条 1 項但書の「差押え」が――(c)(d)との関係での公示手段として――浮き出てくるというだけではないか（吉田）。

・差押競合の場合の優劣基準は、一般債権者の差押命令の第三債務者への送達と抵当権設定登記の先後によるとする（最判平成 10.3.26 民集 52 巻 2 号 483 頁【88】〔賃料債権への物上代位権行使事例〕）。

Cf. この点で、（学説）では、それ以前は、民法 304 条の差押との先後で優劣を決めようとする見解が有力であった（道垣内（旧説）（初版）120‒121 頁、内田 369 頁）。

・さらに、物上代位権者のために供託義務が認められる場合につき、（判例）は、他の転付債権者の請求を斥けている（土地区画整理法 112 条 1 項、土地改良法 123 条 1 項による補償金、清算金債権の場合）（最判昭和 58.12.8 民集 37 巻 10 号 1517 頁　法協 102 巻 4 号吉田〔抵当権設定者は清算金を請求することができないことを理由としており、その理由付けはやや虚をつく特殊なものである〕）。

Cf.　なお鈴木博士は、このような法制を代償的物上代位に拡充すべきことを立法論的に提言する（鈴木248頁）。

＊物上代位権者と他の差押え債権者との競合の場合の第三債務者の供託の要否

近時の〔判例〕（最判平成10.1.30前掲など）では、(1) 抵当権設定登記時が、他の差押え債権者との優劣の基準になり、他方で、(2) 民法304条1項但書の「差押え」は、第三債務者との関係で意味があるとして区別する如くである（なお、先取特権者の場合には、(1)(2) が民法304条1項但書の「差押え」に合体する（平成17年最判））。

従って、第三債務者としては、例えば、債権譲渡との競合の場合に、民法304条の差押え前に民法467条の対抗要件がなされたら、債権譲受人に弁済して有効とする如くである（平成10年最判にそのくだりがある）（(2) の局面）。そして、抵当権者（物上代位権者）の方が、債権譲受人に優先すれば（(1) の局面）、両者間の不当利得の問題として求償による解決がなされることになろう。しかし、債権譲受人が無資力になれば、抵当権者は、とりはぐれることになる。――そこで、こうした事態を避けるために、事前に第三債務者としては、物上代位されそうな債務の弁済については、供託しておいたほうがよいとはいえるが、物上代位権者による差押がないのに、供託義務を課することには無理があり、結局こうした中途半端な処理にならざるを得ないが致し方ないということであろう。

また、差押えもないのに、担保権者に弁済することも認められないことになる（平成17年最判は、先取特権者に対して第三債務者が弁済した事案であったが、そのような弁済は無効とされる）。

……これに対するコメントとして、①第三債務者に対する公示と第三者に対する公示を区別するのは、わかりにくい。②当該債権に即して考えるならば、民法304条但書の「差押え」を優劣基準とするのが、簡明だが、抵当権の公示に関しては、時期的に遡らせるという〔判例〕の扱い（平成10年最判以降）には、やや突出したところがあり、関係当事者（第三債務者、債権譲受人など）（特に債権に関わる第三者）は、関連不動産の抵当権登記まで調査を強いられている。③差押えもないのに、弁済した第三債務者は、優劣を間違えると、二重払いを強いられるとする（平成17

年最判）（本件は、競合する債権者がいない状況での弁済事例である。かかる場合に「差押え」が要求されると、先取特権者の物上代位権行使としての請求への弁済には、「差押え」が必要であるということになる）は、おかしいのではないか（①との関係も明らかではなく、また「第三債務者に対する公示」として、抵当権の場合には「差押え」は問題にならないが、先取特権ならば、単なる取立てでは足りず、「差押え」という公的指標を求めるという、重層的組立てである。もっとも、そのような制度にするのだと言われて観念すれば、それだけのことだが……。それにしても、平成 17 年最判は、制度構築ないし行為指針設定のためとは言え、個別事案の解決としては、制裁が強すぎる憾みは残る）（吉田）。

(3) 物上代位権の行使の限界

・第三債務者が弁済・相殺などすれば、民法 304 条 1 項但書の「払渡し又は引渡し」となり、もはや物上代位権の行使ができなくなる。しかし、目的債権の差押がなされると、弁済禁止効が生じて、もはや弁済などによる債務の消滅を主張できなくなる（民法 481 条参照）。

・他方、第三債務者は、抵当権設定登記を基準として、それ以降の賃貸人に対する債権を自働債権とする賃料債権との相殺を（物上代位の差押をした）抵当権者に対抗できないとするのも（判例）である（最判平成 13.3.13 民集 55 巻 2 号 363 頁〔抵当権登記後に授受された保証金返還請求権との相殺が否定された事例〕）（なお、これに対して、賃貸人の賃料債権と敷金返還請求権との実質的相殺〔つまり、敷金の充当〕については、賃料請求権に対する物上代位に優先するというのが、（判例）である（最判平成 14.3.28 民集 56 巻 3 号 689 頁）（後述））。……弁済・相殺などの禁止効の基準につき、民法 304 条 1 項但書の「差押え」より前の「抵当権設定登記」時まで遡らせているところに意味がある（Cf. 債権質権と相殺につき、大判大正 5.9.5 民録 22 輯 1670 頁は、債権質の通知までに発生し、弁済期の到来又は弁済期が受働債権のそれよりも先行する債権をもって相殺できるとする）。

・なお、手続として、物上代位権を行使する者は、事後的に配当要求することはできないとするのが（判例）である（最判平成 13.10.25 民集 55 巻 6 号 975 頁〔民法 304 条 1 項但書の「差押え」には、配当要求を含むと解することはできず、民執154条、193条1項は物上代位権者の配当要求は予定していないとする〕)。

しかし、いきなり配当要求による代位権行使でもよいとする見解も有力であり（生熊教授ほか(181)）、そのほうが合理的である（吉田）。

2．（比較対照）学説の分布状況

・この点（とくに上記1(2)）については、従来の（多数説）は、転付命令との関係では、(i)転付命令後も優先権を行使できるとの説（柚木＝高木274頁以下（柚木））、(ii)第三債務者が転付債権者に弁済すれば、代位権は消滅するとの説（我妻291頁［428］）、(iii)転付命令があれば、代位権は消滅するとの説（鈴木246頁）に分かれていた。

・また、債権譲渡がなされれば、もはや物上代位権の行使はできないとされていた（高木135頁）。上記判決（平成10年最判）の調査官（野山宏調査官）は、そのように解する論理的必然性はないとしており、確かにその点ではもっともである（吉田）。

Cf. 二重譲渡が何故できるのかという問題が、立てる必要がない「仮象問題」(Scheinproblem) であったことと類似する。

……ともかく、①（判例）は、転付命令については揺り戻って学説に近いが（平成14年最判）、債権譲渡については、それ以上のところまで行っている（平成10年最判）と見うる。また、②（判例）は、(ii)の制約は認めるようだとも言えるが、(iii)に近く、(ii)の前提を欠く如くである。さらに、③配当要求も認めるのが有力説であることは前述したが、物上代位権者〔抵当権者〕としては、民事執行法上（民執193条参照）、配当要求の終期までに、物上代位権者〔抵当権者〕も配当要求しなければ（なお、民執154条1項は、物上代位権者を挙げていないが、含めるべきである）、失権すると解される（同法165条）（同旨、吉野論文）。

3．保険金請求権上の質権との優劣関係

・優劣基準として、①抵当権登記と質権の対抗要件具備との先後によるとする

---

(181)　生熊・平成13年重判【民6】73頁。また、鎌田・前掲論文79頁以下、吉野・担保法大系 (1) 376頁以下。

か（吉野論文・金法972号7頁以下、高木136–137頁〔結果同旨〕）、それとも、②ここでも「差押」に意味を持たせて、物上代位の差押との先後によるとするか（川井62頁、小川英明・不動産法大系Ⅱ165頁、近江143頁）も微妙である。

・（下級審裁判例）は、後説（②）の方が多かったが（福岡高宮崎支部判昭和32.8.30下民集8巻8号1619頁、高知地判昭和43.3.26判時526号78頁、福岡地小倉支部判昭和55.9.11金法961号34頁）、最近の（判例）傾向からすれば、前説（①）的処理をすることは充分に予測されるところであろう。

4．賃料に対する物上代位

・これについては、前述したが、最近の判例では、転貸賃料に対する物上代位までは肯定していない（最決平成12.4.14民集54巻4号1552頁）ことに留意が必要である（反対、鎌田・重判【民2】解説）。

・また、賃貸借契約につき敷金の授受がなされているときには、物上代位の目的の賃料債権などは、敷金が充当されて差引額が対象となるとされる（判例）（最判平成14.3.28民集56巻3号689頁〔賃料債権への物上代位に対して、保証金で充当され、当然消滅したとする〕）。……賃貸人が無資力になっている場合に、敷金返還請求権が戻ってこなくなることを賃料債権の限りで防ぐという意味で、賃借人保護的意味合いがある。相殺では、抵当権の登記以降の敷金授受については、その返還請求権とのそれが認められないので（前掲平成13年最判参照）、それよりも敷金の場合については、第三債務者（賃借人）保護の対応をしたものである（調査官も、カテゴリカルに、敷金については、相殺と区別する趣旨であり（ジュリスト1235号82頁）、やや一般的議論をする平成13年最判とのニュアンスの違いも感ずる）。なお、本件は、転貸賃料に対する物上代位権行使の事例であり、平成12年最決の立場からも抵当権者の主張を斥けることもできた事案である。

（N.B.）かなり細かな解釈論にもかかわってくるが、その背後に物上代位の線引きに関する微妙なバランス感覚、あまりそれが強力にならないような配慮もなされていることに、注意を要するだろう。

【QⅩ－8】(1) 抵当権の物上代位における「差押」の機能を整理しなさい（それと抵当権者の物上代位の権能との関係も検討しなさい）。(2) また基準の立て方の問題点を検討しなさい。さらに (3) 近時の物上代位の権能強化の背景には、どのようなものが考えられるか論じなさい。
【QⅩ－9】抵当権の物上代位の限界を具体的に論じなさい。

10－3－4　抵当権の侵害

抵当権には占有はなく、所有権と同様に「観念性」がある。物権的請求権が問題となり（例えば、従来議論があったのは、山林の伐採、伐木の搬出の禁止というような場合である）、占有訴権は、問題にならない（Cf. 質権の場合の民法353条）。

(1)　抵当目的物の分離・搬出の場合

古くから議論があったのは、山林の伐採絡みで、抵当不動産から分離した物に、抵当権の効力が及ぶかという問題であった。

・(判例) は、抵当権の効力が伐採木材に及ぶとしている（大判大正15.8.21新聞4620号7頁〔立木につき売買がなされているが、明認方法がないことを理由としている〕）。

また、工場抵当法事例として、抵当目的物とされた動産が工場外に搬出されたのに対して、工場に戻すことを請求しうるとするものがある（最判昭和57.3.12民集36巻3号349頁）。

・(学説) は、抵当権の効力が及ぶ基準について、見解が分かれている。……①我妻博士は、分離物が搬出されない限りは、効力が及ぶとする（同旨、ド民1121条）（[395]「抵当権の公示の衣装に包まれている」からとする。博士の比喩的な表現の例として有名である）。

他に、②物上代位によるとの説があり（柚木＝高木267頁〔柚木説〕ほか）、また、③第三者が即時取得をするまでは、抵当権の効力が及ぶ（逆に言えば、搬出されたからといって直ちに効力が及ばなくなることはない）とする見解が近時は有力である（星野252頁、高木127頁。同旨、鈴木241頁、251頁（改説））。

（検討）

1．ここでの問題は、時系列的には、(i)分離（伐採）、(ii)搬出、(iii)取引（第三者への譲渡）、(iv)その第三者の即時取得という形で流れる中で、どの辺りまで、抵当権の効力を及ぼすのが妥当かという問題である。

2．我妻説（①＝上記(ii)で画する見解）では、論拠が充分に示されておらず、抵当権の観念性にもやや反するし（設定者の手元にないと効力が及ばないとする如くである）、これでは、「搬出すればやり得である」というようなインセンティブが生まれてしまうので、近時の有力説（③＝上記(iv)で範囲を画する見解）でよいのではないか（吉田）。

3．なお柚木説は、ややレベルが異なり、その論拠は、必ずしも明らかではないが、抵当権者の侵害は、所有権者への侵害による間接的なものであり、物権的請求権は、直接に侵害を受けた所有者に止まり、抵当権者は、所有者の有する賠償請求権への物上代位に止まるという趣旨だと思われる。そしてこのような見解は、支持を集めているようであるが、ドイツ的に請求権者を直接被害者に限定する法制をわが国では採っていないし（詳しくは、後述の抵当権侵害の不法行為のところ（本項(3)参照）によられたい）、そのような問題の立て方は、おかしいというべきだろう。

(2) 抵当不動産占有者（不法占拠者となった短期賃借人、濫用的賃借人など）との関係での明渡請求

＊近時浮上した論点である。廃止された短期賃貸借制度（民法旧395条）とも関係するので、後述するところとも併せて検討されたい。

平成15（2003）年改正前の短期賃貸借制度（民法旧395条）に関して、解除請求（同条但書）がなされて、不法占拠者となった短期賃借人（濫用的賃借人といわれた）ないし抵当不動産所有者から占有権限を与えられていない無権限占有者に対して、妨害排除（明渡請求）できるかという点がまず問題とされた。……そういう不法占拠者がいると、抵当不動産競売における買受希望者が現れにくくなり、その結果不動産の売却価値は低下する。短期賃貸借制度に批判的

な論者が、バブル崩壊により不動産市況が低迷していることも相俟って、——近時の新自由主義的な思潮の反映か——競売市場の活性化を図るために強調されたところでもある。

＊「物上代位」とともに、「(ここでの) 抵当権に基づく物権的請求権」問題は、近時の抵当権強化の動きの現れとして注目すべきであろう。

・この点の従来の（判例）は、抵当権は価値権であり、第三者の占有（使用収益）については、それが不法であっても直ちに価値の損害が生じたとは言えず、妨害排除はできないとされてきた（大判昭和 5.4.16 新聞 3121 号 7 頁など。近時でも、最判平成 3.3.22 民集 45 巻 3 号 268 頁【94】(4 版)〔物権的請求権としても、債権者代位権としても、抵当権者は妨害排除できないとした〕)。

・しかし、これに対する（学説）からの批判を受けて（第三者の不法占拠により、実質的に担保価値を減じ、売却価格を下げることを説く。高木 148 頁参照）、（判例）変更がなされた（最大判平成 11.11.24 民集 53 巻 8 号 1899 頁【84】(5 版)〔第三者の不法占有により、抵当不動産の交換価値の実現が妨げられ、抵当権者の優先弁済請求権の行使が困難となるような状態があれば、抵当権侵害と評価してよいとし（抵当権設定者（所有者）に対して同不動産の適切な維持・管理を求める請求権があるとする)、抵当権に基づく物権的請求権、民法 423 条の法意による債権者代位権の行使ができるとする。——抵当権設定者又は抵当不動産譲受人は、担保目的物の実際の管理者として、その交換価値の減少、その実現困難とならないように、適切に維持・保存する義務がある（逆に、抵当権者には、担保価値維持請求権がある）とする（特に奥田補足意見)。それゆえに抵当権に基づく妨害排除請求権がある（所有者の妨害排除請求の代位行使もできる）とする〕)。

（検討）

1．価値権と利用権との両立という従来の枠組みの延長線上で、濫用的賃貸借の価値権に及ぼす影響に対する評価が変化した〔柔軟化した〕といえる。

2．従来の制度では、抵当権実行の際の不動産買受人が、引渡命令（民執 83 条）ないし訴えによる判決で、占有排除することで、担保価値の保存、延いては抵当権者の保護がはかられていた（平成 3 年最判の理屈)。——しかしこの点で、「引渡命令」では、土地短期賃借人が建物を建設したときには、建物の収去執行はできないとする（別途、建物収去の債務名義が必要とする）のが、（判例）であって（東京高決昭和 62.8.6 判時 1247 号 93 頁）、執行手続としてスムーズに流れるとはいえない状況だった。

3．このような「不都合」の解消(182)を図ったのが、平成 11 年の大法廷判決の関連執行制度との相関で見た意義ということができよう。前記 1 の点とともに、積極的に評価してよいだろう（吉田）。

4．もっとも、本判例の実際上の課題として、①第 1 に、いつからこの妨害排除請求権を行使できるかが問題になり、(i)競売申立以後か、(ii)それより前倒しされるか、(iii)その中間的に民法 371 条に揃えて、履行遅滞以降にするかなどの見解がある（生熊論文(183)に詳しい）。

また②第 2 に、債権者代位権の転用構成（さらに侵害是正請求権ないし担保価値維持請求権という奥田補足意見）に対しても、内容がはっきりしないとの批判がある（道垣内論文(184)）。しかし、同判決が民法 423 条の転用によったのは、当事者がそのような主張をしたからであって、今後は物権的請求権本位で考えていけばよく（同旨、道垣内 182 頁以下）、それで補足意見に反するとも思われない。

さらに、③第 3 に、平成 11 年最大判では、占有権限のない第三者との関係が問題になったが、その後、占有権限のある第三者との関係でも——競売を妨害する目的があるという条件つきで——同判決の法理を押し及ぼす判決例が登場してきている（最判平成 17.3.10 民集 59 巻 2 号 356 頁【88】（6 版）〔ホテルを目的とする抵当権者（同人は、その建築請負人で、請負代金債権を被担保債権とする）が、同ホテルの転借人に対する妨害排除請求・賃料相当額の損害賠償請求した事例。——競売手続妨害目的が認められ、交換価値の実現が妨げられ、抵当権者の優先弁済権行使が困難となるときには、その状態の排除ができるとし、

---

(182) この点の分析について詳しくは、鎌田薫「抵当権の侵害と明渡請求」高島古稀・民法学の新たな展開（成文堂、1993）、同「抵当権の効力」司法研修所論集 91 号（1994）参照。

(183) 生熊長幸・執行妨害と短期賃貸借（有斐閣、2000）440 頁以下。

(184) 道垣内弘人「『侵害是正請求権』・『担保価値維持請求権』をめぐって」ジュリスト 1174 号（2000）。

抵当不動産所有者による管理が期待できないときには、抵当権者は直接自己への引き渡しを求められるとする〕)。

……しかし、短期賃貸借を廃止した平成15（2003）年改正のもとでも、「明渡猶予制度」が設けられており（民法395条1項）（後述する）、さらにそれを制約することには慎重であるべきだろう（「妨害」かどうかは、立場によって見え方が異なるからである）（吉田）（反対、道垣内183頁〔判例を支持する〕)。

……平成17年最判は、「妨害目的」の認定のファクターとして、(i)賃料の低さ、(ii)債務（分割弁済）の一切不履行、(iii)賃貸期間が5年、(iv)賃貸の際には、承諾を得るとの特約違反（転貸までしている）、(v)敷金・保証金が著しく高額である点、(vi)所有者と転借人との関わり、(vii)低廉な額の支払いと引き換えに抵当権放棄の要求をした点を挙げており、かなり周到に事案分析を行っていると言えよう。

＊「主観的要件（妨害目的)」と「客観的要件（民法旧395条但書の抵当権者に損害を及ぼすこと)」との関係

やや細かくなるが、平成17年最判で、妨害排除請求の要件として入れられた主観的要件につき、学説上の議論が見られる。すなわち、(a)一方で、主観的要件をできるだけ客観的に解するべきだとの説がある（松岡・重判78-79頁）反面で、(b)客観的要件はなくともよいとし、主観的要件だけでよいとする（生熊・民商133巻4＝5合併号806頁)。

思うに、ややすれ違いの感があり、「主観目的（妨害目的)」とか「抽象的損害要件」ではなく、具体的客観的基準に詰めていくことが重要であろう。その意味で、(a)には、そのような方向性が感じられる（もっとも、松岡教授が、不法占有につき抵当権者に対抗できない占有を広く対象としていて（松岡久和「抵当目的不動産の不法占有者に対する債権者代位権による明渡請求(下)」NBL 683号44頁)、問題があり、これに対して、(b)には、濫用型の不法占有者に絞り込む方向性があった（生熊・前掲書461頁）のであり、その限りでは、(b)を支持できる)。——つまり、(c)客観・具体的要件で、妨害目的ないし抵当権者の損害要件を絞り込んでいくような立場が求められるのではないか（吉田)。

5．なおこのような妨害排除請求の帰結として、債権者代位権の転用構成（平成 11 年最大判）にせよ、抵当権に基づく妨害排除請求（物権的請求権）にせよ、抵当権者への明渡による同人の占有が認められる。これを、抵当権者の非占有という本来的属性との関係でどう位置づけるかという問題がある（「管理占有」といわれる）。抵当権者は本来的に占有したいわけではなく、管理費用がかかるとするならば、必ずしも好ましい事態ともいえない。……実はこの辺りが、この請求権が「使い勝手がよいルート」とは必ずしもいえないところであろう。その意味で、これは例外的請求権ではないか（吉田）。

＊本判決後に、平成 15（2003）年の担保・執行法の改正により、保全処分の強化、収益執行の新設など、制度的環境がさらに変わってきていることにも留意が必要である。

(3)　損害賠償（不法行為）（民法 709 条）

・抵当権侵害が不法行為になることには、問題ないとかねて説かれているが、この場合の特殊性として、なお残余部分で、優先弁済が得られれば、「損害」はないとされる（大判昭和 3.8.1 民集 7 巻 671 頁）。

・なお、抵当目的物の侵害の場合には、所有者のみが賠償請求できる（抵当権者は、物上代位による）という見解が有力（多数説か）である（鈴木 253 頁、高木 151 頁、道垣内 184 頁(安永 291 頁も同旨か)。また、加藤(一)・不法行為 111 頁、幾代・不法行為 74 頁)。

（検討）

1．しかしこれは、賠償請求権者を直接被害者に止めるというドイツ的発想に立つものであり、わが損害賠償法〔不法行為法〕はこのような法制を採っていない。

Cf. 企業損害（会社の重鎮の交通事故により、会社も間接被害者として損害（間接損害）を被ったという問題)。……（判例）は、アプリオリに、賠償請求権者は、直接被害者（事故被害者たる重鎮）に限られるという立場（ドイツ法の立場）を採ってはいない（最判昭和 43.11.15 民集 22 巻 12 号 2614 頁Ⅱ【88】（6 版）吉田解説参照)。

2．従ってこの問題についても、下級審裁判例（東京高判昭和 47.2.18 判時 661 号 42 頁）（川井 124 頁は、これを支持する）と同様に、抵当権者と所有権者とがともに賠償請求できるとすべきである（吉田。同旨、平井・債権各論Ⅱ44頁、山野目242-243頁）。

3．もし、賠償額との関係で複雑になるのが難点ならば、不真正連帯債権の如きものが認められないか（吉田）。すなわち、加害者との関係では、所有者は損害額全額の請求ができ、加害者が抵当権者に賠償した限りで免責され、二重払いを封ずるようにするということである。

・損害賠償請求権の行使時・評価時――損害額の具体化は、抵当権の実行がなされないとわからないのではないかという問題であるが、①（判例）（大判昭和7.5.27民集11巻1289頁、同昭和11.4.13民集15巻630頁）（通説）（我妻386頁、川井123頁、星野259頁、高木145頁。また、加藤（一）・不法行為150頁〔弁済期前でもよいとする〕）は、実行前でも、損害賠償請求時に評価できるとするが、これに対して、一方で、②抵当権の実行を待つべきでそれまでは賠償請求ができないとする見解（川島・判民昭和7年度103事件評釈348頁以下、注民(9)69頁（柚木＝高木執筆）、鈴木252頁）がある反面で、③抵当権侵害時に評価できるとの有力説もある（道垣内弘人「担保の侵害」新・現代損害賠償法講座2（日本評論社、1998）305-306頁。また、安永291頁も、これを抵当不動産への担保価値支配の完全性侵害という「抵当権侵害」の捉え方として評価する）も存在している。

（検討）

これは、不法行為の賠償請求に関する「完全賠償原則」（全部賠償原則）（réparation intégrale）の具体化の問題で、支障がなければ、①②がそれになじむが、かといって、実行されない限り賠償請求できないのも制約をかけすぎであるので、③の場合もある（また、それは、原則として、不法行為時を賠償額算定の基準時とする不法行為の（判例）とも整合的である）と、多元的に考えればよいだろう（吉田）。

(4)　その他

抵当不動産の滅失・損傷の場合には、明文で債務者の期限の利益が喪失するとされるし（民法137条2号）、さらに銀行取引約款で、増し担保請求ができることとされるのが通例である。

なお、この点で、増し担保請求・代担保請求を、不法行為の効果（金銭賠償主義（民法722条1項・417条）の例外である）として認めてはどうかとの有力説（加藤(雅)教授ら(185)）がある。……しかし、代担保がない場合もあり、損害賠償請求がなされた場合の上記問題は、これにより解消できるものではないだろう。

＊抵当権者の担保保存義務

債務者（抵当権設定者たる所有者）のみならず、抵当権者も担保保存義務を負う。その理由は、第三者弁済（代位弁済）がなされたときに、抵当権は代位弁済者に移るからであり、抵当権者の保存義務の効果として、故意・過失で担保を喪失・減少させたときには、その分、債権者（抵当権者）に対する代位弁済額から控除されるとされる（民法504条参照）。詳しくは、債権総論に譲るが、実際には、担保保存義務免除特約が締結されることが多く、問題とされている。

【QX－10】抵当目的物の分離・搬出・伐採に関する抵当権の効力の基準に関する我妻博士の比喩的論拠の問題点を検討しなさい。

【QX－11】抵当目的物の占有第三者に対する明渡請求について、(1) 従来の実務は何故消極的だったのか、(2) 近時それがどうして流動化しているのか、(iii)今後はどのような問題点があるかについて、論述しなさい。

【QX－12】抵当権侵害の不法行為の賠償請求権者に関する有力見解（所有者に限ろうとする多数説）の背景、問題点を述べなさい。

【QX－13】抵当権侵害の損害賠償請求権の金銭評価時及びその行使の抵当権実行との関係を論じなさい。

10－3－5　優先弁済権の実現　＊詳しくは、民事執行法に譲る。

(1)　実行の特徴、他の債権者との関係など

・競売申立には、抵当権の存在を証明する文書が必要である（民執181条1項）。

(185)　加藤雅信「担保権侵害とその救済」星野英一ほか編・(加藤古稀) 現代社会と民法学の動向（上）（有斐閣、1992）91頁以下参照。近藤英吉・改訂物権法論（弘文堂書房、1937）193頁以下の見解の承継とのことである。

・競売においては、抵当権に関して消除主義が採られ（民執188条で準用される同法59条1項)、配当に際して、優先的地位が与えられる（民執87条1項4号)。
・一般債権者との調整規定として、民法394条がある。――抵当権者は、まず抵当不動産の実行を行い、それ以外の執行に配当加入する（1項）（そうでないとき〔抵当不動産以外の財産の執行が先のとき〕には、他の債権者は、抵当権者に配当額の供託を請求することができる（2項)。その場合には、1項の場合よりも多くを抵当権者が受けてしまうために、同項の額に揃えるため)。……この例は、実際には、少ないようだが、他の債権者は、執行裁判所に対して、供託請求し、執行裁判所が供託する（民執91条1項1号の類推適用）とのことである（道垣内200頁参照)。
・他の担保物権者との関係では、基本的に登記の先後によるが、不動産保存・工事の先取特権（民法337条、338条）に関しては、その登記がなされれば、登記の先後に関わらずそちらが抵当権に優先するとされる（民法339条）に注意を要する。
・なお、競落人はかなり保護されるようになっている（民執184条）（競売の公信的効力)。しかしそれは例外であることにつき、見解の対立がある。
・抵当直流れ（じきながれ）（流抵当）は、質権の場合（民法349条）とは異なり、有効とするのが古くからの（判例）（通説）である。――抵当権の私的実行といわれる。
　それは、代物弁済の予約であり、仮登記を伴うために、仮登記担保といわれ、今日では、仮登記担保法（昭和53（1978）年法律78号）の規律に服する（後述する)。

(2)　担保不動産収益執行

平成15（2003）年の改正により、担保不動産収益執行〔抵当不動産を管理人に管理させて、その不動産から生ずる収益から優先弁済を受けるという執行〕が新設された（民執180条2号)。……強制執行一般について既に存在している強制管理の手続（民執43条1項、93条～111条）が準用される（民執188条後段)。

(背景)

バブル崩壊により、賃料に対する物上代位がクローズアップされてきたが

(前述)、これによると、①不動産の管理費用を捻出できず、また、②抵当権者の優先順位に沿った配当がなされない場合もあり、③賃借人が多数に及ぶ場合には、手続的に対応できないところがあることなどが指摘される。

(留意点)

・抵当権者は、物上代位か収益執行かを選択できる。もっとも、両手続が競合した時には、賃料債権への物上代位による差押は停止し、収益執行による配当を受けることになる(民執93条の4第1項、3項の準用)。

・収益執行が開始されると、賃借人は収益執行管理人に賃料支払いをすることになり(民執93条準用)、抵当権者が配当に与るためには、自らの収益執行の申立が必要とされ(民執107条4項1号ハ準用)、管理人は、抵当権設定者の占有を排除して第三者に賃貸することができる(民執96条、97条準用)。

・なお、収益執行がなされていても、競売がなされれば、抵当権に後れる賃借権は消滅して(管理人により設定された賃借権も消滅し)、競落人の買受け後6ヶ月以内に明け渡すべきことになる(平成15(2003)年改正後の民法395条)。……短期賃貸借の廃止と収益執行との間には矛盾があることも指摘される。

【QX－14】収益執行の新設に関連する制度との関係を論じなさい。とくに賃料に対する物上代位制度との関係、短期賃貸借の廃止との関係を検討しなさい。

10－4　法定地上権(民法388条)

10－4－1　存在理由・制度趣旨——その原理的特色

抵当権設定前からの使用利益(建物の敷地利用権)の保護、ひいては建物の保護を図るもので、同一人が所有する建物又は土地の一方のみに抵当権が設定され、競売された場合には、土地所有権ないし土地抵当権の側は、用益権(建物の敷地利用権)と調和させられるという制度である。

……土地と建物を別個の不動産とした日本特殊の法制を反映したものである(この法制は、韓国にも輸出されたため(もっともその適用の実態は異なる)、韓国民法366条でも同様の規定がある。さらにまた、この法制は台湾にも伝搬されており、台湾民法876条も、法定地上権を定める)。

土地と建物の一方を担保にし、融資を得るルートを設けるものであり、そのためには、事後の利用権を認めておくことが不可欠である（さもないと、建物収去・土地明渡を余儀なくされる。かと言って、事前的に利用権（自己借地権）を設定することは、原則として認められていない〔借地借家法15条1項は、マンションのような場合にしか自己借地権は認められていない〕)。

……土地と建物の一方に抵当権が設定される場合には、実質的に、建物側は、建物と土地の地上権（所有権の通常7割。場合により、6～9割とされる)、土地側は土地の底地権（所有権の通常3割。場合により、1～4割）について、それぞれ担保価値が把握されることになる。

・法定「地上権」となっているのは、当時起草者が地上権を代表的な利用権と考えたためである（その後、賃貸借が普及した)。

・類似の制度として、強制競売の場合の法定地上権（民執81条)、国税滞納処分についての法定地上権（国税徴収法127条）などがあり、また、仮登記担保については、法定借地権（法定賃借権）制度が規定される（仮登記担保法10条)。

・「制度趣旨」としては、近時は、(a)関係当事者（とくに抵当権者）の期待の保護・実現と言われることが多い（高木185頁、189頁以下も、こういうスタンスで書いている)。

しかし伝統的には、民法388条は強行法規・公益的規定だとされる（我妻[547]、鈴木・借地法上249頁など。これは（判例）の立場でもある。反対、柚木＝高木350頁、高木185頁〔特約による排除ができるとする〕)。これは、(b)建物保護〔建物収去土地明渡請求の事態による建物の廃棄からの保護〕という、社会全体の損失の軽減のために、市場取引に介入する制度（共同体的利益・社会効率性（社会的効用）のための個別取引への干渉）ということである。

(検討)

これに対して、近時は個別取引志向（関係当事者の期待・約定を志向する傾向）が見られるわけであり（前述の高木教授の他に、松本（恒雄）教授(186)など)、また、近時は建物の保護という社会効率性（社会的効用）ないし公共的保護を持ち出す社会的背景（建物不足など）も変わってきていることも関係しているのかもしれないが、いくらスクラップ・アンド・ビルドが蔓延するわが国とて、上記(b)の要請は、本制度を見る際に否定することはできないであろう（吉田）。

【QX－15】法定地上権制度の制度趣旨を検討し、とくにその市場取引との関わり（市場内在的か外在的か）を論じなさい。

10－4－2　成立要件に関する問題点

(判例)(学説)ともに、本条を比較的緩やかに解釈する。

(1)　抵当権設定時における建物の存在

・建物が存在していれば、登記がなくとも、また後に再建築されてもよいとされる。

・なお、非堅固建物が堅固建物に改築されても、法定地上権の存続期間は、旧建物を基準とし、旧建物が残存する場合と同様の範囲に止まるのが原則である（大判昭和10.8.10民集14巻1549頁〔改築の事例〕、同昭和13.5.25後掲。同旨、我妻［531］。

また、最判昭和52.10.11民集31巻6号785頁【90】（4版）法協95巻12号星野〔再築事例〕も同旨だが、土地の担保価値を算定した抵当権者の利益を害しない「特別の事情」がある場合には、再築後の新建物を基準とできるとする（当該事件についてもそうしている。新工場（堅固建物）建設を予定して算定したからだとする））。

……もっとも、借地借家法になり、借地権の存続期間は一律30年とされており（同法3条）、事情が変わってきていることに注意を要する。

……ここでは、抵当権者の主観的事情が考慮されているが、利害関係者は抵当権者のみならず、買受人〔競落人〕もいて、競落人の利益も考慮する

---

(186)　松本恒雄「法定地上権と法定賃借権」金融担保法講座Ⅰ（筑摩書房、1985）247頁。その他、加藤一郎「法定地上権をめぐって」民法ノート（有斐閣、1984）219-220頁、道垣内（旧版）175頁など。

必要がある（だからそう単純ではない）（これに対して、高木198頁、201頁は、「主観的担保評価」を基準とするかのごとくであり、抵当権者の利益のみに偏る嫌いがある。もっとも居住者の利益に配慮している限りでは傾聴すべきものがあろう（吉田）。鈴木博士もこれに近い（次述））。この点で、昭和52年最判の事例は、抵当権者＝競落人のケースであり、それゆえの特殊性に留意される必要があろう。

Cf. 抵当権設定時に更地であった場合。――（判例）は、抵当権者が建物築造を承認していても、法定地上権の成立を認めない（最判昭和36.2.10民集15巻2号219頁）のは、競落人の利益への配慮の現れである。……「主観的担保評価基準」（この立場を示すものとして、鈴木264-265頁参照）は、採られていない。

・なお、こうした場合につき、有力少数説（柚木＝高木両教授ら）(187)は、土地・建物の一括競売によるべきだとし（一括競売義務説）、土地のみの競売には、法定地上権を肯定すべきだとする。……これは、「一括競売」へのインセンティブを与えるための、一種の罰則的補充規定（penalty defaults）的な発想(188)であり、興味深い（吉田）（高木198頁も、建物維持の見地からも傾聴すべきだとする）。

他方で、これに対して、従来の多数説（道垣内213頁など）の側からは、建物付き土地の競売をさせる負担を抵当権者に強いるものとして反対がなされるが、土地と建物をバラバラにして、そして従来の（判例）では、場合によっては、建物の除却を認めての競売をする権限まで土地抵当権者に認めて

(187)　柚木＝高木373頁。また、加藤一郎「抵当権と利用権」谷口知平ほか編・新民法演習2（有斐閣、1967）247頁、清水誠「抵当権と法定地上権・短期賃貸借」銀行取引法講座下巻（金財、1977）、松本恒雄「抵当権と利用権との調整についての一考察（1）」民商80巻3号（1979）313-315頁。

(188)　これについては、【90】（5版）吉田解説参照。さらに詳しくは、吉田邦彦「契約の解釈・補充と任意規定の意義」民法典の百年Ⅰ（有斐閣、1998）、同「金融取引における民法典規定の意義（上）（下）」法律時報71巻4号、6号（1999）〔同・契約法・医事法の関係的展開（民法理論研究第2巻）（有斐閣、2003）第3章、第4章に所収〕を参照。

いいのかが（それでは強力になりすぎないかが）（鈴木264頁はこれを指摘している）、判断の分かれ目になろう（吉田）。

＊共同抵当建物の再築の場合の法定地上権の成否

同一抵当権者が、土地及び建物双方に抵当権（つまり共同抵当である）を有していて、その後当該建物が再築された場合には、民法388条的状況になるが、新建物のために法定地上権が成立すると解すべきか。

この点につき、従来考えられてきたように、土地・建物を個別的に考えるアプローチ〔個別価値考慮説〕を採ると、成立させることになりそうである。

しかしこれに対して、東京地裁執行部は、共同抵当の場合に、抵当権者は土地・建物の全体価値を把握していることに留意して、再築後の新建物のための法定地上権を否定する立場を打ち出し（東京地裁平成4.6.8民事21部執行処分判タ785号198頁）〔全体価値考慮説(189)〕、近時最高裁でも採られることとなった（最判平成9.2.14民集51巻2号375頁【90】（5版）吉田〔新建物につき、土地抵当権と同順位の共同抵当を受けた等特段の事情がない限り、新建物のための法定地上権は成立しないとする〕）。

……建物が取壊されれば、この場合には、土地・建物の全体が把握されているから、もはや更地として把握するのが、抵当権設定当事者の合理的意思であるとし、設定当事者の合理的意思に反してまでも、建物保護の公益的要請を重視すべきではないとする（大判昭和13.5.25民集17巻1100頁〔共同抵当ケース〕（前掲）の変更である）。

（検討）

法定地上権の制度趣旨の捉え方とも関係するが、関係当事者の意思アプローチといっても、「個別的」「全体的」双方あり、ここでは、共同抵当権者の利益を重視して、その分、建物保護の要請を後退させているといえよう。執行妨害的事態もあるという実務的把握とも繋がっていよう。

---

(189)　井上稔「担保価値の実現と法定地上権の成否」金法1209号（1989）が、この立場の嚆矢的論文である。

(2)　土地・建物の——抵当権設定時における——同一人への帰属

Cf. 法定地上権の要件（ここでの設定時の同一人帰属要件）が満たされれば、後に所有者が変わっても、適用されるとする（判例）（大連判大正12.12.14民集2巻676頁ほか）（(通説）も支持する。これに対して、こうした場合には、譲渡に際して約定利用権が設定されるから、それだけでもよいとする見解もある（高木192頁））。

(検討)

もっとも、①建物抵当の場合に、競売による賃借権譲渡の際の賃貸人の承諾に関わる負担〔民法612条、借地借家20条1項〕との関係で、法定地上権の意義があることは少数説でも認めており、さらに、②土地抵当の場合には、競売の際に「抵当権に後れる利用権は消滅する」から、この意味でも法定地上権成立の意味がある。

・登記簿上、同一の所有者に属していることまでは、必要でない（判例）（最判昭和48.9.18民集27巻8号1066頁〔土地抵当権ケース〕、同昭和53.9.29民集32巻6号1210頁法協97巻8号河上〔建物抵当権ケース〕）。

（通説）も同旨だが、少数説（鈴木・借地法上255頁、257頁）は、反対する。

＊抵当権設定当時には別人所有だが、その後同一人に帰属した場合（とくにその状態で、後順位抵当権が設定された場合）の法定地上権の成否

(その1) 近時問題になっているのは、土地・建物の所有権が（先順位抵当権設定）当初別人に属したが、その後（後順位抵当権設定当時には）同一人に帰着したという場合に法定地上権を成立させるかという問題である。この場合、当初の約定利用権は混同（民法179条）により消滅するのか、それとも抵当権が関係しているから民法179条1項但書により消滅しないとすべきかという問題である。

（判例）は、①建物抵当の場合には、法定地上権を肯定し（大判昭和14.7.26民集18巻772頁判民54事件四宮、最判昭和53.9.29前掲）（後順位抵当権設定当時の要件充足を根拠とする)、他方で、②土地抵当権の場合について、一番土地抵当権者の利益を重視して、近時法定地上権を否定した（最判平成2.1.22民集44巻1号314頁【89】(5版）北法44巻1号吉田〔一番抵当権者の把握した担保価値の

実現だとする〕)。

(検討)

1. ①と②とで、区別した取扱いができるかは、それほど明らかではない。——①②ともに、利用権だけの期待でよいとするか、それとも法定地上権まで覚悟せよというかは、パラレルに語りうるはずである。両者区別する(土地抵当型における法定地上権の否定)(後述我妻説)背景としては、「抵当権者の地位の安定・強化」というやや別筋の政策的考慮がなされているのではないか(吉田)。
2. むしろ、平成2年最判の事案の特殊性にも留意が必要である。つまり、本件は、もともと共同抵当の事案で、その後建物が滅失して土地抵当型となったものである。その抵当権者の把握した担保価値を考慮するならば(前述の全体価値考慮説参照)、新築建物の法定地上権は認めるべきではないということになるのである(吉田評釈・北法44巻1号941頁以下参照)。このような特殊性に留意すると、同最判の判旨は、あまり一般化すべきではないということになろう。

Cf. (学説)の状況を一瞥すると、近時の(多数説)は、法定地上権を限定的に解して、一番抵当権設定時に約定利用権がある場合には、それによるとする(高木教授ら(190))(これに対して、我妻[536]は、土地抵当の場合には、同旨だが、建物抵当ないし土地・建物の共同抵当の場合には、法定地上権を肯定していた〔敷地利用権の法定地上権への拡張は、合理的意思だとする〕)。

(検討)

3. 否定説(有力説)は、確かに一貫しているが、<u>使用貸借の場合など問題は残る</u>のではないか(吉田)。つまり、①社会的損失防止、建物保護の要請を簡単に斥けてよいのか、②また建物抵当の場合には、合理的抵当権者の期待としても、建物を収去させてしまうには、異論が出うるのである。

(190) 高木多喜男・金融取引と担保(成文堂、1980)142–144頁、186頁、高木186頁以下、松本恒雄・前掲論文247頁。また、鈴木265頁、内田384頁。

（その2） さらに、次の問題として、（先順位抵当権が）土地抵当の場合に（事例としては、土地・建物の共同抵当のケース）、**（その1）** の状況の後に、その先順位抵当権が消滅し、後順位抵当権者が実行した場合（事例としては、同抵当権者は土地抵当の事案）に、法定地上権を成立させるかが問題となり、（判例）は、成立を肯定した（最判平成19.7.6民集61巻5号1940頁【90】（6版）松本、判セレ【民5】吉田）。…… **（その1）** との違いは、①後順位抵当権の実行ということと、②先順位抵当権は消滅しているという点である。後順位抵当権者は、先順位抵当権者の期待（（判例）（平成2年最判）によれば、法的地上権は成立しないことになる）に依拠して期待することができるかが問われたが、それは否定され、こうした場合には、新たにリセットがかけられて、後順位抵当権設定を基準時に法定地上権の有無の判定がなされることになったわけである。

（検討）

4．平成19年最判のように考えなければいけない理論的必然性はなく、後順位抵当権者は、先順位抵当権者の期待に依拠するという考え方をとることも十分に可能であろう。但し、このような期待を後順位抵当権者が、承継するためには、先順位者と同様に、土地・建物の共同抵当設定をする必要があったのではないか（吉田解説参照。松本解説183頁も参照）。

5．（判例）が、こうした期待承継の立場を採らなかった実務的根拠としては、先順位抵当権が消滅した場合においては、(i)そうした場合に時期的に遡って最初の抵当権設定時を基準時として法定地上権の有無を判定することの実務的煩雑さ、(ii)消滅により閉鎖登記記録となったものを取り寄せることの煩雑さということが挙げられ、これが決め手となったのではないか（さらに、宮坂昌利調査官解説・ジュリスト1355号106頁では、(iii)本来「法定地上権の負担のない売却代金についての後順位抵当権者としての配当利益」があったにすぎないこととのアンバランスも挙げるが、決め手は、(i)(ii)であろう。(iii)に関しては、順位昇進の原則から、一定の手数を踏めば（上記参照）、期待することが一概におかしいわけではなかろう。この点も吉田解説参照）。

(3)　一括競売（民法389条、民執61条）

・更地に抵当権が設定され、その後建物が築造されたような場合（民法389条

1項参照)((判例) は、そのような場合に、法定地上権を否定する。他方で、肯定して、一括競売へのインセンティブをもたらそうとする有力説があることは、前述した)。

・法定地上権が否定される場合に拡張してもよいとされる(高木207頁、内田388頁)。

・工場抵当法7条2項などでは、個別執行が禁じられている。

・なお、かつては、本条の対象を「設定者カ……建物ヲ築造シタルトキ」に限っていたが、平成15 (2003) 年の改正により、土地抵当権者に対抗しうる占有権限がない土地占有者が建築した建物も一括競売の対象とされた(民法389条2項の反対解釈)(なお、この改正で短期賃貸借が廃止され、「対抗しうる占有権限ある場合」が絞り込まれたことにも注意する必要がある)。……(建物が設定者によらない場合の) 土地競落人による建物買受というルートを認めたことになる。

【QX－15】共同抵当における全体価値考慮説の従来の立場(個別価値考慮説)との異同を述べ、その政策論的特質を分析しなさい。

【QX－16】先順位抵当権設定時の土地・建物の別人帰属、その後の同一人帰属という事案で、伝統的見解と近時の多数説が見解対立する所以を分析し、さらにその批判的検討を行いなさい。

【QX－17】【QX－16】の事例で、先順位抵当権が消滅して、後順位抵当権が実行された場合に、判例が、法定地上権の有無の判断基準時につき、異なる立場を示した理由を検討しなさい。

【QX－18】更地に抵当権が設定されて、その後建物が築造された場合に、判例に反して、有力説が法定地上権を肯定しようとする論拠を論じなさい。

10－5　抵当権と用益権――短期賃貸借制度の廃止(民法395条)

10－5－1　短期賃貸借制度(民法旧395条)の趣旨――抵当権(価値権)と利用権との調和の比較法的状況

・抵当権と用益権(賃借権、地上権)との優先劣後――対抗要件(①抵当権については、登記（民法177条）、②地上権については、登記（民法177条）、③賃借権については、借地の場合、建物の登記（借地借家10条1項）、借家の場合、建物の引渡（借地借家31条））の先後により定める。

・用益権が劣後する場合〔すなわち、抵当権登記後の用益権の場合〕、抵当権実行により、その利用権は消滅する（民執188条で準用される民執59条2項）（利用権に関する消除主義）。——民法旧395条の短期賃貸借制度は、これに対する特則的制度であって、例外的に短期賃貸借の限りで、抵当権設定後のものであっても、抵当権者への対抗を認めた（期間は、民法602条により、建物は3年、土地は5年、山林は10年となる）(191)。……所有者は、抵当権設定後も使用収益権を有して（民法旧371条参照）、第三者との利用権設定も短期賃貸借ならば、「管理行為」であり（Cf. 処分行為）、認められるとされた（立法者・梅博士(192)）。

・沿革(193)的には、フランス法系（ベルギーの抵当権法）の継承による。——もっとも、わが国の規定は、フランス法（1855年法では18年間、1955年法では12年間とされる）、ベルギー法（9年間）より短い。……彼地では、農業小作（農地からの小作料収益）がバックグラウンドとしてある。

さらにわが国では、衆議院段階で、抵当権者に損害を及ぼす濫用的賃貸借の解除に関する規定（民法旧395条但書）が加えられている。

（留意点）

1．これは、不動産に関する捉え方が関係しており、この点における日本の比較法的特殊性に留意すべきである（この点の最初の指摘は、内田論文である）。——すなわち、①諸外国では、不動産を収益財として捉える。その帰結として、抵当権が設定されても、賃貸借の長期間の保護と両立して認められる。

---

(191)　民法旧395条は、以下の如き規定であった。「第六百二条ニ定メタル期間ヲ超エサル賃貸借ハ抵当権ノ登記後ニ登記シタルモノト雖モ之ヲ以テ抵当権ニ対抗スルコトヲ得」「但其賃貸借カ抵当権者ニ損害ヲ及ホストキハ裁判所ハ抵当権者ノ請求ニ因リ其解除ヲ命スルコトヲ得」。

(192)　梅・要義巻之二586頁。

(193)　これについては、内田教授の研究がある。内田貴・抵当権と用益権（有斐閣、1983）、同「抵当権と短期賃貸借」民法講座3（有斐閣、1984）参照。

②これに対して、わが国では、原則として不動産は使用財〔自らが使用するもの〕として捉えられ、賃貸借の設定は、不動産価値を高めるものとしてではなく、担保価値を下げると見られる。それゆえに、民法旧395条は、限定的に適用する方向性が生じ、また、短期賃貸借の濫用・弊害が目に付いたりした。……このことの比較法的特殊性に注意すべきであり、これがまた、平成15（2003）年改正による短期賃貸借制度廃止の「基層」をなしていることに、まず留意されたい。

2．なおこの面では、独・仏は大同小異だが、ドイツ法は、抵当権概念を利用価値から切り離すという点で、ドイツ特殊の観念を採っており、その上で「価値権と利用権との調和」ということが説かれた。他方で、フランス法では、ドイツ法ほど極端ではなく、抵当権が利用権を制約するという側面（「価値を維持するような利用」という形で）を認める（梅博士も、同旨である）。

3．わが学界では、かつてこれを「学説継受」して（例えば、我妻（旧版）（1936）253頁、石田(文)(1935) 210頁)、利用権を擁護する方向性が見られ、これが通説的見解の基調をなしたために、わが国の不動産利用に関する観念を反映する実務・判例〔それは、民法旧395条による利用権保護に慎重な立場である〕との間のギャップが見られた。――例えば、①長期賃貸借の保護（(判例）は、その保護を否定する)、②民法旧395条の保護要件（「賃貸借の登記」）の拡充（かつて（判例）は、借地につき建物登記では足りないとしていた〔大判昭和6.7.21民集10巻585頁〕)、③期間の定めのない賃貸借の保護（(判例）は、借地法2条1項〔借地借家法3条〕により長期賃貸借になるからとして、保護を認めない）など。

4．旧法下〔改正前夜〕での問題の方向性としては、以下の如く説かれた。第1に、不動産利用価値とオーバーラップさせて、担保価値を捉えるフランス法系の抵当権観念でアプローチする（例えば、こう考えると、賃料への物上代位なども無理なく理解できて、法定果実を担保価値と捉えることになる（判例)。もっともフランスでは、それほど単純ではなく、抵当権の実行を基準とする利益考量がなされていることも前述した)。

また第2に、不動産把握として、「使用財」と捉える――従って、「更地主義」である――日本的実態に即した民法旧395条の運用をはかり、短期賃貸借制度の濫用対策を行う必要がある反面で、近時は「収益財」としての不動動産にも注目されつつあり（例えば、吉田（克）教授)、その場合には、広く利用権保護をはかるというような類型的アプローチが必要となる(194)。また、民法旧395条の保護要件として占有を求めることも必要である（内田教授(195)）。

＊しかし、民法研究者の多数に反する形で、短期賃貸借制度は廃止された（平成15（2003）年改正)。これについては、もう少し同制度における解釈問題を論じた後に、節を分けて検討する。

【QX－19】不動産の捉え方に関する「収益財」「使用財」の比較法的状況を論じ、さらにそれと、①法定果実への物上代位、②短期賃貸借制度とその濫用、③（担保権の実行としての）収益執行、さらには、④抵当権に基づく妨害排除請求（明渡請求）の各問題との相互関係を分析しなさい。

10－5－2　旧法（短期賃貸借）の解釈論上の問題点――とくに詐害的賃貸借の問題

不動産競売事例の7割には、立法者の予想していない濫用的ないし詐害的賃貸借（その仮登記）があるとされる（紛争実態)。それにも各種あり、以下それらを検討する。

概して、前述の如く、（判例）は、短期賃貸借の濫用対策に積極的であり、これに対して、伝統的（通説）は、利用権保護に比較的好意的である。

(1)　抵当権擁護型――併用型短期賃貸借の扱い

・後順位の短期賃貸借の排除に目的がある。――このような趣旨から、かつて

(194)　この点で、例えば、吉田克己・民法典の百年Ⅱ（有斐閣、1998）738-739頁では、①賃貸用に建築された居住用・営業用の建物か、②持家として建築された建物かで、区別しようとする。

(195)　内田・前掲論文212頁以下。

の（判例）は、後順位の短期賃貸借が出現しないまま、競売申立・売却されることで、その「目的を失って消滅する」と述べていた（最判昭和52.2.17民集31巻7号67頁）。

・他の賃貸借が詐害的・濫用的なものならば、一応合理的な濫用対策と言えるが、正常（通常）の短期賃貸借まで排除してしまうところに問題がある。
（判例）は、そのような事案につき、「〔併用型短期賃貸借は、〕賃借権としての実体を有するものでない以上、対抗要件を具備した後順位の短期賃借権（当該事案では、建物賃貸借がなされ、借家人に占有も移っている）を排除する効力を認める余地はない」とした（最判平成元.6.5民集43巻6号355頁）。

（学説）は、①後順位短期賃借権の全面的排除を説くもの（鈴木・判タ249号、柚木＝高木428頁注（1）、宮脇378頁）と、②利用目的の賃貸借への配慮を示すもの（民法旧395条による保護のためには、差押時までに賃貸借が占有を伴うものであることを要求する）（竹下守夫・不動産執行法の研究（有斐閣、1977）170頁以下、中野貞一郎・法曹時報29巻4号）に分かれていた。

（検討）

1．併用賃貸借の効力を全く否定してよいかという問題は残るだろう。――やはり類型的に考えるべきではないか。つまり、平成元年最判が、併用型短期賃貸借を全否定するところは行き過ぎだが（判例の射程を絞る必要がある）、他方で、（併用的賃貸借に全面的効果を与えて）後順位賃貸借をすべて排除する（上記①説）のも問題であろう（吉田）。

2．もっとも、鈴木博士らの併用賃貸借の実態調査によれば、併用賃貸借を用いる抵当権者は、後順位者であることが多く、それは、「後順位短期賃貸借」の排除をねらうよりも、取引材料とされる（つまり、①自ら安価で競落して賃貸借登記を抹消して不動産市場に売りに出したり、②競落人に対して、登記抹消承諾料または立ち退き料を要求したりする）ことが、かなりあるとされていた(196)。――そうだとすると、あまり併用賃貸借に大きな効果を与えることは妥当ではないだろう。

(2)　濫用対策——民法旧395条但書による解除請求

・解除要件として、(判例) は、解除請求訴訟の事実審口頭弁論終結時に、抵当不動産の競売売却価格が短期賃貸借により下落し、配当額が減少することで足りるとする（さらに、賃料低廉、敷金高額、また賃料に対する物上代位では不充分などの付加要件はいらないとする）（最判昭和34.12.25民集13巻13号1659頁、同平成8.9.13民集50巻8号2374頁【94】(5版))。……比較的適用に柔軟である。

・(判例) は、さらに進んで、不法占拠者になった短期賃借人、また執行妨害的な賃借人に対する妨害排除請求を認めるにいたった（前述）（最大判平成11.11.24前掲、最判平成17.3.10前掲）。

Cf.　抵当権実行の場合の不動産買受人からの賃借人への請求——①引渡命令（民執83条）による占有排除請求（しかし、土地短期賃借人が建物を建設している時には、建物の収去執行はできないのが（判例）である)、②期間満了時の明け渡しを求める将来の給付の訴え（これを認めるのが（判例）である。最判平成3.9.13判時1405号51頁)、③賃貸人〔所有者〕からの（解除判決確定後の）明渡請求（最判平成6.3.25判時1501号107頁）（の代位請求）などでは、なお不充分である。

＊敷金（保証金）の高額さがチェックポイントとなる理由——敷金の額は、旧395条但書の解除及び抵当権に基づく妨害排除の双方で、問題とされているが、この点がどうして濫用・詐害と結びつくかを、念のために一言しておこう。賃貸借サイドは、関係者相互で資金融通などで、高額の敷金授受が融通できていても（平成17年最判はそのような事例)、それが競落されると、敷金関係は承継されるから、敷金返還の負担は、競落人が負うこととなり、そうした負担は、やはり不動産競売に抑止的に機能するからである。

---

(196)　鈴木禄弥「競売不動産上の賃借権に関する実態調査」判タ464号（1982）同・物的担保制度の分化（創文社、1992）662-663頁参照。

(3) その他の解釈論点

1．短期賃貸借の期間を超える長期賃貸借の処理

・(判例) は、民法旧 395 条を適用せず、競落人に対抗できないとしていた (最判昭和 36.6.23 民集 15 巻 6 号 1680 頁、同昭和 38.9.17 民集 17 巻 8 号 955 頁【93】(5 版))。

・これに対して、(学説) は反対し、短期賃貸借の期間だけ対抗力を肯定するのが (通説) 化していた (星野 281-282 頁、水本浩「抵当権と借地・借家法」民事研修 59 号、石田(喜)「抵当権と短期賃貸借」抵当権の実行 (下) (有斐閣、1970) 150 頁など)。

2．期間の定めのない賃貸借

・(判例) は、借地につき長期賃貸借の扱い (前述) をし (最判昭和 38.2.26 裁判集民事 64 号 663 頁)、借家については、借家法 1 条ノ 2〔借地借家法 28 条〕を適用して、——短期賃貸借として——解約申入の「正当理由」を広く認めている (最判昭和 39.6.15 民集 18 巻 5 号 795 頁、同昭和 43.9.27 民集 22 巻 9 号 2074 頁【92】(4 版))。

・前記学説は、この場合も同様に解する。

・なお、短期期間の起算点につき、(判例) (通説) は、契約時からとするが、これに対して、(有力説) は、差押の効力発生時、所有権の競落人への移転時からとする。

3．民法旧 395 条の保護要件としての「賃借権の登記」要否

・条文上「賃借権の登記」が要求されていたが、特別法上の対抗要件 (借地借家 10 条 1 項、31 条) で足りるとするのが (通説) (判例) (借家のケースとして、大判昭和 12.7.9 民集 16 巻 1162 頁) である。

・なお、有力説 (内田・前掲論文) は、借地と借家とでは、不動産価額引下げの程度が異なるとして、両者を別途に解する余地を示す。

4．建物買取請求権の有無

・(判例) (最判昭和 53.6.15 民集 32 巻 4 号 729 頁) は、否定しており、(学説) も支持している。

（検討）

・しかし、短期賃貸借の例外的保護だから、建物買取請求権まで付与する必要はないとのことであろうが、論理必然的根拠はない。――建物保護の問題は残るだろう。

Cf. これに対して、敷金、前払い賃料は、買受人に承継される。

【QX－20】短期賃貸借の濫用に対する判例と学説のスタンスの相違は、具体的な論点処理のレベルで、どのように反映しているかを検討しなさい。

10－5－3　平成15（2003）年改正後の抵当権と用益権の調整（短期賃貸借制度の廃止）

(1)　短期賃貸借廃止を巡る問題状況

・一方で、短期賃貸借制度の廃止を求める規制緩和論者（有力経済界）は、濫用的・詐害的短期賃貸借が、競売妨害・執行妨害になっていることを強調した。

・しかし、多数の民法学者ないし執行実務家は、それでは正常の短期賃貸借（「正常型短期賃貸借」）まで否定するものとして、反対した。……①賃貸ビル・賃貸マンションなどでは、抵当権が設定された状態で、賃貸されることが一般的であり、建物賃借人としても賃貸借にあたり登記簿をチェックしないことも多く、取引観念上明瞭な賃貸用建物の場合には、抵当権に後れる賃借権であっても買受人に引き受けられるとすべきだとする（短期賃貸借以上の保護が必要だとする）有力説（生熊教授(197)）もあったのであり、それを一律に排斥する（後述する民387条の保護はあるが）のは乱暴であり、②買受人としてもそうした収益財の場合には、賃借人がいるほうが望ましいこと、③高額の敷金などの授受がなされているときには、賃貸借関係の消滅により、大きな不利益を受けること（承継関係がなくなるから。この点は「両刃の剣」的論拠であろう（前述））、④賃貸借の消滅をいう形にすると、買受人は、賃

(197)　生熊・前掲書23-24頁、47頁。

料値上げないし賃借人追い出し（その上での再開発）のための道具にしかねないこと、⑤明治期の使用財的不動産観が強い頃でも、抵当権と利用権の調整の規定があったのに、収益財的な側面が前面に出ている今日に、競売で利用権関係を消滅させるのは、時代錯誤的に逆行しているし収益執行の新設とも矛盾があることなどが説かれた。

→合理的議論ないし理屈による解決というのではなく、経済界の圧力により押し切られ、短期賃貸借制度は廃止されて、原則として、抵当権登記後の利用権は競売により消滅することになり、例外的に、第1に、建物賃借人に関する明渡し猶予制度（最長6ヶ月〔原案は3ヶ月だった〕）（現民法395条）、第2に、抵当権者の同意による（同意登記がなされた）賃貸借の登記による対抗力の維持制度（現民法387条）が新設された。——その実質的意味として、抵当権者の地位が強化され、他方で、賃借人の地位が必要以上に劣位に立たされたことを意味している。……大いに異論を含む立法であったと言えよう（とくに居住福祉法学（吉田）の立場からはそうである）。

（こぼれ話）当時の民法395条の改正の法制審議会の座長は、平井宜雄教授であって、この件で先生とは少し雑談風に議論したことがある。すなわち、先生は、「立法過程から自分は、政治を排したかった」と言われたのに対して、私は直ちに、「短期賃貸借を廃止するというのは、充分に政治的判断でしょう」と反論した。そうすると、「この件について、あまり弁解がましいことは言いたくないが、しかし、もし法制審議会があのようにしなければ、議員立法でもっとひどい立法になる状況でもあった。法制審としては、これでもできる限りの抵抗だった」といわれるのを聞いて、先生の胸のうちを察した。

誠に近時の民法改正の立法過程は変質し（わが国では、アメリカとは違い、右寄り〔業界寄り〕のロビイストのみ強力である）、研究者の思うようにはならず、ストレスのたまるものとなっている。これが「立法の民主化」の帰結かと思うと、複雑な思いにならざるを得ない。（昨今は、債権法を中心とする民法の大改正の前夜だとも言われる〔内田貴教授を中心とする動きである〕が、安易にこういう動きを研究者から作ることには、不安を感ぜざるを得ない。研究者の意図に反する形で業界に利用されかねないからである。）

(2)（例外その1） 抵当権に対抗できない建物賃借人の明渡し猶予（現民法395条）

・対象は、建物賃借人。――Cf. ①土地賃借人（借地人）には、認められず、それに基づき建物が築造された時には、一括競売権が問題になる（民法389条）に止まる。また、②使用貸借などによる占有者も対象でない。

……さらに、その内、(a) 競売手続の開始前からの使用・収益者（民法395条1項1号）、(b) 競売手続開始後の強制管理・担保不動産収益執行の管理人が行った賃貸借に基づく賃借人（民法395条1項2号）が対象となる。

・明渡し猶予期間の法律関係――賃貸借関係が継続しているわけではない（従って、競落人〔買受人〕に対して、敷金の返還請求できない。かつての賃貸人には、請求できるが、左前であることが多いので、ほとんど戻ってこない）。しかし、建物使用の対価として賃料相当額の不当利得返還義務を負う(198)。そして、相当期間を定めて、その1か月分以上の対価を求めても、履行がないときには、明渡し猶予を喪失する（民395条2項）。……この意味でも賃借人（だったもの）にとっては、バランスを失する法律関係であろう（吉田）。

(3)（例外その2） 抵当権者の同意による対抗力ある賃貸借（現民法387条）

高品質の賃貸ビル・賃貸マンションなど賃借人を引き受けさせるほうが競落人にも有利な場合に、そのルートを設けたものである。しかし従来と違って、抵当権者の同意を要件とするもので、賃料の値上げなどの口実となろう。

・対象としては、土地・建物ともに適用される。

・要件として、①賃貸借の登記（借地借家法の対抗要件では足りない。その登記の登録免許税も高額であり、これも障害のファクターである〔不動産価額の1000分の25。現在は、1000分の10で、租税特別措置法で、平成17（2005）年度まで、1000分の5だった〕）、②抵当権者の同意及びその旨の登記が必要である（民法387条1項）。……一種の抵当権の順位の変更（民法374条）的なもの。③敷金なども新たな登記事項とされた（不登81条4号）（その理由は、高額敷金

---

(198)　谷口園恵＝筒井健夫編著・改正担保・執行法の解説（商事法務、2004）39頁では、従前と同じ賃料であることが多いが、それが不当に高額ないし低額の場合には、適正な賃料相当額の返還義務を負うとする。

の仮装差し入れなどの執行妨害を防ぎ内容を明確にするためであるとされる[199])。
・効果として、その設定前に登記された抵当権者に対抗でき、買受人にも引き受けられる。

【QX－21】短期賃貸借制度の廃止の目的は何か、またそれがもたらす問題点として、どのようなものがあるかを論じ、批評しなさい。
【QX－22】建物賃借人の場合の明渡猶予、抵当権者の同意による対抗力ある賃借権の各制度と短期賃貸借制度との異同を検討し、とくに賃借人にもたらす影響を論じなさい。

10－6　抵当不動産の第三取得者との関係・調整

第三取得者は、抵当権が実行されると所有権を失う危険性があり、その負担から解放される必要がある。そのためには、――第三者弁済（代位弁済）ないし債務引受が一般的であるが、さらに民法は、(1) 代価弁済（民法378条〔旧377条〕）請求〔抵当権者の方から〕、(2) 抵当権消滅請求（民法379条以下）〔かつての滌除（民法旧378条以下）を修正したもの〕〔第三取得者の方から〕の各制度を用意する。……抵当債務が不動産の時価より大きくないしはそれに近い場合で、第三取得者にとって、ほとんど価値がないような場合に、抵当権消滅のプロセスを定める。

Cf. 抵当権実行――売却価格は、市価よりも安くなる。そこで、抵当権者は、ここでのプロセスと比較することになる。

＊被担保債権額が抵当不動産の価額よりも大きい場合のここに見る制度の必要性――特に、抵当権消滅制度の趣旨[200]

通常抵当不動産の第三取得者にとっては、被担保債権は、対象不動産の価値以下であるので、その場合には、第三者弁済（民法474条）で事足りるであろう。しかし、バブルの崩壊により、逆パターン〔つまり、対象不動産の価額より

(199)　谷口＝筒井編著・前掲書42-43頁。

も被担保債権額が上回る場合である〕が、出てくることは稀ではない。しかし、こうした場合に、第三取得者が、「第三者弁済」に拠ろうとしても、不動産価格を支払っても、担保物権（抵当権）の不可分性（民法372条、296条）ゆえに、被担保債権額を支払わない限り抵当権を消滅させることができないという不都合な事態となる。これが、代価弁済なり、抵当権消滅請求制度が必要となる実際上の意義である。

特に、後者の「抵当権消滅制度」は、——合意によらないという意味で「代価弁済」とは異なるところだが——平成15（2003）年改正により、それまでの「滌除」制度を承継するものである（滌除は廃止されたと説明されることも多いが、実質はその修正（及び名称変更）である）。すなわち、①従来の滌除では、抵当権者の対抗手段とされた（しばしば不本意な低額での買い取りを余儀なくされた）増価競売をやめて、抵当権の実行に変えられ、また、②熟慮期間は、2か月に伸張されたなどが大きな変更点で、抵当権者の権限強化を図りつつ、抵当不動産流通の促進が図られたわけである。しかし、抵当権実行の時期が制約され、また、実行手続きにならない場面では裁判所のコミットもないなどの滌除の制度的構造は承継されている。

なお、倒産制度との関係でも類似の担保権消滅制度がある（破186〜192条、会更104〜112条、民再148〜153条参照）。

(1)　代価弁済（請求）（民法378条）

・抵当権者のイニシアティブにより、売買代金〔代価〕の支払いで、消滅させる。
・もっとも、他に抵当権があるとき、それが消えるわけではない。
・また、当該抵当権者は、なお全額の弁済を受けていなければ、残額（残余債権）につき、一般債権者となるとする。

(2)　抵当権消滅請求（民法379条以下）

この前身として存在した滌除制度（民法旧378条）は、第三取得者の方から

(200)　この点で、明晰な分析をするものとして、沖野眞已「抵当権消滅制度」民法の争点（新版）（有斐閣、2007）159頁以下参照。

一定の金額を提供して、抵当権を消滅させるものであり、やや強引な制度で（抵当権者は、時価ないしはそれより低額による抵当権消滅を余儀される〔増価競売〕）、濫用の嫌いもあり、立法論的には廃止論も強かった（抵当証券法、自動車抵当法などでは、滌除を定めない）。――そこで、平成15（2003）年改正で、滌除手続の前半部分〔申出金額を提供しての抵当権消滅請求〕は踏襲し、他方で後半の増価競売の部分を廃止し、抵当権者が申出を承諾しない時には、(2ヶ月以内に）担保不動産実行（民執180条1号）となり、買受申出人が現れなくても、抵当権者には、買受義務を負わないとした（民法383条、384条参照）。ただ、買受申出人が現れないときには、競売費用を抵当権者が負担することになり、第三取得者からの濫用的な抵当権消滅請求を排除する必要はある。

① 抵当権消滅請求権者……抵当不動産の第三取得者だが（民法379条）、(i)主たる債務者、保証人及びそれらの承継人は除かれる（民法380条。債務の全額を支払うべきだから）。また、(ii)条件の成否未定の停止条件付き第三取得者もそうである（民法381条）。

＊かつての滌除権者の範囲に関する（判例）の慎重さ

（判例）は、かつての滌除権者の範囲につき、譲渡担保権者は、担保を実行し確定的に所有権を取得するまでは当たらないとし（最判平成7.11.10民集49巻9号2953頁）、さらに、共有持分権者も持分についての滌除はできないとする（最判平成9.6.5民集51巻5号2096頁〔一体として把握している交換価値が分断されるからとする〕）。またさらに、土地建物の共同抵当の場合に、その一部についての滌除もできないとしていた（最判平成9.2.14民集51巻2号375頁、同平成9.6.5民集51巻5号2116頁）。

こうした立場は、「抵当権消滅制度」においても妥当するであろう。

② 抵当権消滅請求をなしうる時期……被担保債権の弁済期到来以前でもでき、他方で、担保不動産の実行による差押（開始決定）がなされるとできない（民法382条）。Cf. 滌除は、抵当権実行の通知から1ヶ月以内にとされていた（民法旧382条2項）。

③　抵当権消滅請求の手続……（a）請求の通知（民法383条)。(b) 2ヶ月以内に担保権実行の申立をしなければ、申出額に承諾したことになる（民法384条1号)。(c) 拒否する場合には、実行手続。競売申立の通知（民法384条、385条)。——抵当権者に買受け義務はない。

【QX－23】代価弁済、抵当権消滅の制度には、通常の第三者弁済（代位弁済）と比較して、どのような実際的意義があるのかを説明しなさい。

【QX－24】従来の滌除制度には、どのような問題があり、改正後の抵当権消滅請求制度はそれをどのように克服しているかを記しなさい。

10－7　抵当権の処分

抵当権の流通化・流動化の要請から、また、債務者の融資の弾力化・容易化から、認められる。もっとも、転抵当などの利用は少ない。以下の3つ（ないし4つ）について、規定されている。

(a)　転抵当（とくに責任転抵当）(民法376条1項前段〔旧375条1項前段〕)

・その性質として、被担保債権と切り離して抵当権を担保に入れるものかどうか（そうだとするのが多数）について、議論があるが、転質について述べたように、それほど論ずる意味はない（なおここでも、「質入れ」とするのはおかしい(201))。

---

(201)（こぼれ話）この用語上の混乱は、どこから来るのかは、もしかしたら、法史学ないし継受法学において、興味深いことなのかも知れない。この関連で、台湾民法における近時の流質禁止を巡る規制緩和〔すなわち、台湾民法（中華民国民法（その制定は、1931年)）においては、流質、流抵当はもともと禁止されていて（旧法873条2項、893条。日本民法349条と比較して、双方ともに禁止したのは、制定時期の違いゆえか、暴利禁止の公序思想の高まりゆえかと思われる)、それが、2007年の台湾民法の改正により、有効に流抵当ができるようになった。因みに清算義務は、日本同様、今日の台湾民法では認められている〕について、陳自強教授（台湾大学・民法）と話していたら、流抵当を台湾の俗語では、流質ということを教えられた。参考までに、広辞苑によれば、「質」とは、中世までは、質（占有質）と抵当（無占有質）とを含み、江戸時代以降、占有質の意に限られるに至ったとのことである。

(b) 抵当権の譲渡・放棄……対一般債権者。

抵当権の順位の譲渡・放棄……対後順位抵当権者(民法376条1項後段〔旧375条1項後段〕)。

・「譲渡」……相手方に自分の地位を譲る(自分は、相手方よりも劣位になる)。

・「放棄」(相対的放棄)……相手方を自分の地位に上げ、同順位の抵当権を準共有する(相手方と同等の地位になる。つまり、債権額の比率で配分する)。

＊一般的な意味での放棄とは、異なる意味であることに注意を要する。

(c) 抵当権の順位の変更(民法374条1項、2項〔旧373条2項、3項〕)

・この場合は、絶対的効果をもたらすものとされ、関係当事者の合意による。

……昭和46(1971)年改正(法律99号)で、新設されたもの。

・優先弁済の順位の変更である。

・なお、この場合につき、抵当権の時点の変更ではないから、成立しなかった法定地上権が成立するようになるわけではないとするのが(判例)である(最判平成4.4.7金法1339号36頁〔土地抵当型。1番抵当権設定時に建物があり、順位の変更がなされたケース〕)。

＊(b)(c)の計算例については、テクスト類を参照(特に、抵当権の相対的処分の場合は、(i)関係当事者の総枠で、競売でどれだけ取れるか、を検討し、後は、(ii)優先劣後を逆にするか(「処分」の場合)、案分比例になるか(「放棄」の場合)という計算になる)。タームの理解は、暗記するよりほかはない。……(b)の場合には、処分当事者〔＝処分者、受益者〕以外の者の地位には影響を及ぼさないところ(相対的効力説)が味噌である。ここが絶対的効力だとされる(c)との相違である(そして、その場合には、登記は効力要件である(民法374条2項〔旧373条3項〕))。

＊抵当権の処分の法的構成・法的効果――その相対的効果説の是非

抵当債務者が、受益者の「承諾」を得て、処分者に弁済すると、譲り受けた抵当権(一番抵当権)は消滅するとされる(民法377条2項〔旧376条2項〕から)(＝前提)。――(通説)は、ここから、被担保債権から切り離して抵当権の移転(又は一部移転〔放棄の場合〕)と考える(絶対的効果説)ことはできず、抵当権はまだ処分者に留まり、ただ当事者間において優先的配当額につき、受益者が優先的にないし按分的に配当を受けるという相対的効果が生ずるにすぎない（相対的効果説）とする（我妻［616］、注民（9）137頁以下（西沢）、清水湛「抵当権の順位の譲渡または放棄」不動産法大系Ⅱ担保335頁）。

Cf. 根抵当の場合には、絶対的効力であるとされる（民法398条の12，13）。

（検討）

・しかし、同条項の「承諾」に抵当権消滅の効果まで持たせてよいかどうかには、問題もある（消滅させてしまうと、「借り替え」〔例えば、1番抵当権者の甲が、6番抵当権者の乙（受益者）に抵当権の順位の譲渡をして、甲が6番抵当権者になり、乙が1番抵当権者になり、乙から融資を受けて、甲に支払うというような場合〕がやりにくくなる）。……もっとも、通常はそのような場合に「承諾」（①単なる甲への弁済の承諾ならばともかく、②民法377条2項により自己の一番抵当権消滅に繋がるような承諾）を与えないであろう（吉田）。

・本条項の適用を否定する（それは、転抵当に関する規定だとする）見解も有力であった（鈴木・改訂版216-217頁）。また、抵当権の移転（一部移転）がある（絶対的効果説）と解する方が論理的に整合的だとする見解（高木226頁）も有力だった。……前提が不都合ならば、これに合わせて法律構成する必要もなかったのであり、その意味で、反対説〔絶対的効力説、民法377条2項〔旧376条2項〕の適用否定説〕は魅力的であった。

・もっとも、昭和46年（1971年）改正により、今では、抵当権の順位の変更制度（民法374条〔民法旧373条2項3項〕）（これは、絶対的効力だとされる）によれば足りて、以上の解釈論の実際上の意義はあまりなくなった。

【Q Ⅹ－25】具体的事例で、「抵当権の譲渡・放棄」「抵当権の順位の譲渡・放棄」の効果としてどうなるのかを検討してみなさい。

【Q Ⅹ－26】かつて借り換えの場合に、抵当権の順位の譲渡で絶対的効果説が採られるとどのような不都合があったのか、それをどのように（当時また今日）克服されたか、を論じなさい。

10－8　特殊の抵当権

10－8－1　共同抵当（民法392条）

(1)　「割り付け」規定の趣旨

・共同抵当の例は数多い。――同一の債務（被担保債権）の担保のために、複数の不動産に抵当権を設定して、担保価値を増やす。
・もっとも、「共同抵当の登記」（不登83条1項4号、2項）は、共同抵当権者自らの利益のものではないので、あまりなされず、民法392条2項は、あまり働いていないともされ、立法論的には、問題が残る。
・その内の一部につき、抵当権が実行された場合の事後処理について、複雑な問題が生ずる。
・民法392条は、後順位抵当権者（例えば、債務者所有の家屋甲と土地乙に、Aが共同抵当権を有し、甲についての後順位抵当権者としてB、乙についての後順位抵当権者としてCがいるような場合のB，C）の利益保護のための「割り付け」制度を定め――すなわち、共同（1番）抵当の被担保債権を各不動産の価額に応じて比例配分して、各不動産からの優先配当額とする（同時配当の場合）（392条1項）――、さらに、その配当額による「割り付け」を前提とする後順位抵当権者の代位制度（異時配当の場合）を規定する（392条2項）。……順位昇進の原則との関連で、後順位抵当権者相互の公平を図ったものである。
・具体的計算例は、テクスト類参照。

(2)　判例法理の展開

しかしこれだけでは、規定は不充分であり、種々の問題について、判例法理が充填している。例えば、以下の通り。

①　代位弁済（民法500条）との関係――物上保証人及びその後順位抵当権者の地位（例えば、債務者所有の家屋甲と物上保証人所有の家屋乙に、Aが（1番）共同抵当権を有し、Bが甲に2番抵当権、Cが、乙に2番抵当権を有する場合）。
・（判例）は、民法500条の弁済代位〔物上保証人の代位〕を、〔債務者の不動産の後順位抵当権者に〕優先させる。――求償権の範囲で、物上保証人は、

1番（共同）抵当権者に代位しうる（最判昭和44.7.3民集23巻8号1297頁、同昭和53.7.4民集32巻5号785頁【88】（2版））。……物上保証人の求償権の確保を優先させるべきであるという評価による（昭和44年最判参照）。

・なお、この点について〔学説〕も、同様に解するのが〔通説〕（我妻［688］）であったが、これに反対して、民法392条2項を適用する見解も有力であった（鈴木教授（旧説）など(202)）。

・また、物上保証人の不動産の後順位抵当権者は、恰も物上代位――これは、代物への代位なので民法372（304）条的代位であり、392条2項の代位ではない――するのと同様に（但し、物上代位の差押は不要とする）、物上保証人の取得した1番抵当権から優先して弁済を受ける（最判昭和53年前掲、最判昭和60.5.23民集39巻4号940頁【93】）。

・これを、共同抵当権者と物上保証人との間の代位不行使特約で左右することはできないとする。……特約の相対効ということか（吉田）（【88】（4版）内田解説では、「なお明らかではない」とする）。

Cf. なお、上記の場合と区別すべきものが2つある。

（i）すなわち第1に、共同抵当目的不動産がすべて同一の物上保証人所有の場合には、法定代位（民法500条）は問題にならず、〔判例〕は、民法392条で処理している（最判平成4.11.6民集46巻8号2625頁【94】）。

（ii）また第2に、異なる物上保証人の場合ならば、民法501条但書4号との関係が問題になるであろう（〔判例〕は、代位弁済を優先させている（大判昭和11.12.9民集15巻2172頁〔競売された物上保証人の不動産の後順位抵当権者への優先弁済を肯定する〕））。

（検討）

この場合（(ii)）には、民法501条但書4号で対処するということだが、結局民法392条を適用するのと同一に帰するのではないか（物上保証人の平等取り扱いゆえに）（吉田）。

(202)　鈴木禄弥・抵当制度の研究（一粒社、1968）232頁以下、松坂376頁。なお、鈴木博士は、鈴木282-283頁において、多数説に改説されたことを付言しておきたい。

これに対して、「債務者と物上保証人双方への共同抵当の場合」（前述①）には、物上保証人保護の要請（民法392条の割り付けを排除して、まずは、債務者の不動産の実行によるという原理）が出て、民法392条と弁済代位（民法500条、501条）とは、制度間不整合を来し、弁済代位の方を優先するということだと思われる。

② 一部弁済と民法392条の代位（後順位抵当権者代位）

・（判例）は、共同抵当権者が完済を受けたことを条件として、停止条件付き抵当権〔将来における代位による抵当権行使できる地位〕を有し、代位付記の仮登記ができるとする（大連判大正15.4.8民集5巻575頁）。……共同抵当権者の地位の優先。

Cf. 一部代位弁済の場合――（判例）は、従来民法502条の文言以上に、一部代位弁済者の代位を広く認めていた（抵当権実行も単独でできるとされた）（大決昭和6.4.7民集10巻535頁Ⅱ【40】）。……だから、実務では、代位不行使特約がしばしば結ばれる。

しかし近年配当レベルで、債権者を優先させる立場が示された（最判昭和60.5.23前掲）。

・民法392条の場合に戻り、（学説）は、（判例）を支持する立場が（多数説）であろうが（柚木＝高木381頁、高木235頁、星野297頁以下、松坂373頁）、直ちに代位（の付記登記）を認める（代位抵当権の実行もできるとする）見解も有力であり（我妻452頁以下）、近時支持を集めている（川井147頁、道垣内205頁、内田421頁）。

（検討）

代位弁済に関する（判例）〔一番抵当権を行使する代位弁済者側の優先のさせ方〕の問題（民法502条とのギャップ。そして（学説）（通説）（我妻・債権総論［369］ほか）は、これと逆に債権者優先を強調した）とのバランスに鑑みても、民法392条の（判例）の立場でよいだろう。それでも、民法392条による後順位抵当権者の期待を害さないであろう（吉田）。――その意味で、近時のこの点の民法392条の関する有力説は、制度的競合問題を十分に詰めているとは思われない(203)。

③　共同抵当権の（一部）放棄（例えば、家屋甲と家屋乙に、Aが共同（1番）抵当権を有し、Bが甲につき2番抵当権を有し、その後乙についてのAの共同抵当権が放棄されたというような場合）

・（判例）は、後順位抵当権者の代位への期待を保護し、放棄がなければ、代位しえた額につき、共同抵当権者は、後順位抵当権者が代位しえた額につき――後順位抵当権者に対して――優先できないとする（大判昭和11.7.14民集15巻1409頁、最判昭和44.7.3前掲〔各々傍論〕。また、同平成4.11.6前掲【94】は、不当利得返還請求権を論ずるし、最判平成3.9.3民集45巻7号1121頁は、民法504条を問題とする）。

・（学説）も、基本的にこうした方向を支持しているが、(a)（判例）のように、単に後順位抵当権者との間で放棄した割り付け分だけ対抗できないとするか（剰余があれば、（共同）抵当権者が取得する）（我妻455頁、香川保一・改訂担保（金融財政事情研究会、1964）583頁、内田423-424頁、【94】（(5版)【92】）大塚)、それとも、(b)残存する不動産に割り付けられた額の単独抵当権しか取得できないとするか（加藤一郎「抵当権の処分と共同抵当」民法演習Ⅱ199頁、鈴木・前掲書239頁以下、高木237頁（旧説））などに分かれており、剰余分を一般債権者に回すことになるかどうかで違いがある。

（検討）

1．放棄のサンクションとして、（判例）よりもやや重い効果を認める(b)説でもおかしくない。なおこの点で、「第三者」に影響を及ぼす必要はないとする見解もある（大塚解説191頁）が、本件放棄は、いわゆる相対的放棄ではないから、そう解する理由はなく、一般債権者の利益を優位させてもよいだろう。

---

(203)　詳しくは、吉田邦彦「金融取引における民法典規定の意義――各種特約の横断的考察」同・契約法・医事法の関係的展開（有斐閣、2003）192-194頁（初出、1999）参照。

2．もっとも、民法504条（代位弁済者との関係での担保保存義務）との比較で、民法392条については、結果責任的なものを課すことには、バランスを失するかということもあり、むしろ、民法392条2項の母法のイタリア民法2856条に関して、同法では放棄債権者は、正当な理由がない限り損害賠償責任を負うとの規定（同法2899条）をおいて、要件を絞っていることが参考になるであろう（吉田）(204)。

【QX－27】共同抵当における割り付け制度ないしそれに基づく代位制度の制度趣旨を記しなさい。
【QX－28】後順位抵当権者の代位と弁済代位との優劣及びその理由を論じ、一部代位弁済あるいは一部弁済における後順位抵当権者への保護に関する議論との整合性を検討しなさい。
【QX－29】共同抵当権者の（一部）放棄の場合の効果のあり方を考察しなさい。

10－8－2　根抵当（民法398条の2～398条の22）（昭和46(1971)年法律99号）

(1)　重要度

抵当権設定件数の3割くらいを占め、取引で多用されている。継続的取引に関する生産金融のために有用である。明治時代から行われていた（大判明治34.10.25民録7輯9巻137頁、同明治35.1.27民録8輯1巻72頁が、その有効性を確認した。なお、「根抵当」が、江戸時代から存在することは、例えば、小早川欣吾・日本担保法史序説（宝文館、1933年）444頁など参照されたいが、その中身は、「将来債権の質入れ」とされており、今日のものと同一と思われない）。

(2)　特　徴

・被担保債権が特定されていない。Cf.　普通抵当

(204)　この点についても、詳しくは、吉田邦彦・前掲論文（同上書）199-200頁参照。同旨、高木多喜男「後順位抵当権者のための共同抵当権者の担保保存」金融法務事情1382号（1994）24-26頁、新版・注民（9）（有斐閣、1998）624頁〔高木執筆〕。

……成立・存続・消滅における付従性がない。(Cf. 実行における付従性はある。)

・極度額〔根抵当権者が、優先弁済を受ける最高額〕による限定。

……元本極度額ではなく、債権極度額。なお、他に配当を受けるべき債権者がいないときにも、(判例)は、極度額を超える配当を否定する(最判昭和48.10.4判時723号42頁)が、(学説)の多数は、肯定する(但し、第三取得者、物上保証人については、否定する)(高木262頁、道垣内237頁、近江239頁)。

＊立法論的には、極度額の一定程度までは融資する義務を根抵当権者が、負うとすべきである(現実の融資額とギャップのある不相当に高い極度額の設定の規制、また、設定した極度額については、不当な貸し渋りを認めないということである)(鈴木289頁参照)。――この点で、「特定融資枠契約に関する法律」(平成11(1999)年法律4号)2条は、極度額の限度内での消費貸借契約の予約成立を認めていて、そのような要請に応えている。

・被担保債権を一定の範囲に絞っており(民法398条の2)、「包括根抵当」〔債権者・債務者間に生じる一切の債権を限定なく被担保債権とする根抵当権〕は認めないという立場が採られる(特定の継続的契約で限定する〔同条2項〕。また、「回り手形」「不法行為」などの問題への対処する〔同条3項、民398条の3第2項〕)。

……立法の経緯とも関係しており、第二次大戦後に包括根抵当が広く用いられるようになったが、昭和30(1955)年の法務省民事局通達(昭和30.6.4民事甲1127号民事局長通達・先例集追I 363頁)が、その有効性を否定してそれを受け付けないとされたことが契機となり、その追認を行ったものである。――根抵当権者が、極度額に余裕がある場合に、資力が悪化した債務者の手形を集めて被担保債権にするようなことはできないとして、後順位抵当権者などの利益への配慮をはかった(他方で、極度額までは、覚悟せよとする考え方もある)。

＊被担保債権限定の継続的契約の特定性

これに関して、(判例)は、第三者に対する関係においても明確であることを要するとする（最判平成5.1.19民集47巻1号41頁〔信用金庫取引とされる事例で、信用金庫の根抵当債務者に対する保証債権も含まれるとする〕）。

・随伴性の否定（民法398条の7第1項、2項〔旧398条ノ7〕〔被担保債権の譲渡、債務引受の場合〕、民法398条の7第3項〔旧398条ノ8〕〔債権者・債務者の交替による更改の場合〕）。

＊被担保債権の質入、差押の場合の随伴性（根抵当権にも及ぶか）

（立法者）らは、債権者の変更がないからとして、肯定していたが（貞家＝清水論文など(205)）、近時の有力説は、被担保債権の変更、極度額の変更、確定日付の変更などに差押債権者、質権者の承諾を得ることの煩瑣さから、否定する（鈴木教授、高木教授ら(206)）。――明確・簡素な法律関係が求められることから、それに従ってよいだろう（吉田）。

Cf. 債務者の変更（民法398条の4）、債権者・債務者の相続・合併（民法398条の8〔旧398条ノ9〕、民法398条の9〔旧398条ノ10〕）の場合。……継続的処理を認めており（相続・合併後の債務については、相続の場合には合意により〔相続6カ月以内に、根抵当権者（その相続人）と設定者との間で、相続人への承継につき合意し、登記しなければ、被相続人の限りで確定する〕、合併の場合には、合意なくとも担保対象とする）、実質的に随伴性が認められることになっている。

＊「債務者の変更」に関する随伴性の有無の意味

同じ「債務者の変更」に関して、民法398条の4、398条の7第3項の規制

(205) 貞家克己＝清水湛・新根抵当法（金融財政事情研究会、1973）119-120頁。また、竹下・前掲書113頁以下、鈴木禄弥・根抵当法概説（第3版）（新日本法規、1998）（初版1973）305頁以下の叙述を参照。

(206) 鈴木禄弥・根抵当法の問題点（有斐閣双書）（有斐閣、1973）131頁以下。また、高木277頁、川井509頁、槇281頁、道垣内239-240頁、高橋250頁など。もっとも、鈴木292頁は、差押えに関して、――質入れと区別して――そのまま根抵当権が確定すれば、根抵当権の差押えの実行をして、配当を受けられるとする如くである。

の違いは、わかりにくいが、前者は、被担保債権の変更としての債務者変更、後者は、個々の債権についての債務者変更に関する規定であり、前者には、随伴性があるが、後者には、それがないということである。

(3)　根抵当権の処分

・転根抵当（民法398条の11第1項但書）。――被担保債権の増減変動という根抵当の性質から、民法377条2項の不適用（受益者の承諾を得ないで弁済しても対抗できる）（民法398条の11第2項）。転根抵当は、不安定なものであるという不都合もある。……あまり使い勝手のよい制度ではないだろう（吉田）。

・なお、根抵当権については、相対的処分（民法376条1項）を否定する（民法398条の11第1項本文）。

・根抵当権の処分（全部譲渡（民法398条の12第1項）〔これは、根抵当権者の地位の全面的譲渡である〕、分割譲渡（民法398条の12第2項）〔極度額を分割して、複数の独立した根抵当権にすることである〕、一部譲渡〔準共有になり、目的不動産の競売時の各共有者の有する被担保債権額に応じた按分となるのが原則である。合意で別途定めたときには、それによる〕（民法398条の13、398条の14第1項））――絶対的効力。

＊分割譲渡と一部譲渡との相違は、具体例に即して見ておかれたい。これらの概念も暗記するよりほかはない。因みに、平成16（2004）年の民法の現代語化作業により、一部譲渡の説明が条文に書かれているので（民法398条の13参照）、試験のときでもそれを見ればよいが、それ以前は何も書かれていなかったため（民法旧398条ノ13参照）、覚えていないと話にならなかった（！）。

＊一部譲渡は、普通抵当の放棄の概念と同様である。態々（わざわざ）概念を分けたのは、ここでは、絶対的効果があるからであろう。

(4)　根抵当権の確定

・効果として、①根抵当権により担保される元本債権が特定し、その後の元本債権は担保されなくなる。但し、利息・不履行（遅延）損害賠償については、極度額まで担保される（民法375条の適用はないから、その制約を受けない）

（民法398条の3第1項）。②普通抵当と同様になり、確定前にできた根抵当権の処分・変更はできなくなり、逆に民法376条の処分ができるようになる。③確定元本が（a）かなり極度額を下回るときの極度額減額請求権（民法398条の21）（現に存在する額及びその後2年間に生ずる利息や遅延損害金を加えた額までに）、逆に（b）極度額を上回る場合には、根抵当権消滅請求権を物上保証人、第三取得者に認めて（民法398条の22）、競売による不利益を回避させている。

＊根抵当権消滅請求の特色——第三者弁済との比較

根抵当権消滅請求の際に求められるのは、極度額の支払いだけであり、通常の第三者弁済ないしは、抵当権消滅の場合とは異なる。従って、効果としても、代位弁済（民法500条）の効果をもたらさないというのが（立法者）の立場ないし（多数説）である(207)。これは、既述の代価弁済（民法378条）、抵当権消滅請求（民法379条以下）に対応するが、こうした場合には、求償権を（根）抵当権の代位による補強ということはさせないという趣旨である。

そして、関係者が、抵当権の消滅を求めているのだから、それでよいとしたということであろう。通常問題となる、被担保債権額ないし極度額が、差引かれて取引されている第三取得者の場合には、それで問題ないのかも知れないが、物上保証人・保証人・後順位用益権者の場合も出てくるのが、根抵当権の場合と抵当権の場合との違うところであり、ここでの消滅は、あくまで根抵当権の不可分性の例外としての保護のためであり、代位法理（民法500条）を当然に排除できる論拠は、出てこないように思われる（その意味で、少数説にも引かれる）（吉田）。

・確定事由としては、①確定期日（民法398条の6）の到来、②確定期日の定めがない場合には、(i)根抵当権の設定から3年が経過し、根抵当権設定者が確定請求して2週間が経過したとき、さらに(ii)根抵当権者が確定請求した時（これは、平成15（2003）年改正で新設）である（①は、民法398条の19第3項、

(207)　貞家＝清水・前掲書301頁、星野315頁、道垣内252頁、高橋261頁。もっとも、鈴木306頁は、代位を肯定する（もっとも、物上保証人、第三取得者の場合には、確定根抵当権は、混同により消滅するとする）。

②(i)は、同条1項、②(ii)は、同条2項)。

さらに、③根抵当権設定者の資産に対する執行がなされた場合など((i)根抵当権者による収益執行、物上代位権行使としての差押、滞納処分による差押など、(ii)競売手続の開始、滞納処分による差押を知ってから2週間経過したとき、(iii)債務者または根抵当権設定者が破産宣告を受けたとき)(民法398条の20第1項各号)もそうである。その他、④相続で、合意の登記が相続開始から6ヶ月以内になされないとき(民法398条の8第4項)(前述)、合併で確定請求があった場合(民法398条の9第3項、4項)も同様である。

＊根抵当権の確定する場合の近時の変化(とくに平成15(2003)年改正)(208)

なお、平成15(2003)年改正前には、「取引ノ終了(により)……元本ノ生ゼザルコト」も確定事由として上がっていたが(民法旧398条ノ20第1項第1号)、融資する金融機関の信用不安で融資機関を、根抵当権の処分により、替えるような場合に、確定してしまうのではないかとの疑義が出されていたために、この事由は削除された。

同年の改正で、根抵当権者からの確定請求が新設された(もっとも、限定付きながら、平成10(1998)年の「金融機関等が有する根抵当権により担保される債権の譲渡の円滑化のための臨時措置に関する法律」で認めていた)のは、根抵当権の被担保債権を抵当権付で譲渡するというルートを認めるメリットが指摘されるに至ったからである(そうでないと、確定前には、随伴性がないから根抵当権は、債権譲受人に移転しない)。それまでは、根抵当権者には、確定は意味がないと捉えられていたのである。

(5)　共同根抵当

・共同根抵当は、原則として「割り付け」をしない累積根抵当〔各不動産について、極度額までの優先弁済を受けられるとする根抵当〕である(民法398条の18)。

・「割り付け」をする純粋共同根抵当の場合(民法398条の16)には、登記が

(208)　これについては、道垣内弘人ほか・新しい担保・執行制度(補訂版)(有斐閣、2004)(初版2003)90頁以下参照(小林明彦執筆)。

必要である。

Cf. 共有根抵当――　一つの根抵当権の共有（民法398条の14）のことであり、債権額の割合による（民法398条の14）。相続以外にも、一部譲渡により、こうした状況になる。

【QX－30】包括根抵当を否定した理由、趣旨を論じなさい。
【QX－31】根抵当権の随伴性が否定される理由付けを述べなさい。他方で、肯定される場合があるのはどうしてなのかも説明しなさい。
【QX－32】根抵当権の処分につき、抵当権のそれとの異同を整理しなさい。
【QX－33】根抵当権が確定する場合の近時の変化（立法的改正）の背景を述べなさい。
【QX－34】累積根抵当、（純粋）共同根抵当、共同根抵当、共有根抵当の異同を説明しなさい。

11. 非典型担保（変則担保）

11－1　特色及び存在理由

(a) 特質……実際の取引界の慣行として発展してきたものであり、①法定の実行手続（競売手続）によらない点、②担保という形をとらない点（所有権の移転・留保の形式をとるわけで、「形式」と「実質」との間にずれがある）を特色とする。

(b) 理由ないし存在意義……存在意義としては――

① 競売に要する煩雑さ（時間、費用）の回避、

② 抵当権の目的物の制約の回避（(i)実質的な「動産抵当」を狙い、生産財である動産を担保に取るという意味が大きく、担保目的物を拡張するという点で、「民法の穴埋め」的機能を持つ。その他、(ii)集合物を柔軟に担保目的物にできるし、(iii)抵当権ならば、用益権による制約を受け（民法395条など。前述）、また、消滅請求されたり（民法379条以下）、優先弁済される被担保債権が制約された

りする（民法375条）が、そうした制限を回避する)、

③　所有権移転形式をとることによるメリット（(i)もっとも近時は、清算義務が課せられる（判例法理の展開）ために、この点では、典型担保と変わらなくなった。しかし、(ii)競落人に所有権を移転させないという意味で、例えば、フランチャイズ契約などでの関係性の維持（関係的・埋没的投資の維持）という意義もある）

などがある。

(c)　種類……①契約時に直ちに所有権を移すタイプ（譲渡担保。また、所有権留保も同様である）と②弁済期に不払いの時に所有権を移すタイプ（仮登記担保――代物弁済の予約、売買予約、停止条件付代物弁済契約）とに分かれる。

＊英米における譲渡抵当（mortgage）――英米におけるもっとも代表的な担保物権は、譲渡抵当といわれるもので、わが国では、非典型担保に当たるものである。因みに譲渡抵当権者のことは、mortgageeと言い、譲渡抵当設定者はmortgagorと言う（その他、franchisor-franchisee（フランチャイズの本店と支店)、lessor（賃貸人）－lessee（賃借人）などとともに覚えておこう)。また、その実行により債権者に確実に所有権を移すこと（受戻権喪失）をforeclosureと言う。アメリカの住宅ローンなどの話では頻繁に出てくる基礎用語であり（近時のサブプライム・ローンないし金融恐慌問題との関連での現場の惨状を知りたければ、M・ムーア監督の映画『キャピタリズム』がお薦めである)、――わが国では変則担保とされていることが常態のものであることとともに――押さえておきたい。

【QⅪ－1】非典型担保が生まれる背景・存在意義を検討しなさい。

11－2　仮登記担保

・所有権は、債務者にあるために、動産についてはあまりなされず（債権者にとって、リスクが大きく、むしろ譲渡担保によることとなる)、他方で不動産の場合には、仮登記（不登105条以下）により順位保全がなされる（同106条〔旧7条2項〕）ので、多く行われる。

・なお、従来は、抵当権と併合される場合が、ほとんどである（9割以上）。
・タイプとしては、前述の如く、①停止条件付代物弁済契約と②予約（代物弁済予約、売買予約）とに分れ、かつては、いずれに性質決定するかも問題とされ、かつての（判例）は、――停止条件が成就すると直ちに所有権移転がなされるか否かについて――債務者に有利な②に解釈されるべきだと説かれたこともあったが、その後の（判例）で清算義務が課されるに至っており（次述）、あまり大きな論点ではなくなった。

(1) 立法前史――判例法理の展開

・昭和53（1978）年法律78号「仮登記担保契約に関する法律」に至る前史として、判例法の発展があり、その際の中心課題は、債権額と目的物価額とのギャップという不合理をどう解消するかであった（従来問題されたのは、著しく不均衡で暴利に当たるとされる場合の民法90条による無効論であった）。
・昭和40年代（1960年代後半以降）の判例法理の展開として、①清算義務が課されるようになる（最判昭和42.11.16民集21巻9号2430頁〔抵当権併用のケース。「合理的均衡を失する場合」には、清算義務があるとされる（処分清算とする）〕が皮切りである）。
・そして、②清算金支払いと本登記手続及び第三取得者・後順位抵当権者の承諾（不登旧105条、146条〔現109条〕）とは、同時履行関係にあるとされる。また、③帰属清算型が原則とされる（処分型では、本登記手続が、先履行になる）。
……とくに、最大判昭和49.10.23民集28巻7号1473頁（法協93巻6号米倉）が集大成を行う。――(a)「換価処分」（不動産の評価清算により自己に所有権を帰属させる意思表示）の時に、清算義務が生ずる（後順位抵当権者等に対する支払い義務はない）とし、(b)競売手続への参加に際しては、登記の先後で順位を決するとし、本登記手続が先行している時には、競売手続にはよらないとする（先着手主義）。

(2) 仮登記担保法の特色

1．清算金の支払い――本登記手続と同時履行になる（3条1項、3条2項）。
・なお、（清算金の見積り額の通知の到達から）2ヶ月の清算期間（2条1項）。…

…債務者保護（さらに、受戻し権は、清算金を受けるまである〔もっとも、清算期間の経過から5年経過ないし第三者が所有権を取得したときは駄目〕（11条））。

＊受戻し権（かつては、「受戻権」と書いた。どちらでもよいだろう）の存続期間――「清算期間」の意味

受戻し権（債務者がその所有権を回復する権利）は、かつて清算義務がなかったころには、債務者にとっては、大きな関心事であったが、同義務が認められて、計算上は、その有無により違いがないことになり、意義は低下したと言える。しかしそれでも、債務者に当該不動産の使用・収益の利害関係があるときには、意味がある。そして、清算期間が過ぎても、清算金の支払いまで（ないし清算期間経過から5年以内は）、受戻し請求できるとされる（11条本文及び但書）ことに注意を要する。

さらに、「第三者が所有権を取得したときも」受戻権行使はできないとされており（11条但書）、これに関連して、法制定以前の（判例）は、「善意の第三者の場合」に限定していた（最判昭和46.5.20判時628号24頁、同昭和58.3.31民集37巻2号152頁〔悪意の転得者は、仮登記担保権者と同視できるとする〕）。11条但書の解釈としても、同様に善意を要求するのが、（多数説）であり（鈴木357頁〔94条2項の類推適用ともする〕、高木327頁）、これに従ってよいだろう（吉田）（なお、道垣内283頁は、これに反対し、悪意の第三者でも保護する民法177条の判例とのバランスを説くが、その法理自体流動的であり、異を差し挟むべきであろう）。

なお、「清算期間」というのは、上記の如く清算金の見積額の通知から2か月であり、その意味は、その経過が所有権移転と連動しており（2条1項）、しかも清算金の支払いと引き換えになされることになり（3条2項）、むしろ「清算による所有権移転ができるようになる猶予期間」ぐらいの意味であり（その間、清算金請求権の処分は禁ぜられ弁済しても対抗できない（6条））、ややミスリーディングかも知れない。

＊清算金支払いに関する本法律の構成――「帰属清算型」

本法律は、本登記手続と清算金支払いとを引換給付の関係（同時履行関係）とし（3条2項）、仮登記担保権者が、第三者に当該不動産を売却できたときに

清算するというような（つまり「処分清算型」の）特約は、清算期間経過以前に結んでも無効とする（3条3項。「債務者に不利な特約」とする）。つまり、「帰属清算型」が前提とされていると見ることができる。＊「処分清算型」か、「帰属清算型」かの議論は、再度、譲渡担保のところで触れる。

2．他の債権者の保護のための制度

① 競売申立（清算期間内の担保権実行（弁済期以前の競売申立）（12条）、清算金支払いまでの強制競売の申立（15条）。この場合には、仮登記担保権者への優先配当（13条））。……競売手続を重視しており、前述昭和49年最判よりも、15条は競売申立の期限を遅らせており、競売射程を拡げていることに注意せよ。

② 清算金への物上代位（4条）。

＊実行に関する先着手主義

他の担保権者、一般債権者は、清算金に不満があれば、対抗手段として、清算金の支払いがなされる前に、自ら、担保権実行・不動産競売の申し立てをすることにより、仮登記担保権の私的実行を阻止できる（15条）ということになる（これが、仮登記担保法の「先着手主義」の意味である）。法制定前よりも、私的実行が阻止される場合が広がっていることに注意せよ。

③ なお、清算金見積額に関する（債務者通知の）後順位担保権者への通知（5条1項）。

……これは、上記①か②かの選択のためのものであり、これがないと、清算期間が経過しても競売権は失われず、競売されたとしても剰余を生ずる見込みがないとの事由は、通知を不要としないとするのが（判例）である（最判昭和61.4.11民集40巻3号584頁）。

3．所有権取得権能を後退させ、優先弁済権能を前面に出す。

・（相対的に少ないかもしれないが）被担保債権額が目的物価額を上回る時には、被担保債権は、目的物価額の限りで消滅し、差額分の債権は残る（9条）。……代物弁済的構成とは異なる。

・競売における抵当権との同視（13条。倒産手続においても同様である（19条））。
・競売の重視——清算金の支払いよりも先に競売申立があれば、本登記手続請求はできなくなる（15条）（これが、昭和49年最判と異なることは、前述）。

＊仮登記担保権の私的実行における他の担保権者の地位

しかし、仮登記担保権が私的実行される限りで、引受主義が採られて、先順位の担保権（抵当権・仮登記担保権）を引き受けつつ、所有権移転がなされる。その意味で、通常の競売における消除主義と違うことに注意を要しよう（他者による競売手続ということになれば、消除されて、優先弁済請求権に止まる（13条）ことは前述した）。

他方で、仮登記担保権者に劣後する担保権者は対抗できず、消除して扱われるが、他方で、清算金債権への物上代位が認められる（4条）。

4．用益権との調整

・法定地上権（民法388条）的状況の場合につき、土地について仮登記担保権が設定された場合についてのみ、法定賃借権（法定借地権）が規定される（10条）。……①地上権よりも、賃借権が多いという実態に合わせたもので、内容的に区別する趣旨ではない。②建物が仮登記担保に供される場合には、停止条件付の約定担保権によるべきこととされたが、実際には約定がないこともあり、（判例）は、黙示の敷地利用権設定を認めている（東京地判昭和60.8.26判時1191号93頁）。近時の有力説（前述）の影響によるのであろうが、やや規制のバランスを欠くという感は否めない（吉田）。
・平成15（2003）年改正前の短期賃貸借を仮登記担保との関係で認めるかにつき、規定がなく、（判例）は、否定していた（最判昭和56.7.17民集35巻5号950頁）（①仮登記の順位保全効に制限は設けられておらず、②短期賃貸借の対抗を肯定すると、仮登記の本登記手続はできなくなり、③仮登記担保法は、民法旧395条の準用を否定していることを理由とする）。

　そして、短期賃貸借制度廃止後の現395条（明け渡し猶予）ないし387条（担保権者の同意による対抗力ある賃貸借）の準用を仮登記の場合に認めるか。……抵当権の場合とで、区別して考えるのは合理的ではなく認めてよいのではないか（吉田。同旨、生熊・Sシリーズ312頁、道垣内291頁、高橋305頁）。

＊以上のように、仮登記担保法は、仮登記担保権者の権限を制限しているために、譲渡担保への利用の移行があったのか、仮登記担保の利用は減少している。

【QⅪ－2】仮登記担保法により、――それ以前の判例法に比べて――仮登記担保権者の権限は弱められたと言われるが、それを具体的に説明しなさい。
【QⅪ－3】仮登記担保法の清算のさせ方と「帰属清算型」「処分清算型」の関係を述べなさい。
【QⅪ－4】仮登記担保が私的実行された場合の他の担保権の処遇について、記しなさい。
【QⅪ－5】仮登記担保権設定に関する法定借地権の規定を、一般の法定地上権との異同を記し、その問題点を述べなさい。

11－3　譲渡担保

・占有を移さずに、設定者が使用できる（このような通常の場合を「譲渡抵当」と言い、これに対して、占有を移すものを「譲渡質」と言う）点に、メリットがある。とくに、動産の場合に意味がある。
・また、不動産の場合も、仮登記担保よりも、法律による諸制約なく設定できるということで、従来以上に、不動産譲渡担保の利用頻度は高まったとされる。
・さらに、近時は、集合物の譲渡担保（集合譲渡担保）、とくに、その中に債権が含まれるものについて、関心が集まっている（これも、目的物に関する典型担保の制約を回避するものである）。
・所有権の移転という形式と担保の実質とのずれがあり、かつその旨の公示が不充分であり、――清算義務の肯定ということのほかに――とくに対第三者との法律関係について、譲渡担保権の法律構成如何により、結論に違いが出てくる。
・裁判例は、当然のことながら、仮登記担保よりも多い。

(1)　法律構成

・(学説) には、この点では変化が見られて、かつては、経済的目的と法律構成との間にギャップが見られたが、近時は、実質に即した解釈がなされている (いわゆる担保的構成) (米倉教授ほか(209))。――なお、方向性は同じであるが、鈴木禄弥博士は、二段物権変動説〔一旦設定者から譲渡担保権者に完全に所有権が移り、その後担保目的を超過する部分が再び設定者に移転されるとする見解〕であるが(210)、不動産の場合に対抗問題構成をとり、動産よりも設定者の保護が不安定になるとして、米倉教授 (動産抵当権説) は、ヨリ端的な構成を採るべきだとする。

＊具体的には、後述の第三者との関係で問題になる。

・(判例) は、基本的に所有権的構成だが、必要に応じて、実質担保に即した修正を加えている。

①　代物弁済予約 (仮登記担保) の場合より遅れて、清算義務を課す (最判昭和46.3.25民集25巻2号208頁【96】)。……物件引渡義務と同時履行 (引換給付) の関係に立つとする (処分型または帰属型とするが、本件は、帰属型の事案だからである)。前述したとおり、帰属型とするのが一貫するが、(判例) のとるところではない (次述)。

---

(209)　この問題については、米倉明「特定動産譲渡担保の法的構成」民法学3 (有斐閣、1976)、同「譲渡担保の法的構成」金商737号・譲渡担保――実務と理論の問題点 (1986) (いずれも、同・担保法の研究 (民法研究第2巻) (新青出版、1997) に所収)、生熊長幸「譲渡担保の法的構成」鈴木禄弥＝竹内昭夫編・金融取引法大系5 (有斐閣、1984) 参照。

(210)　鈴木禄弥「譲渡担保」石井照久ほか編・企業担保 (経営法学全集 (9)) (ダイヤモンド社、1966) 同・物的担保制度の分化 (創文社、1992) 353頁以下に所収。もっとも、その後、所有権は設定者と担保権者の間の移行中ということで、具体的問題ごとに、あるいは設定者を、あるいは担保権者を所有者と位置づけて、それに即して問題処理をすればよいとされており (鈴木368頁)、米倉説に近づいたということなのかも知れない (かつては、譲渡担保権者は、所有権を譲受け、設定者に「設定者留保権」を返還するということだから、所有権は、原則的に担保権者にあるということであろう)。

＊譲渡担保における「帰属清算型」「処分清算型」

両者の違いは、設定者にとって「帰属型」の方が、有利だと言えようが（(i)上記同時履行関係の有無、(ii)受戻権の行使時期の点（後述するように、「帰属清算型」の方が、ヨリ遅くまで受け戻すことができる）からそうである。もっともかつては、帰属型だと清算義務を否定する時期もあって（大判大正10.11.24民録27輯2164頁など）、一概にそうとも言えなかったが、これは今の（判例）では採られていない）、（判例）は、この選択は、当事者の合意によるのではなく、譲渡担保権者に選択権があるとしている（最判昭和57.1.22民集36巻1号92頁）。その意味で、（判例）においては、両者は、契約類型の相違ではなく、清算方法ないし実行方法の相違である（道垣内・法協112巻7号（1995）999頁）。――仮登記担保では、帰属清算型と法定されているが、譲渡担保では事情が違い、この点で担保権者に有利だということである。

担保権者にとっては、「帰属清算」だと、(a)清算金を自ら用意しなければならず、(b)また、仮登記担保の場合と異なり、清算金を支払わない限り、受戻権行使は継続するし、そのような状況を封ずるために、「処分清算」の方法を与えたというわけである。しかし他方でその代わり、(c)「処分清算」の場合には、高く売れないという事実上の不利益ないし「使用価値」と「市場価値」との乖離については、受忍せよということになる（だから、道垣内・前掲1000頁は、帰属清算型を強制できないとする）。結局、譲渡担保権者をどの程度保護するか、という政策問題となろう。その意味で、（吉田）は、やはり担保の実質に即して、譲渡担保設定者を仮登記担保の場合と同様に保護すべきであると考える。

＊清算金額の確定

清算金は、実際の処分価額ではなく、適正な処分価額をベースに、被担保債権との差額という形で算定する（道垣内323頁）（それについて、紛争が生じたときには、訴訟によることになる。鈴木376頁、道垣内同頁）。

そして、清算金算定の基準時につき、（判例）（最判昭和62.2.12民集41巻1号67頁）は、帰属清算の場合に、清算金額通知時、さらには、清算金支払い時とされ、処分清算の場合には、第三者への処分時とされる（事案として、当事者は処分清算型と主張しており、原審が唐突に帰属清算型と認定して清算額を判断するのは、審理不尽として、処分清算に即した判断をすべきだとする）。……損害賠償算定の基準時と似たようなところがあり、当事者主義に沿いつつ、できるだけ具体的妥当な価格変動の勘案がなされるべきものであろう（同旨、鈴木同所）。

② 設定者の一般債権者による差押の場合に、譲渡担保権者は、第三者異議の訴え（民執38条）ではなく優先弁済の訴え（民訴旧545条）によるべきだとされ（担保的構成の見解）、（判例）も、会社更生手続において、取戻権（会更62条〔現64条〕）ではなく、更生担保権（会更123条〔現47条、50条〕）として扱われるとした（最判昭和41.4.28民集20巻4号900頁【96】（4版））。——これとパラレルに考えるならば、破産手続ならば、取戻権（破旧87条〔現62条〕）ではなくて、別除権（破旧92条〔現65条以下〕）によることとなる。

＊設定者側執行における譲渡担保権者の地位（民事執行法制定後）

なお、民事執行法下では、配当要求できず（民執133条参照）、また優先弁済の訴えがなくなったので、第三者異議の訴え（民執38条）によらざるを得ない（同旨、星野323頁、鈴木379頁〔但し、清算差額を提供してはじめて第三者異議の訴えが認められるとする〕、内田479頁）（判例。最判昭和56.12.17民集35巻9号1328頁、最判昭和58.2.24判時1078号76頁）。——これに対して、第三者異議の訴えの一部認容として優先弁済請求を認める見解（三ケ月152頁）、ないしは民執133条の類推適用として、配当要求を認める見解（高木345頁）がある。

③ 受戻権〔目的物の所有権取り戻し〕につき、（判例）は、弁済期の経過後でも担保権実行——「帰属清算型」ならば、清算金支払い（又はその提供）、「処分清算型」ならば、処分——の時点までできるとする（最判昭和62.2.12民集41巻1号67頁〔清算金がない旨の通知があるまでは可能とする〕。また、最判昭和57.1.22前掲参照）。そしてこのことは、第三者が背信的悪意者に当たる場合でも異ならないとする（最判平成6.2.22民集48巻2号414頁【97】）。また、受戻しの際には、債務の弁済が先履行とされる（最判平成6.9.8判時1511号71頁）。

なお、弁済期後に譲渡担保権者の債権者が目的不動産を差し押さえた場合には、設定者は受け戻して、第三者異議の訴えを求めることはできないとする判断が示されたが（最判平成18.10.20民集60巻8号3098頁）、事案としては、弁済期猶予がなされていたものであり、それに関する判断は、やや不分明である（この点、例えば、田高・重判【民6】75頁〔弁済期猶予があるとすると、受戻権行使は認められ、差押え債権者の保護は、民法94条2項の類推適用によるとする〕、生熊・判批・民商136巻2号295頁も批判的である）。

＊受戻権の存続期間

受戻権は時効によって消滅しないというのが（判例）である（最判昭和57.1.22民集36巻1号92頁）。これは、設定者に残る所有権限に配慮したものと見ることもできるが（吉田）、仮登記担保の場合と比較して、法的関係の不安定な状態が続くということは否めない。有力説は、仮登記担保とのアンバランスを指摘して、仮登記担保法11条但書〔清算期間終了から5年経過で制限する〕の準用を説く（高木教授など(211)）。もとより、取得時効が成立した場合の反射としての消滅ということはある。

また、譲渡担保権者が第三者に処分したときにも、受戻権は行使できなくなる（仮登記担保法11条但書に対応することを（判例）が認めたと言える）。また、その際には、転得者の主観的態様も問わないというのが、（判例）（平成6年最判）であるが、（学説）は、悪意（少なくとも、受戻の事情ないし清算金支払いの事情につき悪意）の場合には、制限して、受戻権の行使を認めようとするのが、多数である（道垣内・前掲箇所、鈴木375頁、380–381頁、安永401頁（第三者が、清算未了につき悪意であればとする））。

なお、譲渡担保権者の債権者が、当該不動産を差し押さえ、不動産執行してきた場合でも、（差押え登記後に）設定者の受け戻し及び第三者異議の訴えを否定する前述（判例）（最判平成18.10.20掲載）なども、所有権的構成の帰結であり、批判的見解（鈴木381頁、安永403頁〔これでは全く無駄骨になるという〕も批判的か）に従うべきだろう。

④　集合物の事例であるが、動産の譲渡担保の重複を肯定し、しかし後順位

(211)　高木365頁。また、田井ほか・新物権・担保物権法（2版）（法律文化社、2005）364頁〔松岡久和執筆〕も、あまりに長期間後の受戻しの主張は権利濫用になるとする。

の譲渡担保権者による私的実行を否定した（最判平成18.7.20民集60巻6号2499頁【98】（6版））。——この点で、（学説）は、動産譲渡担保の重複については、従来担保的構成の論者が肯定し（米倉教授・鈴木教授(212)）、（通説）（所有権的構成）（我妻650頁）の側からは、即時取得の成否が問題とされていた。……平成18年最判が、譲渡担保の重複設定を認めているところは、担保的構成的だが、後順位者の私的実行を禁じたところ、また「通常の営業の範囲内」を超えた売却処分につき、承継取得を認めないところは、所有権的構成的のように思われる（吉田）（前者に関し、宮坂・ジュリスト1336号107頁でも、私的実行を否定するところは、担保的構成よりも所有権的構成に傾く道垣内説に近いとする）。

＊集合物譲渡担保の追及力

承継取得のためには、搬出（分離）が必要としており（同判決）、これは譲渡担保権の追及力を問題にしている限りでは、既述の「抵当権侵害（それに基づく物権的請求権）」のところに対応し、（学説）で有力説の即時取得が必要とする見解ではなく、我妻説が採られたということになる。ただここではあくまで、「所有権の帰属」が問われているところが若干異なる。なお、この点で、「通常の営業の範囲」を超えた処分は、無権限で後は即時取得が問題になるだけだとする見解（古積・判批・民商136巻1号38頁）は、同判決よりも、所有権的構成的であろう。

(2)　第三者との関係

・占有が債務者に留まり、しかも公示がなされていない（とくに動産の場合〔平成16（2004）年改正により新設された動産譲渡登記制度（動産債権譲渡特例法3条1項）が適用ある場合（法人による場合）は別である〕）ので、取引安全保護との関係で問題になる。

・所有権的構成と担保権的構成との違いが一番出る領域である。

---

(212)　米倉明・譲渡担保の研究（有斐閣、1976）77頁、鈴木禄弥「譲渡担保」谷口知平ほか編・新版・民法演習2物権（有斐閣、1979）219頁。

(i) 譲渡担保権者と（設定者側の）第三者との関係

・動産ならば、民法192条の問題となり、とくに二重譲渡担保の場合には、「占有改定と即時取得」の問題となる（既述したように、所有権的構成による場合である）。
・これに対して、担保権的構成ならば、後順位の譲渡担保権の設定ができ、順位は対抗要件（占有改定）の先後ということになる（米倉教授ら(213)）。

＊担保権的構成をとる場合の「占有改定と即時取得」問題の現れ方

担保的構成をとると、従来「占有改定と即時取得」の問題とされた代表的場合の重複譲渡担保設定は、民法192条の問題ではなくなる（設定者の権限内の行為だから）。そうすると、それでもなお、「占有改定と即時取得」の問題となるのは、先行する譲渡担保を隠して、完全な所有権者と偽り、所有権譲渡行為を行うという限られた場合となろう（鈴木377頁以下は、これを意識しつつ、折衷説を説いている）。

・また、設定者に対して差押がなされた場合の見解対立については、前述した（(1)の②参照）（担保的構成からは、優先配当が志向されるが、所有権的構成からは、第三者異議の訴えということになる（判例同旨））。
・なお、売却代金に対する物上代位もできるとするのが、（判例）である（最決平成11.5.17民集53巻5号863頁【96】（5版）〔輸入商品などの譲渡担保権の事例で、設定者が破産したという事例〕）。

(ii) 設定者と（譲渡担保権者側の）第三者

・（判例）は、第三者は、完全な所有権を取得するとする（所有権的構成）（大判大正9.9.25民録26輯1389頁、同大正10.3.25民録27輯660頁など。近時でも、最判昭和62.11.12判時1261号71頁は、第三者が単純悪意者の場合でも、背信的悪意者ではないから保護されるとする）。
・これに対して、担保権的構成を徹底する説（米倉教授）からは、民法94条2

(213) 米倉・前掲書50頁、77-78頁。さらに、鈴木・前掲書386頁、高木344頁、内田478頁、山野目306頁。

項の類推適用の問題だとする[214]。……動産も同様だとされるが、その場合は即時取得（民法192条）の問題であろう（吉田。同旨、生熊・Sシリーズ324頁）。――この点で、不動産の場合に、譲渡担保の登記がない限り、設定者は回復期待権を譲受人（第三者）に対抗できないという所有権的構成説寄りの見解もありうる（星野324頁参照）。

・なお、担保権者側の差押・破産の場合には、設定者は目的物の提出を拒んで、差押を阻止することができ（民執124条）、清算金と引換にできる（動産の場合）。

Cf. 不動産の場合には、所有権的構成ならば、差押は完全に有効で、担保的構成ならば、第三者異議の訴え（民執38条）による排除ができることになる（これに対して、第三者の主張としては、民法94条2項の類推適用によることとなる）。なお、倒産手続においては、取戻権（破旧87条〔現62条〕、会更旧63条〔現64条〕、民事再生52条）を肯定することは、（通説）化している。――担保的構成による塗り替えである。

＊近時の所有権的構成への揺り戻し（？）

学説の動向は、一時は担保的構成に席捲された観があったが、最近は所有権的構成への揺り戻しのような傾向も見られる（例えば、道垣内教授〔もっとも、同教授の立場は単純ではない〕）（私は、なお担保的構成に魅かれるが）。だから、学説の理解は、時期を追って立体的になされる必要がある。

この新しい傾向は、とくに、不動産の場合には、所有権移転の構成による公示がなされているために、それとの関係で担保的構成をどのように実現するかに実務上やや難があることと関係している。例えば、①設定者と譲渡担保権者からの第三者との関係で既に見たが、②譲渡担保権者と設定者側の第三者（とくに差押債権者との関係）でも、(i)不動産ならばそんなことはありえないとするし（道垣内311頁。これに対して、米倉・前掲書93-99頁は肯定する）、(ii)動産の場合でも、差押債権者に優先する譲渡担保権の存否・被担保債権の範囲に付き執行官に判断させることの実務上の困難から、譲渡担保権者の第三者異議の

(214)　米倉・同上書63頁、68-69頁。75頁以下では、動産についても同様だとする。

訴え（民執38条）を認める見解のほうが、近時は有力なのである（中野教授、角教授など(215)）。

(3) 集合物の譲渡担保

近時は、注目されて肯定する裁判例も多くなってきた（学説が先行）。（判例）の指針としては、以下のものがある。

① 特定の仕方。――その種類・所在場所・量的範囲などによる（最判昭和54.2.15民集33巻1号81頁【98】（2版）〔継続的倉庫寄託中の食用乾燥ネギフレーク44トンの内28トンという事例。特定性否定〕、最判昭和57.10.14判時1060号78頁〔債務者の居宅及び店舗内にある商品、運搬品、什器、備品、家財一切という事例。債務者所有のものとしても、他者所有のものと明確に区別できなければ、特定できていないとする〕。――これに対して、最判昭和62.11.10民集41巻8号1559頁【98】（4版）〔普通棒鋼、異形棒鋼など一切の在庫商品として、倉庫内・敷地・ヤード内と指定した場合につき、特定を認める。また、占有改定により、対抗要件の具備も認めた（予めなされている集合物の占有改定で、新たに目的物に加わったものについても対抗力が具備されるとする）。動産売買の先取特権者からの競売申立につき、集合譲渡担保権者が民法333条の第三取得者として、競売不許を認めた事例〕）。

② 集合譲渡担保の重複設定を肯定し、後順位譲渡担保権者の私的実行は否定する（最判平成18.7.20前掲〔宮崎県串間市沖の漁場の生簀内の魚の譲渡担保が重畳的になされた事例〕）（前述）。

③ 売買代金への物上代位を肯定する（最決平成11.5.17前掲）。……もっとも、これは、目的商品の一括売却がされた事例についての判断であり、集合物の一部の売却の場合に物上代位できるかどうかは、（判例）の立場は不明であり、認めると煩瑣なことになるのではないか。その意味で射程の制限が必要だろう（吉田）。

---

(215) 中野貞一郎・民事執行法（新訂4版）（青林書院、2000）285-288頁、小林秀之＝角紀代恵・手続法から見た民法（弘文堂、1993）102頁以下。反対、高木362-362頁、川井565頁。

④　集合動産譲渡担保目的物の売却における担保権侵害（担保権の追及力）。
——前記平成18年最判は、(a)「通常の営業の範囲内」ならば、売却でき、(b)それを超過する場合でも、集合物から「離脱」していない場合には、相手方は承継取得できないとした。

(検討)

1．(a)は、それなりに設定者の利用権との調整の基準であろう。この基準は、厳密に具体化できるかどうかは、よくわからないところがあろう。

2．(b)の問題は、抵当権侵害の問題とパラレルであり、山林伐採事例における我妻説（前述）に拠ったものと見うる。もっとも、我妻博士は、そこでは「公示の衣装に包まれているから」という比喩的な表現をするだけで実質的論拠を示しておらず、近時は、即時取得までは追及できるとして、担保権の追及効を拡げる見解（例えば、星野教授）も有力であった（前述）。しかし、ここでの集合動産譲渡担保の場合には、商品のトレースは伐木以上に煩雑であり（とくに生簀の魚のような場合）、手続的コストの考慮が、我妻説採用の実質的論拠ではないか（吉田）。

3．なお、損害賠償の問題は、別途ありえよう（池辺・NBL 840号6頁参照）。

⑤　集合債権譲渡担保（の有効性）も近年注目されており、将来債権譲渡譲渡についても有効とされる（最判平成11.1.29民集53巻1号151頁〔医療報酬債権（8年3ヶ月分）の包括的譲渡の事例。国税滞納処分との競合事例。もっとも、期間の長さなどの契約内容が、譲渡人の営業活動に対して相当とされる範囲を著しく逸脱したり、他の債権者に不当な不利益を与えたりするなどの特段の事情がある場合には、公序良俗違反として、契約の全部・一部が無効になるとする。しかし、原審では、数年を超える債権譲渡契約の部分の有効性を否定して、国の滞納処分としての6年7ヵ月後の診療報酬債権の差押による還付請求権確認を認容していたが、最高裁では、破棄自判して、請求棄却した〕)。

⑥　上記場合において、別の当該債権差押債権者（とくに国税滞納処分の場合）の優劣の基準として、集合債権譲渡担保契約の対抗要件によるとされる（最判平成13.11.22民集55巻6号1056頁【99】〔継続的取引による商品売掛代金債権（将来債権1年分も対象とする）の譲渡担保に関する〕。また、最判平

成19.2.15民集61巻1号243頁〔平成13年最判と同一事例〕は、国税徴収法24条6項（とくに同条3項の第2次納税義務の免責要件）との関係で、担保設定契約時を基準とし、債権譲渡担保権者は、法定納期限以前に将来債権の譲渡担保設定がなされたことで、義務から免れるとした。これに対して、原判決は、法定納期限後に債権が発生する分については、免責されないとした〔債権発生時基準説〕)。

＊租税（とくに国税）の滞納処分と担保との優劣

租税の滞納処分と担保物権との優劣は、しばしば問題となり、まとめてみると、「法定納期限前の担保権設定か否か」が基本的なメルクマールとなる。(1)譲渡担保との関係では、所有権的構成に配慮してか、債務者の財産で不足する場合の二次的な物的納税責任という形で規定する（国税徴収法24条1項）。しかし、法的納期限以前の担保権設定ならば、それから免責されるとされ（同条6項)、将来債権譲渡担保の場合に、担保権設定時を基準にするか、債権発生時を基準とするかが問題とされたわけである（(判例）は、前者とした)。(2)仮登記担保との関係でも、法定納期限以前のものは、租税債権に優先するが（国税徴収法23条1項)、滞納処分と私的実行との関係は、「先着手主義」で、滞納処分先行の場合には、まず仮登記担保権の先順位配当がなされ（同条項)、他方で私的実行が先行すれば、滞納処分はなされず、清算金債権への物上代位については、原則租税債権が優先するが（国税徴収法8条)、例外的に規定ある場合（同法23条2項）には、それによる。

その他、(3)抵当権についても同様で、納期限以前に設定された抵当権は優先する（国税徴収法16条）（登記もそれ以前になされている必要がある)。(4)根抵当権についても同様だが、法定納期限以前に設定された根抵当権でも、優先するのは、「根抵当権者が国税にかかる差押えまたは交付請求の通知を受けたときの被担保債権額」を限度とする（同法18条)。

⑦　なお、(将来）債権の譲渡担保は、譲渡予約によることもあり（最判平成12.4.21民集54巻4号1562頁【98】(5版）その場合に、予約完結時に、譲渡人の他の債権から識別できる程度に特定されていればよいとする)、その場合には、予約完結による債権譲渡の対抗要件を要求している（予約についての

通知・承諾では足りないとする）（最判平成13.11.27民集55巻6号1090頁）。

……上記⑥とややバランスを失しており、より新しい判例準則（⑥）のほうが、債権譲渡担保権者の利益を重視していると言えよう（吉田）。

（検討）

1．債権譲渡は、近時の金融のシステムの変化（直接金融のクローズアップ）との関連でも注目されている。最近の判例の多さもその反映であろう。

2．⑥で、債務者の正常時の債権譲渡担保設定時点での対抗要件具備を認めたのは、方向性として妥当であろう。しかし、平成11年最判との関係でも推察できるように、あまりに包括的な（将来）債権譲渡担保の設定には、今後歯止めをかけていく必要もあろう。

3．この点で、将来の集合財産（債権）譲渡担保の先進国であるアメリカ法（UCC 9編）は、他方で租税債権（連邦税リーエン）との関係では、「目的財産が現在存在する場合」ないし「爾後取得財産（将来財産）」についてファイル後45日間の将来債権に限っており（各々、内国歳入法（Internal Revenue Code §6323（h）項、(c)項(2)号）、その慎重な立場に注目されるべきであり、「わが集合譲渡担保（における譲渡担保権者保護の厚さ）は、比較法的に突出している」との指摘（森田（修）評釈・NBL 854号62頁）に留意されるべきである。

【QⅪ－6】近時は、譲渡担保に関する担保的構成が有力であると言われる。これとの関係で、(1)判例における担保権的構成の影響力と思われることを説明しなさい。さらに、(2)第三者との関係で、所有権的構成と対処の仕方にどのような違いがあるかを具体的に分析しなさい。

【QⅪ－7】譲渡担保と仮登記担保との異同を分析しなさい。

【QⅪ－8】集合譲渡担保の近時の問題状況を包括的に論じなさい。

【QⅪ－9】集合債権の譲渡担保の近時の判例で、他の利害関係者との関係で、その問題を検討しなさい。

11－4　その他

(1)　所有権留保

・割賦販売の場合など広く使われる（割賦販売法7条参照〔所有権留保の推定〕。

なお、宅地建物取引業法43条は、宅地・建物の割賦販売で、代金の10分の3が支払われた場合に、所有権留保することを制限する)。

・他の非典型担保との相違点……①清算義務をあまり強調しなくてもよい（ここでは、受領代金の返還を指すが、目的物価額と被担保債権額の相違が小さいということも言える)。②買主を所有者として、保護する必要性は小さい。③専門的業者（売主）に取り戻させることの合理性もある（目的物の有効利用)。——従って、所有権的構成になじむとも言える（(判例）も同旨である)。

・ただ、転売の場合の法律構成について、議論がある。……（判例）は、権利濫用論であるが（最判昭和50.2.28民集29巻2号193頁【99】)、有力説（米倉教授）は、転売授権という構成を説く(216)。……ディーラーには、転売授権がなされていて、転売につき代金完済がなされることにより、メーカーの所有権留保は消滅するとして、ユーザーの（代金完済による）完全な所有権取得を正面から正当化している（それにより、自己名義での登録、他者への売却もできる)。もっとも、同教授は、その後、民法192条の適用も問題とされている(217)。

＊（因みに）授権（Ermächtigung）は、代理の類似概念として、また財産管理の制度として重要である（他人のものの処分と表裏の概念である)。かつては、四宮博士の教科書には、周到な解説が付されていたが、最近の能見教授との共著では、落とされているようで、やや不可解である（平易化の余波？)。やはり、押さえて欲しい概念である（近時の民法（債権法）改正案にも盛り込まれている由である)。

(2) 代理受領

・債権質、債権譲渡がなされない場合である。

・第三者（第三債務者）による侵害（不法行為）が、問題とされており、（判

(216) 米倉明・所有権留保の研究（商事法務、1977）45頁以下。同旨、鈴木407頁。

(217) 米倉明「流通過程における所有権留保再論」法協百周年記念論文集3巻（1983）同・所有権留保の研究（新青出版、1997）339頁以下。同旨、道垣内363–364頁。

例）では、委任契約（代理受領契約）を「承認」しつつ、本人側に弁済する第三債務者は、不法行為責任を負うとする（最判昭和44.3.4民集23巻3号561頁【100】、同昭和61.11.20判時1219号63頁）。……故意による債権侵害の事例である(218)。

(3)　買戻し（民法579条以下）

・「買戻し権付き売買」は、一種の売渡し担保。（売渡し担保と譲渡担保との相違は、融資の債権関係が残るか否かという点で、実質担保という点では差異はない。）

・近時、実質的に担保を狙っているのに、買戻しには、他の非典型担保のような判例ないし特別法の規制がないことを悪用して、かつての暴利的消費貸借に組み込もうとする事例が存在している（例えば、最判平成18.2.7民集60巻2号480頁は、そのような事例〔買戻し権付与にかなりの対価をとり、目的不動産の見積り額も不当に安いと推測される事例である〕）。……担保規制脱法的事例については、厳しく臨むべきであり、平成18年最判も、破棄して、「占有移転を伴わない場合には、譲渡担保と性質決定すべきである」として、買戻しの射程を狭めている。

ヨリ本格的には、買戻し契約の担保的利用に関する規制を彫琢してゆくことであろう。このような事例が未だに登場していることにはやや驚かされる（吉田）。

・もっとも、近時、詳細な沿革的考察から、①対価の限定（民法579条）（利息も否定し、代金、契約費用、絞られた必要費・有益費の授受が求められるだけである）、②買い戻しの物権的効果の強さ（物権的効力のある遡及的解除）、③10年以内という期間限定（民法580条）（その経過による買主の所有権帰属確定）という、買い戻しの「特殊性」に注目して（しかし従来は、その固有の意義は、忘却された。例えば、(i)利息支払の通説化、(ii)支払うべき費用の拡大（登記費用の場合）、(iii)（判例）における買戻しの物権的効力の閑却による無造作な物上代位の肯定）、独自の非典型担保のメニューとして、清算義務に関しても別途考

(218)　本事例の債権侵害法理における位置づけについては、吉田邦彦・債権侵害論再考（有斐閣、1991）607頁、610–611頁参照。

えていくことも、不合理ではないとして、再考を迫る見解（池田(雄)）も出されており(219)、今後に新たなインパクトを与えうる。

【QⅪ－10】所有権留保で、所有権的構成が今なお根強い背景を、他の非典型担保と比較しならが分析しなさい。
【QⅪ－11】所有権留保付売買の転売事例で、権利濫用構成では不充分なところを検討しなさい。
【QⅪ－12】従来周縁化されていた買戻しには、他の非典型担保と比較して、どのような特色があり、それがどのように平板化されてきたかを検討しなさい。

最後に

♨（教師のモノローグ）「先端的問題を語る教師は、悪い教師か？」「教える情報を減らす教師が、良い教師なのか？」

まだまだ不十分であるが、これくらいで担保物権法の講義は、やめておく。このように、担保物権法で学ぶべきことは、かなり込み入っていることが、了解できたであろう（従来の北大講義では、財産法の最後に話したというのも頷けることである）。それはともかくとして、初心者の諸君の中には、沢山の森の茂みに入り込み、自分がどこにいるのかわからなくなった、という「木を見て森を見ない」心境の人も多かろう。そんな時は、本居宣長の『うひやまぶみ』ではないが、何度も何度も焦らずに、基礎から応用へと段階を追って、勉強することを薦めたい。しかし、誤解して、勉強量を減らそうなどと思わないでほしい。30年前に、私が学生だった頃も、この講義で話したくらいのことは（否それ以上のことを）教わっている。あれからワンジェネレーション経って、法学的知見が少なくなるということは、あり得ないからである。

しかし、聴講生の諸君の「感想」「意見」を見ていると、――近時の平易化

(219)　池田雄二「非典型担保における買戻し（1）（2・完）」北大法学論集59巻5号、6号（2009）。

教育の影響を受けてか――「諸学説の引用を減らし」「知識量を減らしてほしい」ということを書く人が少なからずいるので、それにお答えしておこう。

第１に、そのような限定的知識の方が、楽であり、それでパスできる試験が良いというのは、その通りかもしれないが、それは本来の試験ではない。そのような安易な勉強では、本当の「他流試合」では、歯が立たないということになり、結局勉強をやり直さざるを得なくなる。

第２に、札幌にいると、しばしば実務家との交流もあり、裁判官の方などと話すことも多いが、マニュアル的な予備校教育を受けてきた人は、結局実際の事件処理には、太刀打ちできない。その場で、いろいろ本格的な本を読み、判例を読む、という、オン・ザ・ジョブ・トレイニング（OJT）が必要になっているとのことである。法学は、性質上、「実務」と「研究」、そして「教育」が有機的に繋がっていなければいけないだろう。そして実務に対処できない受験教育？昔と比べても二度手間の教育？それを行う意義はあるのだろうか、と考え込まされる。結局、実践に耐えうる知見を身につけるためには、どこかで苦労して勉強しなければいけないということを認識してほしい。一見、諸君に優しそうな、平易化教育をする教師が、本当に親切な教師なのだろうか？と思わずにはいられないのである。

このことは、法曹を目指さない諸君にとっても同じことである。法学部出身者ならば、将来的に、私企業に行くにせよ、公務員になるにせよ、法律の専門家としての役割が期待されるであろう。だとしたら、それに恥ずかしくない勉強が期待されているからである。

また第３に、「研究者の卵」になるコースを歩む人にも、最近は、変化が見られるように思われてならない。近時は、学生論文や修士論文など読んでいても、特定の平易化教科書（例えば、内田教授のものなど）を読んだだけで、わかったつもりになっていると窺えるものが増えている。そうした物の引用しかしないものも多い。しかし、学説というのは、オリジナルな見解の積み重ねで発展していくもので、「引用」も、自分が読んだ本を引くものではないのである（それに先行する同様の見解があるならば、そちらを引用すべきものである）。

私が学生のころには、星野英一先生による、重要テーマにつき、徹底的に論文を読まされるという演習に出て、各テーマの準備には、100時間を要すると先輩から伝え聞いて、頑張ったことを思い出す（アメリカのロースクールの演習では、そうした論文ゼミは、普通だが、日本ではそれが成り立たなくなってしまったことの日米の落差は、皆さんにはどう映るだろうか？）。また、最初に民法を教えてくださった米倉明先生は、「重要な最高裁判例の法協・民商の評釈はぜひ読むように。それが民法の実力をつける近道だ。」とも言われた。今の諸君には、想像できないかも知れないが、しかし、「急がば回れ」で、苦労して論文を読むと、筆者の思索を目の当たりにして、すぐれたオリジナルな思索に触れたときの感動は、何にも代え難く、そうした「論文を読む楽しさ」は、一度経験すると忘れがたいものである（そして、アメリカのロースクール学生などは、皆それを経験している。それが、法学的思索の継承の営みを支えていることにも思いを致してほしい）。

星野先生は、演習でよく「学問への謙虚さが必要だ」と言われたものであるが、昨今の「限定的知識でわかった気にさせる」今風の「親切な教師」は、随分、尊大な、本来の研究者・教育者の姿勢とは逆向きのことをしていないだろうか？ということも考えてみてほしい。

＊　＊　＊

さらに、もう少しポジティブに、私がなぜ先端的なことを好むのか（私自身は、基礎的・先端的という区別はしていないのだが……）、について、説明しておこう。これは法学の特質にも関係するからである。教育の仕方としては、「基本民法」などとして、目を瞑っていても話せる、あまり見解もわかれない「いろは」のところだけ話すというやり方もあろう（それでは、あまりにも学問的刺激がなくて、私が学生だったら、そのような講義は、嫌悪するが……）。しかし、法学の神髄は、ローマの太古から、法廷紛争が生じた（つまり、どちらにも一理ある法的議論のぶつかり合いが生じた）ところから発展しているところに示されるように、議論が分かれているところを見ないと面白くないという私の法学観が背後に控えているのである。「議論」「論争」によって、法学は進展していくというダイナミックな批判的法学観である(220)。そのような部分を諸君に味わってもらうためには、ある程度話さざるを得ないというつもりで、これまで講義してきたのである。

---

(220)　詳しくは、吉田邦彦・民法解釈と揺れ動く所有論（有斐閣、2000）1章、2章を参照。

＊　＊　＊

それから、貴君たちの「実利的質問」として、「吉田の見解を答案に書かないとよくないのか。いい点数がもらえないのか」というものも散見される。確かに私は、できるだけ私見を述べるように努めている。それは、最近の教科書には、見解列挙をするだけで、その評価（実は私の学生のころの経験として、そういうものを一番学生は知りたいのだが……）を述べないような書き方をすることへのアンチ・テーゼとして、そうしたまでである（やはり、法的議論をするためには、一定の見方で筋道通った議論が不可欠ではないか、と考えるからである)。しかし、唯我独尊的な法的議論は、私が求めるそれとは、対蹠的なものである。法学・法的議論の能力とは、できるだけ多面的な視点への共感能力、さまざまな筋の良い論点を見出して、そこに重要な意見の分かれ目、そしてその各々の論拠を即座に筋道だてて述べることである。優れた法律家は、自説に対して、強力な反論が立てられる論者であり、自説の長所・短所を多面的に分析できる人ということもできるであろう。従って、講義で話したことを踏まえて、さらにそれを深めて、答案に透徹して議論できていれば、結論の出し方など二の次である。誤解なきように。

＊　＊　＊

長々述べたが、要するにただ一つ。「最初が肝心で、どうか安易に、知識量を減らす形で早わかりした気分にならずに、着実に、しかしそれなりに苦労して、しっかり勉強してほしい。その際には、骨のある教科書を読みぬいてほしい。」「結局それが、近道である」ということである。

(終わりに)

・以上で、所有法、担保物権法の講義を終える。所有法は、社会のレジームに関わる原理的な議論も多く（本講義では、従来の物権法総論ではその側面が稀薄だったので、諸外国での議論を踏まえて補強してみた)、他方で、担保物権法は、不動産登記制度などで繋がるものの、金融取引法の一翼を担うもので、かなり緻密な議論が含まれることが分かったことと思う。

・すなわち、そこでは、考量すべき利益も、取引上・経済上のそれで、比較的同質的なことも多く、緻密な利益考量がなじむ領域でもあるが、それは法的構成と両輪をなすものであることにも留意して欲しい。

・しかし同時に、とは言うものの昨今の経済システムの激変を反映して、大きな金融政策上の課題も深く関わることも分かってもらえたことと思う。そのような、マクロ的な経済社会における民法の意義というようなグローバルな視点も一見技術的な担保物権法ないし執行法の履修においては、抜きにできないことも感得して欲しいと思う。——その意味で、単なる「法技術」の習得だけに終わらないで欲しいし、これをバネにして、社会を見る眼を培って欲しい。

・なお、民法履修における姿勢一般についてのメッセージは、家族法講義の「終わりに」の部分(221)を参照して欲しいし、所有法が終わった折り返し地点でのエピローグも参観されたい。

Bon Voyage!

(221) 吉田邦彦・家族法（親族法・相続法）講義録（信山社、2007）339-340頁参照。

《著 者 紹 介》
吉 田 邦 彦（よしだ・くにひこ）
1958 年　岐阜県に生まれる
1981 年　東京大学法学部卒業
現　在　北海道大学大学院法学研究科教授
法学博士（東京大学）

《主 要 著 作》
『債権侵害論再考』（有斐閣、1991）
『民法解釈と揺れ動く所有論』（民法理論研究第 1 巻）（有斐閣、2000）
『契約法・医事法の関係的展開』（民法理論研究第 2 巻）（有斐閣、2003）
『居住福祉法学の構想』（東信堂、2006）
『多文化時代と所有・居住福祉・補償問題』（民法理論研究第 3 巻）（有斐閣、2006）
『家族法（親族法・相続法）講義録』（信山社、2007）
『不法行為等講義録』（信山社、2008）
『都市居住・災害復興・戦争補償と批判的「法の支配」』（民法理論研究第 4 巻）（有斐閣、近刊）

所有法(物権法)・担保物権法講義録

2010 年 4 月 1 日　第 1 版第 1 刷発行
2023 年 2 月15日　第 1 版第 2 刷発行
6059-01021：p 320：¥3000 E：b 015

著　者　吉 田 邦 彦
発行者　今 井　貴
発行所　株式会社 信山社
〒133-0033 東京都文京区本郷 6-2-9-102
Tel 03-3818-1019
Fax 03-3818-0344
henshu@shinzansha.co.jp
出版契約 No.2010-6059-01021　Printed in Japan

印刷・製本／藤原印刷
ISBN978-4-7972-6059-5 C3332 分類324.200 c003